史大晓

山东栖霞人，复旦大学法学院副教授。毕业于北京大学法学院，获学士、硕士和博士学位。曾于康奈尔大学法学院从事博士后研究，曾任美国凯斯西储大学法学院客座教授、芬兰东芬兰大学法学院访问教授，法国先贤祠－阿萨斯大学（巴黎第二大学）访问学者。

国家出版基金项目

丛书主编 於兴中 李其瑞

中国传统法哲学基本范畴研究

法与信

史大晓

著

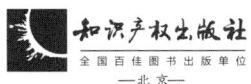
知识产权出版社

全国百佳图书出版单位

—北京—

图书在版编目（CIP）数据

法与信 / 史大晓著. — 北京：知识产权出版社，2023.6
（中国传统法哲学基本范畴研究 / 於兴中，李其瑞主编）
ISBN 978-7-5130-8655-4

Ⅰ.①法…　Ⅱ.①史…　Ⅲ.①法哲学—研究—中国—古代　Ⅳ.①D909.22

中国国家版本馆CIP数据核字（2023）第004112号

责任编辑：薛迎春　　　　　　　　　　责任校对：王　岩
封面设计：黄慧君　　　　　　　　　　责任印制：刘译文

法与信

史大晓　著

出版发行：知识产权出版社 有限责任公司　　网　　址：http://www.ipph.cn
社　　址：北京市海淀区气象路50号院　　　　邮　　编：100081
责编电话：010-82000860 转 8724　　　　　　责编邮箱：471451342@qq.com
发行电话：010-82000860 转 8101/8102　　　发行传真：010-82000893/82005070/82000270
印　　刷：三河市国英印务有限公司　　　　　经　　销：新华书店、各大网上书店及
　　　　　　　　　　　　　　　　　　　　　　　　　　　相关专业书店
开　　本：880mm×1230mm　1/32　　　　　印　　张：9.125
版　　次：2023 年 6 月第 1 版　　　　　　　印　　次：2023 年 6 月第 1 次印刷
字　　数：237 千字　　　　　　　　　　　　定　　价：89.00 元
ISBN 978-7-5130-8655-4

丛书编委会

（以姓氏笔画为序）

总　序

　　酝酿多年的"中国传统法哲学基本范畴研究"丛书即将付梓，作为丛书主编，我们在深感荣幸的同时，也不免有些忐忑，觉得有不少问题需要予以澄清和交代。本丛书将是国内外首批研究中国传统法哲学基本内涵的系列著述，其本身的学术意义在于，它既是一个奠基之作，又是引领该领域学术研究之滥觞。中国作为一个拥有数千年文明史和深厚法律文化传统的国家，迄今尚未有一本系统研究中国传统法哲学基本范畴的著作面世，实属憾事。鉴往知来，没有对过往的梳理和挖掘，就没有深刻的反省和明晰的方向。只有挖掘历史，才能推陈出新和面向未来。可见，建立体现中国特色的"中国的"法哲学，依然任重而道远。

　　有鉴于此，很有必要认真研究中国传统法哲学的基本内涵及精髓要义。从"五伦五常""四维八德"等基本范畴入手，阐发这些概念固有的含义及其与法之关系，并在此基础上，通过概念分析方法展现一种以中国元素为特点的、中国传统法哲学的范畴体系，进而将其推介给国际法哲学界。这便是本项目研究的目的和拟承担的任务。

　　本丛书以严谨的、专业化的原创性学术研究为原则，以爬梳、整理大量可靠的史料和文献为基础，旨在全面深入地挖掘并展示中国传统文化中有关"法"的基本概念体系，或者说有关支撑中国"法"概念的相关概念体系，以及随着历史变化这些概念的时代内涵和长久的生命力，力争让世界法学界更多地了解中国的法学话语体系及其法律制度的特色，增强中国法学研究的世界影响力。这一持续的努力，必将对西方社会了解中国传统法律文化，理解中国推进国家治理体系和治理能力现代化及中国法治发展模式，提供更深远的历史视角和更丰厚的文献基础。

一、什么是法哲学？

本丛书主要探讨的是中国传统法哲学的基本概念，因此，首先有必要澄清什么是法哲学这个问题。法哲学不同于法律思想史和法律制度史，但与两者均有联系。"philosophy of law" 这个说法是欧洲的，而不是英美的，但是后来英美学界也接受了这个说法，大体上用指法理学（jurisprudence）。德国学者阿图尔·考夫曼（Arthur Kaufmann）区分了法律学说（legal doctrine, rechtsdoktrin）、法律理论（legal theory, rechtstheorie）和法哲学 (philosophy of law, rechtsphilosophie)，认为学说是关于某一事物的详细说法，比如公序良俗、自由意志。好多学说的集合就构成理论。比如民法理论就是由好多学说构成的，合同法、刑法以及行政法理论亦然。从理论中提炼出来的最基本的抽象的概念就构成了法哲学。法哲学的基本概念其实并不多，但它们适用于各个法律部门，比如公正、权利、自由等。无论民法、刑法、刑事诉讼法，还是宪法、行政法，都要讲公正、权利、自由，等等。

然而，如果从已经出版的法哲学著作的体例来看，人们对法哲学的理解还是大不相同的，至少可以分出三种类型来。第一种是比较传统的写法，探讨法律是什么，法律的功能是什么，法律和其他学科之间的关系如何，这方面的著作可以庞德的《法哲学导论》为例子。[1]第二种是将法哲学这个概念等同于法理学。内容不仅包括法哲学的基本概念，而且包括各个部门法学的一些基本

---

[1]［美］庞德：《法哲学导论》，于柏华译，商务印书馆 2020 年版。

原理。这类作品比较任性，有时候会包括一些作者认为重要，但事实上并不重要的题目。这在丹尼斯·帕特森（Dennis Patterson）、安德瑞·马默（Andrei Mamor）等人的法哲学著作中可以窥见一斑。[1]第三种类型是个人根据自己的喜好，或者侧重某一个学派，或者侧重某一个群体，或者侧重某些问题，详细陈述，称之为法哲学的著作。比如登特列夫（d'Entreves）的《自然法》[2]，副标题是"法律哲学导论"，实际上谈的是自然法。再如德沃金的法哲学读本，它实际上是德沃金选择了自己认为重要的一些问题，和几位同人一起写成的一本书，名曰"法哲学"，实际上探讨的是编者认为重要的法律问题，既没有体系，也没有多少理论。[3]

　　本丛书在狭义的角度使用法哲学这一术语，主要涉及诸如仁义礼智信等重要的概念，而这些概念不同于西方法哲学的基本概念。实际上，它们在中国古代社会中起到了理顺人际关系、规范社会秩序的作用。这些重要的概念或范畴在一定意义上就是一种中国人认为的"法"，"仁政""义理""礼和""睿智""诚信"，它们无不发挥着规范人们行为之功能。正如董仲舒在《举贤良对策》中所言："仁谊礼知信，五常之道"，"常道"实际上就是与天地长久的经常法则。也正是"五伦"等这些基本的范畴，构成了中国人对"法"的独特理解和认识，成为支撑中国传统法哲学体系的四梁八柱。

二、世界法哲学大要及中国法哲学的缺席

　　世界主要发达国家均为人类法治文明贡献了具有民族特色的

〔1〕　Dennis Patterson, *A Companion to the Philosophy of Law and Legal Theory*, Wiley-Blackwell，1st Edition, 1999; Andrei Marmor, *Philosophy of Law*, Pinceton University Press, 2014.

〔2〕　[意]登特列夫：《自然法：法律哲学导论》，李日章等译，新星出版社2008年版。

〔3〕　Ronald Dworkin, *The Philosophy of Law*, Oxford University Press, 1977.

法哲学，例如，德国的概念法学、英国的分析法学、美国的经济分析法学，等等，都是具有鲜明民族文化特征的法哲学。西方传统文化中的基本概念对其法哲学及法治文明发达起到了重要作用。产生于两希文化的"正义""权利""平等""自由""法治"等概念，在西方的历史长河中起到了举足轻重的导向作用，而对这些概念的研究也从未中断。关于这些概念的研究形成了不同的学术派别和研究传统，较为显著的包括关于权利和正义的自然法学说、实证主义学说、功利主义学说，等等。

截至目前，无论汉语世界还是英语世界，还没有一本系统探讨中国传统法哲学概念范畴的著述问世。梁启超的《中国法理学发达史》以法理学之名论述法律思想史。民国时期，学者陈顾远著有《中国文化与中华法系》，倡导"四维八德"（礼义廉耻，忠孝仁爱信义和平）的法律理论；杨鸿烈著有《中国法律发达史》等书，言及法律制度与法律思想，具有国际视野。台湾学者张伟仁的近著《寻道》一书，从比较法的立场探讨古代思想家的法律思想，是一本重要的法学著作。台湾学者黄源盛著有《中国传统法制与思想》等书，制度史与思想史并重。梁治平的《寻求自然秩序的和谐》尝试从文化解释立场对中国古代法文化进行研究。江山的《中国法的理念》是一部从历史与逻辑视角分析中国法的内在精神理念的学术著作。俞荣根先生的《礼法传统与中华法系》等书是法律文化研究中的杰作。日本学者对中国法制史颇有研究，著述甚夥，但对中国法律哲学的研究尚未有显著成果。西方学者200多年前开始翻译并研究中国法律及其历史，间或有人论及法的基本概念。具有里程碑意义的一项研究是 D. 布迪和 C. 莫里斯的《中华帝国的法律》，主要从案例入手探讨中国清代法律制度，偶有提及法律概念。还有，德国汉学家何意志的《中国法律文化概要》一书，也从历史和区域的视角展示了中国法文化的诸要素。但是，上述优秀著述所讨论的并不是法哲学的概念范畴。

　　当然，从某种意义上来说，作为一门学问或知识体系，法哲学就是法哲学，无所谓东西之分。所以提倡发展中国传统法哲学基本概念范畴体系，似乎并不是一件可为之事。然而，对法哲学有过关注的人都会注意到，目前我们所说的法哲学的基本概念都是来自西学。虽然这些基本概念具有相当的普适性，但这并不排除其他文化里发展出法哲学的可能性。尽管可以说，中国传统法哲学也是世界法哲学的一个组成部分，但是，中国传统法哲学有其鲜明的自身特点和独有的概念系统。举例而言。现在通行的法哲学，也就是我们都能够接受的普遍（一般）的法哲学，主要是以正义、自由、平等、权利、法治等概念组成的。反观中国历史文化上的一些主要概念，诸如仁、义、礼、智、信等，这些概念事实上与现有的法哲学的概念是大不相同的，而建立在中国的这些传统文化价值上的法哲学有它自己的原创性和独特性。

　　当然，更重要的可能是因为哲学并不是一种科学，尽管当初科学是从哲学里分离出来的一个学科。随着科学主义思潮的勃兴，科学后来成为普适的学问。科学体现了客观性和唯一性，其解决的是真假的问题，要么真要么假，不存在既真又假的事物。如果将美国的物理学和中国的物理学予以区分，未免有点儿可笑。因为物理学就是物理学，在美国或中国都是一样的学问。而哲学则不然，哲学中主要范畴所代表的价值观并不是科学的定理，哲学既要面对真假问题，更要解决善恶的问题，而对善恶的价值评判又是多元的，往往带有很强的民族特点和文化色彩。故此，中国哲学或美国哲学的提法是能够讲得通的。因为它们所包含的核心价值、所研究的基本范畴、所采用的方式方法都是不一样的。或者说，不能将物理学区分为中国的或美国的，是由于这是一个事实（科学）领域的问题，而可以将哲学区分为中国的或美国的，在于它是一个价值（文化）领域的问题。

　　近代以来，中国法学的研究基本上从欧美法学汲取灵感、移植问题并照搬解决问题的方法，根本原因是我们尚不具备从事自主性研究的理论准备和相应的学术水平。而欧美法学在世界范围内的影响及其话语霸权也不允许弱势文化发展具有自己特色的法学。面对全球所出现的新形势新态势，中国亟待建设和完善自我的学术体系、话语体系，尤其在深入挖掘优秀传统文化资源方面，要具有"为天地立心，为生民立命，为往圣继绝学，为万世开太平"的志向和勇气。

近年来，世界法哲学研究呈现"无王期"的时代特征，为中国法哲学的发展提供了很好的契机。在 21 世纪初以来的法哲学国际舞台上，已经很难分清谁是主流谁是非主流。一个百家争鸣，平起平坐，派别林立，主次不分的状态已然形成。这为中国法学研究彻底摆脱受制于欧美法学、依附于欧美法学的被动局面提供了机会，为我们独辟蹊径开展自主研究，开创构建中国法哲学体系的研究提供了可能。而对中国传统法哲学基本范畴的整理挖掘，并从中厘定哪些概念或范畴是中国传统法哲学的"根概念"，哪些是由这些"根概念"派生出来的"次概念"，不仅对推动中华优秀传统法治文化创造性转化、创新性发展大有裨益，而且是建构具有中国特色、中国风格、中国气派法哲学体系的奠基性工作。

三、本丛书的特点

中国古代虽然没有分化出西方意义或科学意义上的法哲学，但中国人对法的根本看法和价值评判却是一直存在的，只是它没有形成体系化的一种学说而已。既然中国古代没有形成体系化的法哲学，那么，研究中国传统法哲学基本范畴实际上就是在做一种基于传统的建构。这显然是一个非常艰巨的任务，非一人能及之事。因此，本丛书最大的一个特点，首先就在于它是一项集体的努力。本丛书旨在从中国传统文化的资源中寻找建构材料和元素，挖掘历代典籍中关于中国传统文化的主要概念，借以发展具有中国特色的法哲学。这涉及法律著述、历代判例、法律注疏、州县志书、出土文物、铭文、碑刻、文学作品等诸多资源，它是一项浩大的文化工程，意义重大但很有难度。所幸学界对这些资源已有比较系统的整理，而各位作者已经掌握现有的文献检索技术。这是以往的研究无法相比的。

其次，本丛书在方法上也具有比较鲜明的特点。考虑到面对浩繁复杂的文献材料，个人的努力毕竟有限，本丛书除了个人的画龙点睛般的概括和评述，更多是一种注重文献资料的收集、整理和发掘的工作。在一定的意义上来说，本丛书也是一套中国古代法哲学基本范畴的文献资料汇辑。最低限度，本丛书提供了进一步研究中国传统法哲学基本范畴的基础材料。有兴趣的学者可以在本丛书的基础上，进一步挖掘、收集更广泛的材料，从事更进一步、更深入的研究。

本丛书的另一个特点在于，它是一次历史研究方面的新的努力。本丛书所收集的材料，除了官修史书、志书，也就是主要的典籍里面的内容，还注重收集历代律法条疏对一些基本概念的体现，以及判牍案例和文学作品中的一些内容。律法条疏、判牍案例是为了证明当时存在过这样一种概念，且被裁判者所接受。从某种意义上来说，文学作品反映了大众对于某种法律概念或者某一种法律制度的态度。合而观之，这些都从不同侧面构成了中国古代法哲学或者法传统的基本面貌。

中国传统法哲学基本范畴研究，是全面复兴传统文化的国家重大战略需求在法学领域的重要体现。长期以来，法学研究中对传统文化重视不足，西方话语体系充斥在法学研究的各个方面，急需通过深入挖掘传统文化中可资治国理政的优秀文化遗产，梳理和提炼出具有中国气派和中国文化特色的法学话语体系，积极汲取中华法系中的治理智慧，为国家治理体系现代化奠定文化基础。

从文化和政治的角度来说，本丛书也具有非常重要的意义。它为中国学界寻回文化自信铺垫一个良好的开端。众所周知，中国自鸦片战争以来失去了文化的自信，甚至一度对中国传统文化是否存在继承性和民族性产生了质疑。在学术研究上随西方学者身后亦步亦趋，长久以来没有能够建立起自己的学术传统。法国人、德国人从来不会在乎美国人、英国人说什么，因为他们有文化上的自信。他们自己内部进行的学术讨论本身就足以支撑他们的文化传统不断地衍更。而文化自信首先体现在对自己文化的概念范畴上的自信。中国现在国力逐渐强大，自信心重回的可能性也已经受到了民族文化复兴政策的支持。这种民族文化的复兴应该是全方位的，遍及各个领域的。但概念范畴的复兴式的重构乃是民族文化复兴的开端。法哲学方面的研究应该位列其中。相信其他领域里也有同样的项目正在进行。

长期以来，中外学界对中国传统文化多有误读、误解和误译，乃至武断的批判及质疑。在法学领域，中国传统法哲学的基本范畴是什么？这些范畴之间是何种关系？这些基本范畴不同于自由、平等、博爱等为支撑的西方法哲学话语体系的特征有哪些？事实上，传统中国关于治理国家和社会、规范民众行为的整套观念和制度不同于西方意义上的法律、道德或者宗教这样可区分的规范系统，在中国传统文化中不存在西方意义上的纯粹的"法"这样的一种规范系统，简单用西方法哲学中的概念来理解中国的"仁""义""礼""智""信"等终究是缘木求鱼。当然，关于这些概念的诠释和重建是一项艰巨浩大的工程，需要文化界各个领域的共同努力，本项目只能从法哲学的角度作出自己的贡献。

基于上述考虑及国际法学发展现状，我们提出对中国传统法哲学范畴的系统建构，进而推动建立中国法哲学发展这一高远目标。但我们清醒地认识到欲速则不达，本着坐十年冷板凳的决心，从基本概念的全面梳理及研究入手，用一本著作研究一个基本范畴。令人欣喜的是，已经完成的五部书稿达到了我们预期目标，为后续研究提供了很好的范例，并增强了信心。

在比较文化研究中一个引人瞩目的问题是，在轴心时代东西方都出现了各自文化中的核心概念，比如两希文化中的正义、权利、自由、法治、平等等概念，中国文化中的仁义礼智信天道神气德等概念，而在此后的过程中，西方有无数的书籍和文章探讨自己文化中的概念，而在中国，探讨关于自己文化中的那些概念的专著至今寥寥无几，为什么？我们认为，其中的一个主要原因在于各自熟知的研究方法不同。大体上，西方文化中通行的是概念分析的方法，而中国文化中被普遍接受的乃是综合的方法。本丛书第一次以概念分析普遍化的研究方式，将中国古代法哲学精神展现给世界学界，期待为打通中国法学界乃至世界法学界交流的渠道作出贡献。

四、本丛书涵盖的范围及前景

本丛书的主要任务是用概念分析普遍化的方法围绕特定的范畴收集史料，其所注重的是中国历史上相关的法哲学范畴如何表现在不同的史料里，而不是就某一概念的理论阐释。具体而言，作者不需要做大量的分析和讨论，而需要把精力放在收集相关材料，整理文献，并把它编辑成册。最后呈现的作品，不是某一个作者或某一个专家的观点，而是原汁原味的传统的存在，即在下述各种资源中某一个具体概念的表述、体现或反映。

主要涉及的文献资源有：历代典籍中关于特定概念和法的关系的论述、历代律典、判例、法律注疏、法律史料，如历代《刑法志》、州县志、出土文物、铭文、帛书、碑刻、文学作品、中外学者对中国法律传统的研究成果以及不同解释，等等。

收集材料不一定要全。材料收集当然越多越好，尤其是时间跨度上的历时性要有代表或标志意义，不能只是一个或两个朝代的资料。"全"指的是不要遗漏重要的节点或不能跨越的律典、文献或判例。尽量避免重复收集。如果同一个内容在不同的书里多次出现，只选取一个出处即可。

就具体题目而言，最后的"产品"应该是中国文化中关于该题目的论述、描述、解释、刻画、反映、展现、运用的综合或整合，而不是某一学者或作者个人对该题目的精深的研究。书的主要内容应该是史料，而不是作者的论述，简言之，就是关于某一题目的有组织的资料汇编。作者的任务是识别并选择自己认为某一题目最为重要的资料，将它们分门别类，加上导言或适量的说明、评注，汇编成辑。

在写作过程中，每位作者都明确采取了相应步骤：第一步，选取与某一概念有关的段落，可长可短，视具体情况而定。第二步，注明该段落的出处，越详细越好，包括作者名、书名、出版社、出版年、版本、页码等细节。第三步，在该段落前加上一两句注释或提示，说明该段落的核心思想。第四步，以此类推，待选够一定数量的段落之后，将所选段落根据其核心思想进行归类总结并加上相应的标题。第五步，将各类段落的核心内容汇总，组织一段总的介绍，作为一章的导言。

在选取相应段落并标以说明时，最重要的是让材料"说话"。力图避免受到先入为主的概念的影响。即，避开儒家、法家、道家这样的分类的影响，也不必在意"德治"与"法治"的分野，等等，更要避免作者自己的建构和评论，对材料的"论"仅以说明其本意为目的。

首批出版的五本著作——《法与礼》《法与气》《法与名》《法与信》《法与刑》——为"中国传统法哲学基本范畴研究"丛书第一阶段研究成果。现已接洽外译工作，期望尽快将中国学界的这一最新研究成果介绍给国际法哲学界、国际汉学家及中国问题专家。

　　现已开展研究的中国传统法哲学基本范畴，主要由法哲学、法史学界具有实力的中青年学者撰写。后续拟推出"法与中""法与情""法与神""法与仁""法与民""法与圣"等，作为第二阶段研究成果。仍在研究的基本范畴包括："法与天""法与理""法与道""法与德""法与智""法与义""法与君""法与俗""法与律""法与兵""法与贞""法与孝""法与乐"等。这些基本涵盖了中国传统法律文化和法律思想中的经典范畴及核心概念。根据研究写作进展等情况，这一清单还可能有所微调。

　　应该明确的是本丛书所指中国传统法哲学基本概念乃是"法与×"这样的结合概念，而不是纯粹的单个的哲学概念。比如，"法与德"，重点在于这对概念的关系的阐述，而不是将两者分而述之，指出"法"是什么含义，而"德"又是什么含义。

　　书的结构大体上可分为典籍、律典、判例、官民报刊、文学作品、学者评论等各章，但不一定每本都采取这个体例。有些概念，比如"气""乐""神"，可能找不到具体案例，那就不必有案例这一章。作者可根据具体题目和内容自己斟酌安排全书章节。

　　总之，本丛书旨在深入而全面地研究梳理中国传统法哲学的基本范畴，对重要的基本概念追根溯源、正本清源，细考历史流变，探究多重意涵，并将其按照一定的体例系统化、学术化。丛书主要任务及目标是：使用概念分析方法发掘中国传统文化资源，搜罗整理中国传统法哲学的核心元素和主要素材，为推动构建真正意义上的中国（传统）法哲学做好扎实全面的学术积累和文献基础。期望以此为起点与示范，推动建立体现中国特色和水平的中国法哲学，并为中外法治文明交流与对话开拓新领域。

　　"中国传统法哲学基本范畴研究"丛书从动议、论证、启动、撰写，到第一批著作的出版，历经数年。2015 年该丛书入选"十三五"国家重点出版物出版规划项目，2021 年入选国家出版基金项目。其间得到诸多专家学者的关心和帮助，没有他们的认同和鼓励，该项目的推进可能会更加缓慢。他们是俞荣根教授、黄源盛教授、梁治平研究员、姜永琳教授，在首批书即将付梓之际，对他们表示衷心的感谢！知识产权出版社领导给予了大力支持，庞从容、薛迎春两位女士付出了大量辛劳，在此谨致谢意！同时，该套丛书在文献梳理、考据和编辑过程中难免出现一些疏漏和差错，也由衷地期盼专家学者和广大读者批评指正。

主编谨识

2022 年 12 月

目　录

导　论

　　"诚信者，天下之结也。"

——《管子·枢言》

　　仁井田陞先生说过，"中国的社会结构，其内部秩序的主要支柱是整体性的权威主义"[1]。这样的判断在观察传统中国的法与信这两样事物及其相互关系时，是非常有启发意义的。

　　总体而言，在远古中国，在维持族群生存的问题上，法与信是两种重要的手段，一种是战争所需，一种是和平所需。但在中国完成大一统的社会形态之后，法与信殊途同归地服务于帝制这一"整体性的权威主义"的具体形态。

一、法与信的起源

　　关于法在古代中国的起源，有一种学说认为，法律是因战争而产生的，即"刑始于兵"[2]，这一说法可从《周易》中的"师出以律"得到印证[3]；更为具体的记载是在《辽史·刑法志》中，"刑也者，始于兵而终于礼者也。鸿荒之代，生民有兵，如蜂有螫，自卫而已。

---

〔1〕［日］仁井田陞：《中国法制史》，牟发松译，上海古籍出版社 2011 年版，第 8 页。

〔2〕参见叶孝信主编：《中国法制史》，复旦大学出版社 2005 年版，第 6—7 页。李衡梅：《试论"刑始于兵"》，载《辽宁师范大学学报》1985 年第 1 期。

〔3〕《周易·师卦》，见黄寿祺、张善文译注：《周易译注》（上），上海古籍出版社 2007 年版，第 53 页。

蚩尤惟始作乱，斯民鸥义，奸宄并作，刑之用岂能已乎？帝尧清问下民，乃命三后恤功于民，伯夷降典，折民惟刑。故曰刑也者，始于兵而终于礼者也"[1]。

同时，在古代中国，"刑"、"法"和"律"在一定程度上是相通的。[2]《尔雅》载："典、彝、法、则、刑、范、矩、庸、恒、律、戛、职、秩，常也。"[3]又说"柯、宪、刑、范、辟、律、矩、则，法也"。[4]《说文解字》说，"灋，刑也，平之如水，从水；廌，所以触不直者去之，从廌去"。[5]"律，均布也。"[6]"律者，所以范天下之不一而归于一，故曰均布也。"[7]

从这些论述出发，人们大约可以勾勒出一个基本的形象：为了在战争中取胜，有必要统一步调，以及惩罚未能遵守统一步调的人。由此而产生的规则就是刑，是法，也是律。在诸子百家的传统中，这种意义上的法基本上是与"礼"相对的。[8]本书梳理的与法有关的文献主要是围绕这一定义上的法展开。

需要注意的是，关于法的界定，还有一种观点认为，今天意义上的法包括了古代的"礼"、"理"和"法"等诸多内容。[9]如果将古代的"礼"也理解为法的一部分，比如梅仲协先生认为"礼就是自然法"[10]，那么儒家思想对作为个人品德之一部分"信"的强调，也可以视为法律的一种内在要求。

---

〔1〕《辽史》（第三册·上），中华书局 2016 年版，第 935 页。

〔2〕程树德编：《中国法制史》，上海华通书局 1931 年版，第 3 页。

〔3〕《尔雅》，管锡华译注，中华书局 2014 年版，第 21 页。

〔4〕《尔雅》，管锡华译注，中华书局 2014 年版，第 23 页。

〔5〕〔东汉〕许慎：《说文解字》，〔清〕段玉裁注，上海古籍出版社 1981 年版，第 470 页。

〔6〕〔东汉〕许慎：《说文解字》，〔清〕段玉裁注，上海古籍出版社 1981 年版，第 77 页。

〔7〕〔东汉〕许慎：《说文解字》，〔清〕段玉裁注，上海古籍出版社 1981 年版，第 77 页。

〔8〕梁治平：《法辩》，贵州人民出版社 1992 年版，第 31 页。

〔9〕马小红：《礼与法》，北京大学出版社 2017 年版，第 57 页。

〔10〕参见梁治平：《"法自然"与"自然法"》，载《中国社会科学》1989 年第 2 期。

　　关于信的起源，有一种观点认为，盟誓是信观念的原初形态。[1]根据《礼记·曲礼下》的说法，"约信曰誓，莅牲曰盟"，即相约彼此信守条约是为誓，杀牲歃血保证承诺是为盟，二者都需要诚实不欺地，或用言语或用行为表达真实想法，且得给予并取得对方的信任。

　　应该说，在法与信的最初阶段，二者意涵相对简单，且在各自的领域发挥作用，两者的交叉影响也并不是十分明显。

二、法与信殊途同归

　　随着诸子百家的兴起，法与信有了非常明显的交集。相对于"法"的意涵较为稳定这一现象，"信"的意涵有了更多发展。《尔雅》说，"允、孚、亶、展、谌、诚、亮、询，信也"[2]；又说，"展、谌、允、慎、亶，诚也"[3]。《说文解字》将"信"解释为："诚也。从人，从言。会意。"[4]这里主要讲信的原初意涵：人要言行一致，诚实无欺。《辞源》在"信"字下列出了十二条语义：（1）诚实，不欺；（2）信从，信任；（3）相信；（4）的确；（5）任凭，任意；（6）符契，凭据；（7）使者；（8）明审；（9）消息，信息；（10）书信；（11）再宿叫信；（12）姓氏。[5]

　　有学者归纳总结认为，如此繁多的"信"的细目语义通常可以归为两种："一是指'诚实'，即一个人的观念、心理、行为、言语及结果之间所保持的一致性，即所谓言必行、行必果，通俗地讲就是不撒谎、不欺骗；二是'依赖'、'依靠'的意思，即在社会关

〔1〕　傅礼白：《信》，中国社会科学出版社2006年版，第11页。

〔2〕　《尔雅》，管锡华译注，中华书局2014年版，第25页。

〔3〕　《尔雅》，管锡华译注，中华书局2014年版，第26页。

〔4〕　〔东汉〕许慎：《说文解字》，〔清〕段玉裁注，上海古籍出版社1981年版，第92页。

〔5〕　参见《词源》（第一册），商务印书馆2018年版，第282页。

系或社会互动中对对方言行的预测及前因后果有把握和不怀疑，通俗的讲法即信得过、靠得住。"[1]从具体的实践效果看，传统中国的"信"大约有三种要求：对个人品德的要求，对统治者统治术的要求，对社会关系维持和稳定的要求。

在对个人品德的要求上，孔子说，"人而无信，不知其可也"[2]，又说"君子义以为质，礼以行之，孙以出之，信以成之。君子哉！"[3]后世的诸多故事也无不宣扬这一点，本书第四章摘选的《霍小玉传》等文学故事的主线都宣扬、强调做人要言而有信。

在对统治者统治术的要求上，针对子贡问政的问题，孔子说："自古皆有死，民无信不立。"[4]商鞅说："民信其赏，则事功成；信其刑，则奸无端。惟明主爱权重信，而不以私害法。"[5]韩非子说："言赏则不与，言罚则不行，赏罚不信，故士民不死也。今秦出号令而行赏罚，有功无功相事也。出其父母怀衽之中，生未尝见寇耳。"[6]

在对社会关系的维持和稳定上，比如，为了维护市场交易秩序，《礼记》要求："用器不中度，不粥于市。兵车不中度，不粥于市。布帛精粗不中数，幅广狭不中量，不粥于市。奸色乱正色，不粥于市。"[7]很多古代律典中也都有这方面的条文。《秦律》规定："县及工室听官为正衡石嬴〈羸〉（累）、斗用（桶）、升，毋过岁壶。有工

---

〔1〕翟学伟：《诚信、信任与信用：概念的澄清与历史的演进》，载《江海学刊》2011年第5期。

〔2〕《论语·为政》，见杨伯峻译注：《论语译注》，中华书局1980年版，第21页。

〔3〕《论语·卫灵公》，见杨伯峻译注：《论语译注》，中华书局1980年版，第166页。

〔4〕《论语·颜渊》，见杨伯峻译注：《论语译注》，中华书局1980年版，第126页。

〔5〕《商君书·修权》，见《商君书》，石磊译注，中华书局2011年版，第105页。

〔6〕《韩非子·初见秦》，见《韩非子》，高华平、王齐洲、张三夕译注，中华书局2015年版，第2页。

〔7〕《礼记·王制》，见王文锦：《礼记译解》，中华书局2016年版，第171页。

者勿为正。(假)试即正。"〔1〕《唐律疏议》有"校斛斗秤度不平,杖七十"的规定。《大明律》有"凡私造斛斗秤尺不平,在市行使,及将官降斛斗秤尺作弊增减者,杖六十,工匠同罪"的规定。又如,为了维护官方的威信,防止百姓上当受骗,许多律典都专设"诈伪"的章节。《唐律疏议》"诈伪"篇有二十七个条文,《大清律例》"诈伪"篇也有十一个条文,主要包括诈为制书、私铸铜钱、伪造印信等事项。

　　法律调整的是社会关系,而信任就是一种基本的社会关系。"在任何情况下,信任都是一种社会关系,社会关系本身从属于特殊的规则系统。"〔2〕"离开了人们之间的一般性信任,社会自身将变成一盘散沙,因为几乎很少有什么关系能够建立在对他人确切的认知之上。如果信任不像理性证据或个人经验那样强或更强,也很少有什么关系能够持续下来。"〔3〕

　　事实上,对古代的统治者而言,个人品德、自身的权术和稳定的社会关系最终指向都是一致的,即确保江山永固、天下永存。这也应了瞿同祖先生的判断:"儒家法家都以维持社会秩序为目的,其分别只在他们对于社会秩序的看法和达到这种理想的方法。"〔4〕总之,在"法"与"信"的共同努力下,传统中国的中央集权体制得以延续数千载。

　　2012 年,党的十八大提出社会主义核心价值观,"诚信"赫然在列。2017 年,中共中央办公厅和国务院办公厅又印发《关于进一步把社会主义核心价值观融入法治建设的指导意见》。这都在社会

---

〔1〕《睡虎地秦墓竹简·秦律十八种·工律》。

〔2〕[德]尼克拉斯·卢曼:《信任:一个社会复杂性的简化机制》,瞿铁鹏、李强译,世纪出版集团、上海人民出版社 2005 年版,第6—7页。

〔3〕[德]西美尔:《货币哲学》,陈戎女、耿开君、文聘元译,华夏出版社 2018 年版,第 149 页。

〔4〕瞿同祖:《中国法律与中国社会》,中华书局 1981 年版,第 270 页。

上掀起了宣扬"诚信"价值观的热潮。如果仔细解读相关的解释性、宣传性文献，不难发现，在很大程度上，今天国人对诚信的认知依然有传统的影子。例如，一篇广为传播的解读性文字写道：

> 古今中外，诚信一直都是社会和谐的纽带，在人际交往、社会发展、治理国政等方面都发挥着十分重要的作用。
>
> 首先，诚信是个人安身立命的根本。诚信具有本体论和道德论的意义。孟子说："诚者，天之道也；思诚者，人之道也"，意即诚既是自然万物的本质和规律，又是个人安身立命的根本和为人处世的基本道德原则。孔子说："人而无信，不知其可也。"可见，诚信是个人安身立命的根本。一个人只有以诚信为本，才能立身于社会，才会事业有成。
>
> 其次，诚信是社会存续发展的基础。诚信是一种社会道德资源，在社会生活中扮演着极其重要的角色。对于一个社会而言，诚信是健康良性的社会运行必须具备的基础性原则，是社会存续发展的基础生活秩序。可以说，人类社会得以存在和延续的一个重要基石就是诚信；一旦诚信缺失，社会便会道德沦丧，市场混乱，人心惟危。
>
> 再次，诚信是为政治国的基本原则。"诚信"概念一开始就是在行政语境下使用的。孔子提出"为政以德"的主张，把诚信道德上升为治国的基本方略。为政者如果损信于民则国必乱，失信于民则国必危。因此，为政者要想长治久安，必须率先垂范，为政以德，讲求诚信，取信于民。[1]

---

〔1〕《以诚信意识践行核心价值观》，载人民网，http://theory.people.com.cn/n/2014/0923/c40531-25719120.html，最后访问日期：2022 年 9 月 30 日。

三、传统中国"法与信"机制的缺憾

事实上，"信"这个词，还有"信用"这一意涵。如果把"信用创造"这个概念摆出来，人们便容易识别出这一概念在古代中国很大程度上是缺失的。也即，可惜的是，古代中国并未产生、支持现代意义上的信用机制。现代意义上的信用机制是与资本主义的发展密切相关的。马克思曾经指出："稍为发达形式的信用在以往任何一种生产方式中都没有出现过。在以前的状态下也有过借和贷的事情，而高利贷甚至是洪水期前的资本形式中最古老的形式，但是借贷并不构成信用，正如各种劳动并不就构成产业劳动或自由的雇佣劳动一样。信用作为本质的、发达的生产关系，也只有在以资本或以雇佣劳动为基础的流通中才会历史地出现。"[1]马克思也曾非常明确地指出，"信用制度的必然形成，以便对利润率的平均化或这个平均化运动起中介作用，整个资本主义生产就是建立在这个运动的基础上的"[2]。这些看法也得到了此后经济学家的支持。[3]而在这种现象背后，法律功不可没。可以说，资本主义世界中，与信用机制有关的一系列活动背后，都有相应配套的法律予以支持，比如票据法、银行法、财产法等等。没有法律支撑，复杂的信用机制是无法想象的。

反观传统中国，尽管历史上存在货币和借贷关系等现象，也出现过银票等类似的票据机制，但中国未能发展出资本主义的"韦伯问题"，这在一定程度上也反映在法与信的关系上。然而，经过几十年的发展，我国社会主义市场经济体制改革和建设取得了惊人的成就，因此，完善信用机制也成为一个更加重要的问题。有鉴于此，

---

〔1〕《马克思恩格斯全集》（第30卷），人民出版社1995年版，第534页。

〔2〕《资本论》（第3卷），人民出版社2004年版，第493页。

〔3〕参见［美］约瑟夫·熊彼特：《经济发展理论》，何畏、易家祥等译，商务印书馆1990年版，第三章；［英］马歇尔：《货币、信用与商业》，叶元龙、郭家麟译，商务印书馆1986年版，第二编。

2022 年 3 月，中共中央办公厅、国务院办公厅印发了《关于推进社会信用体系建设高质量发展　促进形成新发展格局的意见》。这份文件指出了信用对市场和营商环境的重要意义，认为"完善的社会信用体系是供需有效衔接的重要保障，是资源优化配置的坚实基础，是良好营商环境的重要组成部分，对促进国民经济循环高效畅通、构建新发展格局具有重要意义"。因此，可以期冀的是，中国未来在信用机制建设上会走得更远，从经验上来看，这就更需要法律为它保驾护航。

与此同时，国家也正在推动汲取与传承中华优秀传统法律文化精华的工作。传统中国的法与信相关制度尽管未能积极促进资本主义的发展，但对简单的市场发展依然具有基础性意义，对更为复杂的市场机制的建设和发展也具有启发性意义。因此，希冀本书所梳理的法与信的关系和理念能够为新时代信用制度的建设与发展有所贡献。

第一章

古代典籍中的法与信

典籍是文化传承的重要媒介。中国文化之所以能够延续数千年，历史上的重要典籍功不可没。一些维系中国文化传承命脉的重要概念通常都是由这些典籍提出并经由延绵不绝的阐释得以传承和发展的。在法和信这两个概念以及两者关系的命题上，典籍起着重要的作用。本章梳理了先秦至唐的若干典籍。鉴于先秦时期的典籍对包括法文化在内的中国传统文化的重要性，本章较多倚重先秦时期的典籍。笼统而言，先秦时期的典籍几乎为法与信这样的概念和论题奠定了一个此后未被超越的基础、维度和框架：做人要诚信；统治者要讲信用；社会要维持信任关系；为达成这些目的，必要时须动用法律手段：惩罚。

一、先秦时期

在有文字记载的中华文明的早期，法和信之间的深刻关联就表现出来了。有一种说法认为，中国古代的法起源于战争，所谓"刑起于兵"。在战争频仍的年代，盟誓是一种常见的维持和平状态的手段。盟誓事实上是"信"最原始的一种形态。盟誓要郑重，要心诚，如若不然，就会遭到惩罚。

（一）《尚书》《礼记》《周礼》《周易》

1.《尚书》

《尚书》，其书名最早为《书》，是经由史官之手保存下来的追述古代事迹文献之汇编。它是我国最早的一部历史文献汇编。在这部书中，已经提及了刑、法、信等此后对传统中国影响深远的概念，并且明确论及法与信的一种关系：为了惩罚失信的人，需要严刑酷法。

> 益曰："吁！戒哉！儆戒无虞，罔失法度。罔游于逸，

罔淫于乐。任贤勿贰，去邪勿疑。疑谋勿成，百志惟熙。罔违道以干百姓之誉，罔咈百姓以从己之欲。无怠无荒，四夷来王。"〔1〕

王曰："格尔众庶，悉听朕言，非台小子，敢行称乱！有夏多罪，天命殛之。今尔有众，汝曰：'我后不恤我众，舍我穑事而割正夏？'予惟闻汝众言，夏氏有罪，予畏上帝，不敢不正。今汝其曰：'夏罪其如台？'夏王率遏众力，率割夏邑。有众率怠弗协，曰：'时日曷丧？予及汝皆亡。'夏德若兹，今朕必往。"

"尔尚辅予一人，致天之罚，予其大赉汝！尔无不信，朕不食言。尔不从誓言，予则孥戮汝，罔有攸赦。"〔2〕

仲虺乃作诰，曰："呜呼！惟天生民有欲，无主乃乱，惟天生聪明时乂，有夏昏德，民坠涂炭，天乃锡王勇智，表正万邦，缵禹旧服。兹率厥典，奉若天命。夏王有罪，矫诬上天，以布命于下。帝用不臧，式商受命，用爽厥师。简贤附势，寔繁有徒。肇我邦于有夏，若苗之有莠，若粟之有秕。小大战战，罔不惧于非辜。矧予之德，言足听闻。惟王不迩声色，不殖货利。德懋懋官，功懋懋赏。用人惟己，改过不吝。克宽克仁，彰信兆民。乃葛伯仇饷，初征自葛，东征，西夷怨；南征，北狄怨，曰：'奚独后予？'攸徂之民，室家相庆，曰：'徯予后，后来其苏。'民之戴商，厥惟旧哉！佑贤辅德，显忠遂良，兼弱攻昧，取乱侮亡，推亡固存，邦乃其昌。德日新，万邦惟怀；志自满，

---

〔1〕《尚书·虞书·大禹谟》，见《尚书》，王世舜、王翠叶译注，中华书局2012年版，第354—355页。

〔2〕《尚书·商书·汤誓》，见《尚书》，王世舜、王翠叶译注，中华书局2012年版，第97—98页。

九族乃离。王懋昭大德，建中于民，以义制事，以礼制心，垂裕后昆。予闻曰：'能自得师者王，谓人莫已若者亡。好问则裕，自用则小'。呜呼！慎厥终，惟其始。殖有礼，覆昏暴。钦崇天道，永保天命。"[1]

2.《礼记》

《礼记》是中国古代一部重要的典章制度选集，共二十卷、四十九篇。其中，《王制》篇提出了"法不可变"的理念，且具体规定了市场管理制度中对诚信的要求，比如在市场上交易的物品不能以次充好，否则就是不诚信了。《礼记》还曾经对法和信的适用范围提出过思考。

> 诸侯未及期相见曰"遇"，相见于邻地曰"会"。诸侯使大夫问于诸侯曰"聘"，约信曰"誓"，莅牲曰"盟"。[2]

> 凡作刑罚，轻无赦。刑者侀也，侀者成也。一成而不可变，故君子尽心焉。[3]

> 用器不中度，不粥于市。兵车不中度，不粥于市。布帛精粗不中数，幅广狭不中量，不粥于市。奸色乱正色，不粥于市。[4]

> 四体既正，肤革充盈，人之肥也。父子笃，兄弟睦，夫妇和，家之肥也。大臣法，小臣廉，官职相序，君臣相

[1]《尚书·商书·仲虺之诰》，见《尚书》，王世舜、王翠叶译注，中华书局 2012 年版，第 380—384 页。
[2]《礼记·曲礼下》，见王文锦：《礼记译解》，中华书局 2016 年版，第 45 页。
[3]《礼记·王制》，见王文锦：《礼记译解》，中华书局 2016 年版，第 170 页。
[4]《礼记·王制》，见王文锦：《礼记译解》，中华书局 2016 年版，第 171 页。

正，国之肥也。天子以德为车、以乐为御，诸侯以礼相与，大夫以法相序，士以信相考，百姓以睦相守，天下之肥也。是谓大顺。〔1〕

子曰："恭近礼，俭近仁，信近情，敬让以行此，虽有过，其不甚矣。夫恭寡过，情可信，俭易容也；以此失之者，不亦鲜乎？《诗》曰：'温温恭人，惟德之基。'"

子曰："仁之难成久矣，惟君子能之。是故君子不以其所能者病人，不以人之所不能者愧人。是故圣人之制行也，不制以己，使民有所劝勉愧耻，以行其言。礼以节之，信以结之，容貌以文之，衣服以移之，朋友以极之，欲民之有壹也。《小雅》曰：'不愧于人，不畏于天。'"〔2〕

《诗》云："邦畿千里，惟民所止。"《诗》云："缗蛮黄鸟，止于丘隅。"子曰："于止，知其所止，可以人而不如鸟乎？"《诗》云："穆穆文王，于缉熙敬止！"为人君，止于仁；为人臣，止于敬；为人子，止于孝；为人父，止于慈；与国人交，止于信。〔3〕

3.《周礼》

《周礼》是儒家经典，十三经之一，相传是西周时期的著名政治家、思想家、文学家、军事家周公旦所著。它与《仪礼》和《礼记》合称"三礼"。

诅祝掌盟、诅、类、造、攻、说、禬、禜之祝号。作

〔1〕《礼记·礼运》，见王文锦：《礼记译解》，中华书局 2016 年版，第 275 页。
〔2〕《礼记·表记》，见王文锦：《礼记译解》，中华书局 2016 年版，第 724 页。
〔3〕《礼记·大学》，见王文锦：《礼记译解》，中华书局 2016 年版，第 808 页。

盟、诅之载辞，以叙国之信用，以质邦国之剂信。[1]

大史掌建邦之六典，以逆邦国之治；掌法以逆官府之治；掌则以逆都鄙之治。凡辨法者考焉，不信者刑之。凡邦国、都鄙及万民之有约剂者藏焉，以贰六官，六官之所登。若约剂乱，则辟法；不信者刑之。正岁年以序事，颁之于官府及都鄙，颁告朔于邦国。闰月，诏王居门终月。大祭祀，与执事卜日。戒及宿之日，与群执事读礼书而协事。祭之日，执书以次位常，辨事者考焉，不信者诛之。大会同、朝觐，以书协礼事。及将币之日，执书以诏王。大师，抱天时与大师同车。大迁国，抱法以前。大丧，执法以莅劝防，遣之日读诔。凡丧事考焉。小丧赐谥。凡射事，饰中，舍筭，执其礼事。[2]

司约掌邦国及万民之约剂。治神之约为上，治民之约次之，治地之约次之，治功之约次之，治器之约次之，治挚之约次之。凡大约剂书于宗彝，小约剂书于丹图。若有讼者，则珥而辟藏，其不信者服墨刑。若大乱，则六官辟藏，其不信者杀。[3]

司盟掌盟载之法。凡邦国有疑会同，则掌其盟约之载及其礼仪，北面诏明神，既盟，则贰之。盟万民之犯命者，诅其不信者亦如之。凡民之有约剂者，其贰在司盟；有狱讼者，则使之盟诅。凡盟诅，各以其地域之众庶，共其牲

---

[1]《周礼·春官宗伯·诅祝》，见《周礼》，徐正英、常佩雨译注，中华书局 2014 年版，第 544—545 页。

[2]《周礼·春官宗伯·大史》，见《周礼》，徐正英、常佩雨译注，中华书局 2014 年版，第 550—553 页。

[3]《周礼·秋官司寇·司约》，见《周礼》，徐正英、常佩雨译注，中华书局 2014 年版，第 771—773 页。

而致焉；既盟，则为司盟共祈酒脯。[1]

禁暴氏掌禁庶民之乱暴力正者、挢诬犯禁者、作言语而不信者，以告而诛之。凡国聚众庶，则戮其犯禁者以徇。凡奚隶聚而出入者，则司牧之，戮其犯禁者。[2]

4.《周易》

《周易》是中国传统文化中非常重要的一部典籍，被认为能够集中表现中国古典文化的哲学和宇宙观。它的中心思想，是演绎自然运行的内在特征与规律，解读阴阳的交替变化，描述世间万物。在《周易》中，与诚信有关的字是"孚"。孚本义孵，孵卵出壳的日期非常准确，因而有信的意义。《周易》中除了《孚卦》，还有直接论述诚信与法律之间关系的《讼卦》。

讼：有孚窒惕，中吉；终凶，利见大人，不利涉大川。[3]

中孚：豚鱼吉，利涉大川，利贞。《彖》曰："中孚"，柔在内而刚得中；说而巽，孚乃化邦也。"豚鱼吉"，信及豚鱼也；"利涉大川"，乘木舟虚也；中孚以利贞，乃应乎天也。《象》曰："泽上有风，中孚；君子以议狱缓死。"[4]

---

[1]《周礼·秋官司寇·司盟》，见《周礼》，徐正英、常佩雨译注，中华书局2014年版，第773—774页。

[2]《周礼·秋官司寇·禁暴氏》，见《周礼》，徐正英、常佩雨译注，中华书局2014年版，第773—774页。

[3]《周易·讼卦》，见黄寿祺、张善文译注：《周易译注》（上），上海古籍出版社2007年版，第46页。

[4]《周易·中孚卦》，见黄寿祺、张善文译注：《周易译注》（上），上海古籍出版社2007年版，第351—352页。

(二)《论语》《孟子》《荀子》

儒家思想，是先秦诸子百家学说之一，由孔子创立，后来以此为基础逐渐形成完整的儒家思想体系。它是中国古代的主流意识，至今依然深刻地影响着全球华人文化圈。儒家的典型代表人物有孔子、孟子和荀子，三人分别有代表作流传于世。

1.《论语》

孔子（前 551 年—前 479 年），名丘，字仲尼，后代敬称孔子或孔夫子。《论语》是儒家经典之一，是一部以记言为主的语录体散文集，主要以语录和对话文体的形式记录孔子及其弟子的言行，集中体现了孔子的政治、审美、道德伦理和功利等价值思想。在古代中国引经入律的实践之前，儒家的学说主要涉及个人伦理和政治，较少涉及法律；但随着春秋决狱、引经入律的展开，儒家学说变成整个传统法律的思想基石。

首先，《论语》在多个篇章讨论个人伦理或者品质上的诚信问题，主要要求君子要重信用、言而有信、行而有信。

曾子曰："吾日三省吾身：为人谋而不忠乎？与朋友交而不信乎？传不习乎？"[1]

道千乘之国，敬事而信，节用而爱人，使民以时。[2]

弟子入则孝，出则弟，谨而信，泛爱众而亲仁。行有余力，则以学文。[3]

---

〔1〕《论语·学而》，见杨伯峻译注：《论语译注》，中华书局 1980 年版，第 3 页。
〔2〕《论语·学而》，见杨伯峻译注：《论语译注》，中华书局 1980 年版，第 4 页。
〔3〕《论语·学而》，见杨伯峻译注：《论语译注》，中华书局 1980 年版，第 4—5 页。

子夏曰："贤贤易色；事父母，能竭其力；事君，能致其身；与朋友交，言而有信。虽曰未学，吾必谓之学矣。"[1]

君子不重则不威，学则不固。主忠信。无友不如己者。过，则勿惮改。[2]

有子曰："信近于义，言可复也。恭近于礼，远耻辱也。因不失其亲，亦可宗也。"[3]

人而无信，不知其可也。大车无𫐐，小车无𫐄，其何以行之哉？[4]

颜渊、季路侍。子曰："盍各言尔志？"子路曰："愿车马衣轻裘与朋友共敝之而无憾。"颜渊曰："愿无伐善，无施劳。"子路曰："愿闻子之志。"子曰："老者安之，朋友信之，少者怀之。"[5]

十室之邑，必有忠信如丘者焉，不如丘之好学也。[6]

曾子言曰："鸟之将死，其鸣也哀；人之将死，其言也善。君子所贵乎道者三：动容貌，斯远暴慢矣；正颜色，斯近信矣；出辞气，斯远鄙倍矣。笾豆之事，则有

[1]《论语·学而》，见杨伯峻译注：《论语译注》，中华书局 1980 年版，第 5 页。
[2]《论语·学而》，见杨伯峻译注：《论语译注》，中华书局 1980 年版，第 6 页。
[3]《论语·学而》，见杨伯峻译注：《论语译注》，中华书局 1980 年版，第 8 页。
[4]《论语·为政》，见杨伯峻译注：《论语译注》，中华书局 1980 年版，第 21 页。
[5]《论语·公冶长》，见杨伯峻译注：《论语译注》，中华书局 1980 年版，第 52 页。
[6]《论语·公冶长》，见杨伯峻译注：《论语译注》，中华书局 1980 年版，第 53 页。

司存。"[1]

　　笃信好学，守死善道。危邦不入，乱邦不居。天下有道则见，无道则隐。邦有道，贫且贱焉，耻也；邦无道，富且贵焉，耻也。[2]

　　狂而不直，侗而不愿，悾悾而不信，吾不知之矣。[3]

　　君子义以为质，礼以行之，孙以出之，信以成之。君子哉！[4]

其次，《论语》还包含一些国家或者社会安排中的诚信问题或者诚信机制的论述，主张从国家或者社会的角度看，诚信是不可或缺的。

　　子贡问政。子曰："足食，足兵，民信之矣。"子贡曰："必不得已而去，于斯三者何先？"曰："去兵。"子贡曰："必不得已而去，于斯二者何先？"曰："去食。自古皆有死，民无信不立。"[5]

　　子张问崇德辨惑。子曰："主忠信，徙义，崇德也。爱之欲其生，恶之欲其死。既欲其生又欲其死，是惑也。"[6]

　　子路曰："卫君待子而为政，子将奚先？"子曰："必

〔1〕《论语·泰伯》，见杨伯峻译注：《论语译注》，中华书局1980年版，第79页。
〔2〕《论语·泰伯》，见杨伯峻译注：《论语译注》，中华书局1980年版，第82页。
〔3〕《论语·泰伯》，见杨伯峻译注：《论语译注》，中华书局1980年版，第83页。
〔4〕《论语·卫灵公》，见杨伯峻译注：《论语译注》，中华书局1980年版，第166页。
〔5〕《论语·颜渊》，见杨伯峻译注：《论语译注》，中华书局1980年版，第126页。
〔6〕《论语·颜渊》，见杨伯峻译注：《论语译注》，中华书局1980年版，第127页。

也正名乎！"子路曰："有是哉，子之迂也！奚其正？"子曰："野哉，由也！君子于其所不知，盖阙如也。名不正，则言不顺；言不顺，则事不成；事不成，则礼乐不兴；礼乐不兴，则刑罚不中；刑罚不中，则民无所措手足。故君子名之必可言也，言之必可行也。君子于其言，无所苟而已矣。"[1]

樊迟请学稼。子曰："吾不如老农。"请学为圃。曰："吾不如老圃。"樊迟出。子曰："小人哉，樊须也！上好礼，则民莫敢不敬；上好义，则民莫敢不服；上好信，则民莫敢不用情。夫如是，则四方之民襁负其子而至矣，焉用稼？"[2]

子贡问曰："何如斯可谓之士矣？"子曰："行己有耻，使于四方，不辱君命，可谓士矣。"曰："敢问其次。"曰："宗族称孝焉，乡党称弟焉。"曰："敢问其次。"曰："言必信，行必果，硁硁然小人哉！抑亦可以为次矣。"[3]

子路问事君。子曰："勿欺也，而犯之。"[4]

不逆诈，不亿不信，抑亦先觉者，是贤乎？[5]

子张问行。子曰："言忠信，行笃敬，虽蛮貊之邦，行矣；言不忠信，行不笃敬，虽州里，行乎哉？立则见其参于前也，在舆则见其倚于衡也，夫然后行。"[6]

[1]《论语·子路》，见杨伯峻译注：《论语译注》，中华书局 1980 年版，第 131—132 页。
[2]《论语·子路》，见杨伯峻译注：《论语译注》，中华书局 1980 年版，第 135 页。
[3]《论语·子路》，见杨伯峻译注：《论语译注》，中华书局 1980 年版，第 140 页。
[4]《论语·宪问》，见杨伯峻译注：《论语译注》，中华书局 1980 年版，第 153 页。
[5]《论语·宪问》，见杨伯峻译注：《论语译注》，中华书局 1980 年版，第 155 页。
[6]《论语·卫灵公》，见杨伯峻译注：《论语译注》，中华书局 1980 年版，第 162 页。

> 子张问仁于孔子。孔子曰："能行五者于天下为仁矣。""请问之。"曰："恭、宽、信、敏、惠。恭则不侮，宽则得众，信则人任焉，敏则有功，惠则足以使人。"〔1〕

> 子夏曰："君子信而后劳其民；未信，则以为厉己也。信而后谏；未信，则以为谤己也。"〔2〕

2.《孟子》

孟子（前 372 年—前 289 年），名轲，邹国（今山东省邹城市）人。孟子因《孟子》一书继承并发扬孔子的思想，成为仅次于孔子的一代儒家宗师，被尊称为"亚圣"。

首先，孟子强调因信立政，因信立国。如果人与人之间、百姓与统治者之间能够有信任，那么这个国家的强大也就指日可待。

> 梁惠王曰："晋国，天下莫强焉，叟之所知也。及寡人之身，东败于齐，长子死焉；西丧地于秦七百里；南辱于楚。寡人耻之，愿比死者一洒之。如之何则可？"

> 孟子对曰："地方百里而可以王。王如施仁政于民，省刑罚，薄税敛，深耕易耨，壮者以暇日修其孝弟忠信，入以事其父兄，出以事其长上，可使制梃以挞秦、楚之坚甲利兵矣。彼夺其民时，使不得耕耨以养其父母，父母冻饿，兄弟妻子离散。彼陷溺其民，王往而征之，夫谁与王敌？故曰：'仁者无敌。'王请勿疑！"〔3〕

---

〔1〕《论语·阳货》，见杨伯峻译注：《论语译注》，中华书局 1980 年版，第 183 页。

〔2〕《论语·子张》，见杨伯峻译注：《论语译注》，中华书局 1980 年版，第 201 页。

〔3〕《孟子·梁惠王章句上》，见杨伯峻译注：《孟子译注》（上），中华书局 1960 年版，第 10 页。

后稷教民稼穑，树艺五谷，五谷熟而民人育。人之有
道也，饱食、暖衣、逸居而无教，则近于禽兽。圣人有忧
之，使契为司徒，教以人伦，父子有亲，君臣有义，夫妇
有别，长幼有序，朋友有信。放勋曰："劳之来之，匡之直
之，辅之翼之，使自得之，又从而振德之。"圣人之忧民如
此，而暇耕乎？[1]

其次，孟子也注意到，在一个国家中，遵守法律和恪守信用往
往是联系在一起的。如果人民不遵守法律，各行各业的人都不信守
职业道德，那么这个国家基本上就无法存在了。

上无道揆也，下无法守也，朝不信道，工不信度，君
子犯义，小人犯刑，国之所存者幸也。故曰：城郭不完，
兵甲不多，非之之灾也；田野不辟，货财不聚，非国之害
也。上无礼，下无学，贼民兴，丧无日矣。[2]

居下位而不获于上，民不可得而治也。获于上有道，
不信于友，弗获于上矣；信于友有道，事亲弗悦，弗信
于友矣；悦亲有道，反身不诚，不悦于亲矣；诚身有道；
不明乎善，不诚其身矣。是故诚者，天之道也；思诚者，
人之道也。至诚而不动者，未之有也；不诚，未有能动
者也。[3]

最后，跟孔子一样，孟子也在伦理层面对个人的诚信品格做了

[1]《孟子·滕文公章句上》，见杨伯峻译注：《孟子译注》（上），中华书局1960年版，第125页。

[2]《孟子·离娄章句上》，见杨伯峻译注：《孟子译注》（上），中华书局1960年版，第162页。

[3]《孟子·离娄章句上》，见杨伯峻译注：《孟子译注》（上），中华书局1960年版，第173页。

强调。

> 有天爵者，有人爵者。仁义忠信，乐善不倦，此天爵也；公卿大夫，此人爵也。古之人修其天爵，而人爵从之。今之人修其天爵，以要人爵；既得人爵，而弃其天爵，则惑之甚者也，终亦必亡而已矣。[1]

> 公孙丑曰："《诗》曰：'不素餐兮。'君子之不耕而食，何也？"

> 孟子曰："君子居是国也，其君用之，则安富尊荣；其子弟从之，则孝悌忠信。'不素餐兮'，孰大于是？"[2]

3.《荀子》

荀子（约前313年—前238年），名况，战国时期儒家思想家，赵国人。荀子重视道德伦理，提倡仁义、礼义和忠信，集先秦礼论之大成，重视以礼修身和礼制教育。其思想主要反映在《荀子》一书中。

> 扁善之度，以治气养生则后彭祖，以修身自名则配尧、禹。宜于时通，利以处穷，礼信是也。[3]

> 体恭敬而心忠信，术礼义而情爱人，横行天下，虽困四夷，人莫不贵。劳苦之事则争先，饶乐之事则能让，端悫诚信，拘守而详，横行天下，虽困四夷，人莫

---

〔1〕《孟子·告子章句上》，见杨伯峻译注：《孟子译注》（下），中华书局1960年版，第271页。

〔2〕《孟子·尽心章句上》，见杨伯峻译注：《孟子译注》（下），中华书局1960年版，第315页。

〔3〕《荀子·修身》，见《荀子》，方勇、李波译注，中华书局2015年第2版，第13页。

不任。[1]

　　尚法而无法，下修而好作，上则取听于上，下则取从于俗，终日言成文典，反紃察之；则偶然无所归宿，不可以经国定分；然而其持之有故，其言之成理，足以欺惑愚众，是慎到、田骈也。[2]

　　信信，信也；疑疑，亦信也。贵贤，仁也；贱不肖，亦仁也。言而当，知也；默而当，亦知也。故知默犹知言也。故多言而类，圣人也；少言而法，君子也；多少无法而流湎然，虽辩，小人也。故劳力而不当民务谓之奸事，劳知而不律先王谓之奸心，辩说譬谕、齐给便利而不顺礼义谓之奸说。此三奸者，圣王之所禁也。知而险，贼而神，为诈而巧，言无用而辩，辩不惠而察，治之大殃也。行辟而坚，饰非而好，玩奸而泽，言辩而逆，古之大禁也。知而无法，勇而无惮，察辩而操僻淫，大而用之，好奸而与众，利足而迷，负石而坠，是天下之所弃也。[3]

　　士君子之所能不能为：君子能为可贵，不能使人必贵己；能为可信，不能使人必信己；能为可用，不能使人必用己。故君子耻不修，不耻见污；耻不信，不耻不见信；耻不能，不耻不见用。[4]

　　故先王明礼义以壹之，致忠信以爱之，尚贤使能以次之，爵服庆赏以申重之，时其事，轻其任以调齐之，潢然

〔1〕《荀子·修身》，见《荀子》，方勇、李波译注，中华书局 2015 年版，第 18 页。
〔2〕《荀子·非十二子》，见《荀子》，方勇、李波译注，中华书局 2015 年版，第 70 页。
〔3〕《荀子·非十二子》，见《荀子》，方勇、李波译注，中华书局 2015 年版，第 74 页。
〔4〕《荀子·非十二子》，见《荀子》，方勇、李波译注，中华书局 2015 年版，第 77 页。

兼覆之，养长之，如保赤子。[1]

观其朝廷则其贵者不贤，观其官职则其治者不能，观其便嬖则其信者不悫，是暗主已。[2]

故用国者，义立而王，信立而霸，权谋立而亡。三者明主之所谨择也，仁人之所务白也。

挈国以呼礼义，而无以害之，行一不义，杀一无罪，而得天下，仁者不为也。擽然扶持心国，且若是其固也。所与为之者，之人则举义士也；所以为布陈于国家刑法者，则举义法也；主之所极然帅群臣而首乡之者，则举义志也。如是则下仰上以义矣，是綦定也；綦定而国定，国定而天下定。仲尼无置锥之地，诚义乎志意，加义乎身行，箸之言语，济之日，不隐乎天下，名垂乎后世。今亦以天下之显诸侯，诚义乎志意，加义乎法则度量，箸之以政事，案申重之以贵贱杀生，使袭然终始犹一也。如是，则夫名声之部发于天地之间也，岂不如日月雷霆然矣哉！[3]

故国者、重任也，不以积持之则不立。故国者，世所以新者也，是悻，悻、非变也，改王改行也。故一朝之日也，一日之人也，然而厌焉有千岁之国，何也？曰：援夫千岁之信法以持之也，安与夫千岁之信士为之也。人无百岁之寿，而有千岁之信士，何也？曰：以夫千岁之法自持者，是乃千岁之信士矣。故与积礼义之君子为之则王，与端诚信全之士为之则霸，与权谋倾覆之人为之则亡。三者明主之所以谨择也，仁人之所以务白也。善择之者制人，

---

〔1〕《荀子·富国》，见《荀子》，方勇、李波译注，中华书局 2015 年版，第 153 页。

〔2〕《荀子·富国》，见《荀子》，方勇、李波译注，中华书局 2015 年版，第 155 页。

〔3〕《荀子·王霸》，见《荀子》，方勇、李波译注，中华书局 2015 年版，第 162—163 页。

不善择之者人制之。[1]

无国而不有治法，无国而不有乱法；无国而不有贤士，无国而不有罢士；无国而不有愿民，无国而不有悍民；无国而不有美俗，无国而不有恶俗。两者并行而国在，上偏而国安，在下偏而国危，上一而王，下一而亡。故其法治，其佐贤，其民愿，其俗美，而四者齐，夫是之谓上一。如是，则不战而胜，不攻而得，甲兵不劳而天下服。故汤以亳，武王以鄗，皆百里之地也，天下为一，诸侯为臣，通达之属莫不从服，无他故焉，四者齐也。桀、纣即序于有天下之势，索为匹夫而不可得也，是无它故焉，四者并亡也。故百王之法不同若是，所归者一也。[2]

合符节，别契券者，所以为信也；上好权谋，则臣下百吏诞诈之人乘是而后欺。[3]

故上好礼义，尚贤使能，无贪利之心，则下亦将綦辞让，致忠信，而谨于臣子矣。如是，则虽在小民，不待合符节、别契券而信，不待探筹、投钩而公，不待衡石、称县而平，不待斗、斛、敦、概而啧。故赏不用而民劝，罚不用而民服，有司不劳而事治，政令不烦而俗美。百姓莫敢不顺上之法，象上之志，而劝上之事，而安乐之矣。故藉敛忘费，事业忘劳，寇难忘死，城郭不待饰而固，兵刃不待陵而劲，敌国不待服而诎，四海之民不待令而一，夫是之谓至平。[4]

---

[1]《荀子·王霸》，见《荀子》，方勇、李波译注，中华书局 2015 年版，第 168 页。
[2]《荀子·王霸》，见《荀子》，方勇、李波译注，中华书局 2015 年版，第 178 页。
[3]《荀子·君道》，见《荀子》，方勇、李波译注，中华书局 2015 年版，第 190 页。
[4]《荀子·君道》，见《荀子》，方勇、李波译注，中华书局 2015 年版，第 191 页。

（三）《商君书》《韩非子》《管子》

在春秋战国时期，法家位列诸子百家，代表人物有商鞅和韩非，代表性著作是《商君书》和《韩非子》。法家主张以"法"治国，反对仁义；强调明刑尚法、信赏必罚。如果说儒家强调信主要是针对个人修养，那么法家强调信更多考虑的是有效推行法制。

1.《商君书》

商鞅（前390年—前338年），卫国国君的后裔，姬姓，故称为卫鞅，又称公孙鞅。其因在河西之战中立功获封于商十五邑，号为商君，故人称商鞅。《史记》记载，商鞅颁行新法前为取信于民，派人在国都后边市场的南门竖起一根三丈长的木头，公告称，百姓中能把木头搬到北门的人即获得赏金十两。百姓们都感到很诧异，没有人去搬。后商鞅将赏金追加至五十两，终于有个人将木头搬到北门，果然获得赏金五十两。商鞅借此表明，令出必行，绝不欺骗，史称"徙木立信"。在《商君书》中，多次出现商鞅对法和信关系的论述，以及对二者的强调。

> 訾粟而税，则上壹而民平。上壹则信，信则官不敢为邪。民平则慎，慎则难变。上信而官不敢为邪，民慎而难变，则下不非上，中不苦官。[1]

> 圣人知治国之要，故令民归心于农。归心于农，则民朴而可正也，纯纯则易使也，信可以守战也。壹，则少诈而重居；壹，则可以赏罚进也；壹，则可以外用也。夫民之亲上死制也，以其旦暮从事于农。[2]

> 靳令，则治不留，法平，则吏无奸。法已定矣，不以

---

[1]《商君书·垦令》，见《商君书》，石磊译注，中华书局2011年版，第10页。
[2]《商君书·农战》，见《商君书》，石磊译注，中华书局2011年版，第32页。

善言害法。任功，则民少言；任善，则民多言。行治曲断：以五里断者王，以十里断者强，宿治者削。以刑治，以赏战，求过不求善。故法立而不革，则显。民变诛，计变诛止，贵齐殊使，百官之尊爵厚禄以自伐。国无奸民，则都无奸市。物多末众，农弛奸胜，则国必削。民有余粮，使民以粟出官爵，官爵必以其力，则农不怠。四寸之管无当，必不满也。授官、予爵、出禄不以功，是无当也。[1]

六虱：曰礼、乐，曰《诗》、《书》，曰修善，曰孝弟，曰诚信，曰贞廉，曰仁、义，曰非兵，曰羞战。[2]

国之所以治者三：一曰法，二曰信，三曰权。法者，君臣之所共操也；信者，君臣之所共立也；权者，君之所独制也。人主失守则危。君臣释法任私，必乱。故立法明分，而不以私害法，则治。权制独断于君则威。民信其赏，则事功成；信其刑，则奸无端。惟明主爱权重信，而不以私害法。故上多惠言而不克其赏，则下不用；数加严令而不致其刑，则民傲死。凡赏者，文也；刑者，武也。文武者，法之约也。故明主任法。明主不蔽之谓明，不欺之谓察。故赏厚而信，刑重而威必。不失疏远，不违亲近。故臣不蔽主，而下不欺上。[3]

国之乱也，非其法乱也，非法不用也。国皆有法，而无使法必行之法。国皆有禁奸邪刑盗贼之法，而无使奸邪盗贼必得之法。为奸邪盗贼者死刑，而奸邪盗贼不止者，不必得也。必得，而尚有奸邪盗贼者，刑轻也。刑

---

〔1〕《商君书·靳令》，见《商君书》，石磊译注，中华书局2011年版，第98页。

〔2〕《商君书·靳令》，见《商君书》，石磊译注，中华书局2011年版，第101页。

〔3〕《商君书·修权》，见《商君书》，石磊译注，中华书局2011年版，第105—106页。

轻者，不得诛也。必得者，刑者众也。故善治者，刑不善，而不赏善，故不刑而民善。不刑而民善，刑重也。刑重者，民不敢犯，故无刑也。而民莫敢为非，是一国皆善也。故不赏善而民善。赏善之不可也，犹赏不盗。故善治者，使跖可信，而况伯夷乎？不能治者，使伯夷可疑，而况跖乎？势不能为奸，虽跖可信也；势得为奸，虽伯夷可疑也。[1]

故圣人必为法令置官也，置吏也，为天下师，所以定名分也。名分定，则大诈贞信，巨盗愿悫，而各自治也。故夫名分定，势治之道也；名分不定，势乱之道也。故势治者不可乱，势乱者不可治。夫势乱而治之，愈乱；势治而治之，则治。故圣王治治，不治乱。[2]

2.《韩非子》

韩非（约前280年—前233年），又称韩非子，战国末期韩国新郑（今属河南）人。韩非作为法家的代表及集大成者，明确提出"法不阿贵"的思想，主张"刑过不避大臣，赏善不遗匹夫"。这是对中国法治思想的重大贡献，对于清除贵族特权、维护法律尊严，产生了积极的影响。韩非还主张以法为教，意思就是除了制定法律，还必须要宣传法律，普及法律知识，遵守法律，适用法律，使整个社会形成"知法、懂法、守法"的良好风气。

言赏则不与，言罚则不行，赏罚不信，故士民不死也。今秦出号令而行赏罚，有功无功相事也。出其父母怀衽之中，生未尝见寇耳。闻战，顿足徒裼，犯白刃，蹈炉炭，

---

[1]《商君书·画策》，见《商君书》，石磊译注，中华书局2011年版，第133—134页。
[2]《商君书·定分》，见《商君书》，石磊译注，中华书局2011年版，第179页。

断死于前者皆是也。夫断死与断生者不同，而民为之者，是贵奋死也。夫一人奋死可以对十，十可以对百，百可以对千，千可以对万，万可以克天下矣。今秦地折长补短，方数千里，名师数十百万。秦之号令赏罚，地形利害，天下莫若也。以此与天下，天下不足兼而有也。是故秦战未尝不克，攻未尝不取，所当未尝不破，开地数千里，此其大功也。然而兵甲顿，士民病，蓄积索，田畴荒，囷仓虚，四邻诸侯不服，霸王之名不成。此无异故，其谋臣皆不尽其忠也。[1]

赵氏，中央之国也，杂民所居也，其民轻而难用也。号令不治，赏罚不信，地形不便，下不能尽其民力。彼固亡国之形也，而不忧民萌，悉其士民军于长平之下，以争韩上党。大王以诏破之，拔武安。当是时也，赵氏上下不相亲也，贵贱不相信也。然则邯郸不守。[2]

故臣曰：亡国之廷无人焉。廷无人者，非朝廷之衰也；家务相益，不务厚国；大臣务相尊，而不务尊君；小臣奉禄养交，不以官为事。此其所以然者，由主之不上断于法，而信下为之也。故明主使法择人，不自举也；使法量功，不自度也。能者不可弊，败者不可饰，誉者不能进，非者弗能退，则君臣之间明辩而易治，故主雠法则可也。[3]

---

〔1〕《韩非子·初见秦》，见《韩非子》，高华平、王齐洲、张三夕译注，中华书局2015年版，第2页。

〔2〕《韩非子·初见秦》，见《韩非子》，高华平、王齐洲、张三夕译注，中华书局2015年版，第7页。

〔3〕《韩非子·有度》，见《韩非子》，高华平、王齐洲、张三夕译注，中华书局2015年版，第44—45页。

威、制共，则众邪彰矣；法不信，则君行危矣；刑不断，则邪不胜矣。故曰：巧匠目意中绳，然必先以规矩为度；上智捷举中事，必以先王之法为比。故绳直而枉木斫，准夷而高科削，权衡县而重益轻，斗石设而多益少。故以法治国，举措而已矣。法不阿贵，绳不挠曲。法之所加，智者弗能辞，勇者弗敢争。刑过不避大臣，赏善不遗匹夫。故矫上之失，诘下之邪，治乱决缪，绌羡齐非，一民之轨，莫如法。厉官威民，退淫殆，止诈伪，莫如刑。刑重，则不敢以贵易贱；法审，则上尊而不侵，上尊而不侵，则主强而守要，故先王贵之而传之。人主释法用私，则上下不别矣。[1]

用一之道，以名为首。名正物定，名倚物徙。故圣人执一以静，使名自命，令事自定。不见其采，下故素正。因而任之，使自事之；因而予之，彼将自举之；正与处之，使皆自定之。上以名举之，不知其名，复修其形。形名参同，用其所生。二者诚信，下乃贡情。[2]

管仲曰："隰朋可。其为人也，坚中而廉外，少欲而多信。夫坚中，则足以为表；廉外，则可以大任；少欲，则能临其众；多信，则能亲邻国。此霸者之佐也，君其用之。"[3]

商君说秦孝公以变法易俗而明公道，赏告奸，困末作

〔1〕《韩非子·有度》，见《韩非子》，高华平、王齐洲、张三夕译注，中华书局 2015 年版，第 49—50 页。

〔2〕《韩非子·扬权》，见《韩非子》，高华平、王齐洲、张三夕译注，中华书局 2015 年版，第 60 页。

〔3〕《韩非子·十过》，见《韩非子》，高华平、王齐洲、张三夕译注，中华书局 2015 年版，第 98—99 页。

而利本事。当此之时，秦民习故俗之有罪可以得免，无功可以得尊显也，故轻犯新法。于是犯之者其诛重而必，告之者其赏厚而信，故奸莫不得而被刑者众，民疾怨而众过日闻。孝公不听，遂行商君之法。民后知有罪之必诛，而告私奸者众也，故民莫犯，其刑无所加。是以国治而兵强，地广而主尊。此其所以然者，匿罪之罚重而告奸之赏厚也。此亦使天下必为己视听之道也。至治之法术已明矣，而世之学者弗知也。[1]

人主之过，在己任臣矣，又必反与其所不任者备之，此其说必与其所任者为仇，而主反制于其所不任者。今所与备人者，且曩之所备也。人主不能明法而以制大臣之威，无道得小人之信矣。人主释法而以臣备臣，则相爱者比周而相誉，相憎者朋党而相非。非誉交争，则主惑乱矣。人臣者，非名誉请谒无以进取，非背法专制无以为威，非假于忠信无以不禁；三者，悑主坏法之资也。人主使人臣虽有智能，不得背法而专制；虽有贤行，不得逾功而先劳；虽有忠信，不得释法而不禁：此之谓明法。[2]

臣故曰：明于治之数，则国虽小，富；赏罚敬信，民虽寡，强。[3]

有争则乱，故曰："夫礼者，忠信之薄也，而乱之

---

〔1〕《韩非子·奸劫弑臣》，见《韩非子》，高华平、王齐洲、张三夕译注，中华书局2015年版，第133—134页。

〔2〕《韩非子·南面》，见《韩非子》，高华平、王齐洲、张三夕译注，中华书局2015年版，第165—166页。

〔3〕《韩非子·饰邪》，见《韩非子》，高华平、王齐洲、张三夕译注，中华书局2015年版，第177页。

首乎。"[1]

安术:一曰赏罚随是非,二曰祸福随善恶,三曰死生随法度,四曰有贤不肖而无爱恶,五曰有愚智而无非誉,六曰有尺寸而无意度,七曰有信而无诈。[2]

人主离法失人,则危于伯夷不妄取,而不免于田成、盗跖之祸。何也?今天下无一伯夷,而奸人不绝世,故立法度量。度量信,则伯夷不失是,而盗跖不得非。法分明,则贤不得夺不肖,强不得侵弱,众不得暴寡。托天下于尧之法,则贞士不失分,奸人不侥幸。[3]

小信成则大信立,故明主积于信。赏罚不信则禁令不行,说在文公之攻原与箕郑救饿也。是以吴起须故人而食,文侯会虞人而猎。故明主表信,如曾子杀彘也。患在厉王击警鼓与李悝谩两和也。[4]

晋文公攻原,裹十日粮,遂与大夫期十日。至原十日而原不下,击金而退,罢兵而去。士有从原中出者,曰:"原三日即下矣。"群臣左右谏曰:"夫原之食竭力尽矣,君姑待之。"公曰:"吾与士期十日,不去,是亡吾信也。得原失信,吾不为也。"遂罢兵而去。原人闻曰:"有君如彼其信也,可无归乎?"乃降公。卫人闻曰:"有君如彼其

[1]《韩非子·解老》,见《韩非子》,高华平、王齐洲、张三夕译注,中华书局2015年版,第190页。

[2]《韩非子·安危》,见《韩非子》,高华平、王齐洲、张三夕译注,中华书局2015年版,第288页。

[3]《韩非子·守道》,见《韩非子》,高华平、王齐洲、张三夕译注,中华书局2015年版,第297—298页。

[4]《韩非子·外储说左上》,见《韩非子》,高华平、王齐洲、张三夕译注,中华书局2015年版,第428—429页。

信也，可无从乎？"乃降公。孔子闻而记之曰："攻原得卫者，信也。"

文公问箕郑曰："救饿奈何？"对曰："信。"公曰："安信？"曰："信名，信事，信义。信名，则群臣守职，善恶不逾，百事不怠；信事，则不失天时，百姓不逾；信义，则近亲劝勉，而远者归之矣。"[1]

恃势而不恃信，故东郭牙议管仲。恃术而不恃信，故浑轩非文公。故有术之主，信赏以尽能，必罚以禁邪，虽有驳行，必得所利。简主之相阳虎，哀公问"一足"。[2]

晋文公问于狐偃曰："寡人甘肥周于堂，卮酒豆肉集于宫，壶酒不清，生肉不布，杀一牛遍于国中，一岁之功尽以衣士卒，其足以战民乎？"狐子曰："不足。"文公曰："吾弛关市之征而缓刑罚，其足以战民乎？"狐子曰："不足。"文公曰："吾民之有丧资者，寡人亲使郎中视事，有罪者赦之，贫穷不足者与之，其足以战民乎？"狐子对曰："不足。此皆所以慎产也；而战之者，杀之也。民之从公也，为慎产也，公因而迎杀之，失所以为从公矣。"曰："然则何如足以战民乎？"狐子对曰："令无得不战。"公曰："无得不战奈何？"狐子对曰："信赏必罚，其足以战。"公曰："刑罚之极安至？"对曰："不辟亲贵，法行所爱。"文公曰："善。"明日令田于圃陆，期以日中为期，后期者行军法焉。于是公有所爱者曰颠颉后期，吏请其罪，

---

[1]《韩非子·外储说左上》，见《韩非子》，高华平、王齐洲、张三夕译注，中华书局2015年版，第429—430页。

[2]《韩非子·外储说左下》，见《韩非子》，高华平、王齐洲、张三夕译注，中华书局2015年版，第440页。

文公陨涕而忧。吏曰："请用事焉。"遂斩颠颉之脊，以徇百姓，以明法之信也。而后百姓皆惧曰："君于颠颉之贵重如彼甚也，而君犹行法焉，况于我则何有矣。"文公见民之可战也，于是遂兴兵伐原，克之。伐卫，东其亩，取五鹿。攻阳。胜虢。伐曹。南围郑，反之陴。罢宋围。还与荆人战城濮，大败荆人，返为践土之盟，遂成衡雍之义。一举而八有功。所以然者，无他故异物，从狐偃之谋，假颠颉之脊也。[1]

舅犯曰"繁礼君子，不厌忠信"者：忠，所以爱其下也；信，所以不欺其民也。夫既以爱而不欺矣，言孰善于此？然必曰"出于诈伪"者，军旅之计也。舅犯前有善言，后有战胜，故舅犯有二功而后论，雍季无一焉而先赏。"文公之霸，不亦宜乎？"仲尼不知善赏也。[2]

问者曰："徒术而无法，徒法而无术，其不可何哉？"

对曰："申不害，韩昭侯之佐也。韩者，晋之别国也。晋之故法未息，而韩之新法又生；先君之令未收，而后君之令又下。申不害不擅其法，不一其宪令，则奸多。故利在故法前令则道之，利在新法后令则道之，利在故新相反，前后相勃，则申不害虽十使昭侯用术，而奸臣犹有所谲其辞矣。故托万乘之劲韩，十七年而不至于霸王者，虽用术于上，法不勤饰于官之患也。公孙鞅之治秦也，设告相坐而责其实，连什伍而同其罪，赏厚而信，刑重而必。是以

---

〔1〕《韩非子·外储说右上》，见《韩非子》，高华平、王齐洲、张三夕译注，中华书局 2015 年版，第 495—496 页。

〔2〕《韩非子·难一》，见《韩非子》，高华平、王齐洲、张三夕译注，中华书局 2015 年版，第 528 页。

其民用力劳而不休，逐敌危而不却，故其国富而兵强；然而无术以知奸，则以其富强也资人臣而已矣。"[1]

在韩非子的论述中，也出现过将法律置于忠信、诚信之上的论断。当然，这种论断并不是绝对地轻视忠信和诚信，而是与忠信和诚信相比，"一断于法"或者说固守法律规则是更重要的一件事情。

> 且世之所谓贤者，贞信之行也；所谓智者，微妙之言也。微妙之言，上智之所难知也。今为众人法，而以上智之所难知，则民无从识之矣。故糟糠不饱者不务粱肉，短褐不完者不待文绣。夫治世之事，急者不得，则缓者非所务也。今所治之政，民间之事，夫妇所明知者不用，而慕上知之论，则其于治反矣。故微妙之言，非民务也。若夫贤良贞信之行者，必将贵不欺之士；不欺之士者，亦无不欺之术也。布衣相与交，无富厚以相利，无威势以相惧也，故求不欺之士。今人主处制人之势，有一国之厚，重赏严诛，得操其柄，以修明术之所烛，虽有田常、子罕之臣，不敢欺也，奚待于不欺之士？今贞信之士不盈于十，而境内之官以百数，必任贞信之士，则人不足官。人不足官，则治者寡而乱者众矣。故明主之道，一法而不求智，固术而不慕信，故法不败，而群官无奸诈矣。[2]

3.《管子》

不法法则事毋常，法不法则令不行，令而不行则令不

---

[1]《韩非子·定法》，见《韩非子》，高华平、王齐洲、张三夕译注，中华书局2015年版，第621—622页。

[2]《韩非子·五蠹》，见《韩非子》，高华平、王齐洲、张三夕译注，中华书局2015年版，第712—713页。

法也。法而不行则修令者不审也。审而不行则赏罚轻也。重而不行则赏罚不信也。信而不行则不以身先之也。故曰：禁胜于身，则令行于民矣。[1]

令未布而民或为之，而赏从之，则是上妄予也；上妄予，则功臣怨。功臣怨，而愚民操事于妄作。愚民操事于妄作，则大乱之本也。令未布而罚及之，则是上妄诛也；上妄诛则民轻生，民轻生则暴人兴，曹党起而乱贼作矣。令已布而赏不从，则是使民不劝勉，不行制，不死节。民不劝勉，不行制，不死节，则战不胜而守不固。战不胜而守不固，则国不安矣。令已布而罚不及，则是教民不听，民不听，则强者立；强者立，则主位危矣；故曰："宪律制度必法道，号令必著明，赏罚必信密，此正民之经也。[2]

问于边吏曰：小利害信，小怒伤义，边信伤德，厚和构四国以顺貌德。后乡四极，令守法之官日行，度必明，无失经常。[3]

是故知善，人君也。身善，人役也。君身善则不公矣。人君不公，常惠于赏而不忍于刑，是国无法也。治国无法，则民朋党而下比，饰巧以成其私。法制有常，则民不散而上合，竭情以纳其忠。是以不言智能，而顺事治，国患解，大臣之任也。不言于聪明，而善人举，奸伪诛，视听者众也。[4]

凡国无法，则众不知所为。无度，则事无机。有法

---

〔1〕《管子·法法》，见黎翔凤：《管子校注》（上），中华书局2004年版，第293页。

〔2〕《管子·法法》，见黎翔凤：《管子校注》（上），中华书局2004年版，第301页。

〔3〕《管子·问》，见黎翔凤：《管子校注》（上），中华书局2004年版，第499页。

〔4〕《管子·君臣》，见黎翔凤：《管子校注》（中），中华书局2004年版，第553—554页。

不正，有度不直，则治辟，治辟则国乱；故曰：正法直度，罪杀不赦。杀僇必信，民畏而惧。武威既明，令不再行。[1]

凡人君者，覆载万民而兼有之，烛临万族而事使之，是故以天地日月四时为主为质以治天下。天覆而无外也。其德无所不在；地载而无弃也，安固而不动，故莫不生殖。圣人法之，以覆载万民，故莫不得其职姓。得其职姓；则莫不为用。故曰：法天合德，象地无亲。日月之明无私，故莫不得光。圣人法之，以烛万民，故能审察，则无遗善，无隐奸。无遗善，无隐奸，则刑赏信必。刑赏信必，则善劝而奸止。故曰：参于日月四时之行，信必而著明。圣人法之，以事万民，故不失时功，故曰：伍于四时。

凡众者，爱之则亲，利之则至。是故明君设利以致之，明爱以亲之。徒利而不爱，则众至而不亲。徒爱而不利，则众亲而不至。爱施俱行，则说君臣，说朋友，说兄弟，说父子。爱施所设四，固不能守。故曰：四说在爱施。[2]

（四）《孙子兵法》《六韬》《三略》《尉缭子》

兵家作为春秋战国时期诸子百家中的一家，其军事思想对后世产生了重大且深远的影响，《孙子兵法》直到今天还畅销不衰。在兵家看来，信用是军事活动的前提条件，也是国家得以强大的基础。为了维护信用，赏与罚这两种手段都是必要的。

---

[1]《管子·版法解》，见黎翔凤：《管子校注》（下），中华书局 2004 年版，第 1201 页。

[2]《管子·版法解》，见黎翔凤：《管子校注》（下），中华书局 2004 年版，第 1203—1204 页。

1.《孙子兵法》

《孙子兵法》，又称《孙子》《武经》《兵经》《孙武兵法》《吴孙子兵法》，是中国古代的兵书，作者为春秋末期的齐国人孙武，相传于公元前 515 年至公元前 512 年成书。

> 道者，令民与上同意也，可与之死，可与之生，而不畏危。天者，阴阳，寒暑，时制也。地者，远近，险易，广狭，死生也。将者，智，信，仁，勇，严也。法者，曲制，官道，主用也。凡此五者，将莫不闻，知之者胜，不知者不胜。[1]

2.《六韬》

《六韬》又称《太公六韬》《太公兵法》，是中国古代先秦时期著名的黄老道家典籍《太公》的兵法部分。

> 文王曰："六守何也？"
> 太公曰："一曰仁，二曰义，三曰忠，四曰信，五曰勇，六曰谋；是谓六守。"[2]

> 文王问太公曰："王人者，何上何下？何取何去？何禁何止？"
> 太公曰："王人者，上贤，下不肖。取诚信，去诈伪。禁暴乱，止奢侈。故王人者有六贼、七害。"[3]

---

〔1〕《孙子兵法·计篇》，见《孙子兵法》，陈曦译注，中华书局 2011 年版，第 3 页。
〔2〕《文韬·六守》，见《武经七书》，骈宇骞、李解民、盛冬铃译注，中华书局 2020 年版，第 503 页。
〔3〕《文韬·上贤》，见《武经七书》，骈宇骞、李解民、盛冬铃译注，中华书局 2020 年版，第 512 页。

文王问太公曰："赏所以存劝，罚所以示惩。吾欲赏一以劝百，罚一以惩众，为之奈何？"

太公曰："凡用赏者贵信，用罚者贵必。赏信罚必于耳目之所闻见，则所不闻见者莫不阴化矣。夫诚，畅于天地，通于神明，而况于人乎！"〔1〕

武王问太公曰："论将之道奈何？"

太公曰："将有五材、十过。"

武王曰："敢问其目。"

太公曰："所谓五材者，勇、智、仁、信、忠也。勇则不可犯，智则不可乱，仁则爱人，信则不欺，忠则无二心。所谓十过者：有勇而轻死者，有急而心速者，有贪而好利者，有仁而不忍人者，有智而心怯者，有信而喜信人者，有廉洁而不爱人者，有智而心缓者，有刚毅而自用者，有懦而喜任人者。勇而轻死者，可暴也；急而心速者，可久也；贪而好利者，可遗也；仁而不忍人者，可劳也；智而心怯者，可窘也；信而喜信人者，可诳也；廉洁而不爱人者，可侮也；智而心缓者，可袭也；刚毅而自用者，可事也；懦而喜任人者，可欺也。故兵者，国之大事，存亡之道，命在于将。将者，国之辅，先王之所重也。故置将不可不察也。"〔2〕

3.《三略》

《三略》，亦称《黄石公三略》，是中国古代著名的军事著作，

---

〔1〕《文韬·赏罚》，见《武经七书》，骈宇骞、李解民、盛冬铃译注，中华书局2020年版，第521页。

〔2〕《龙韬·论将》，见《武经七书》，骈宇骞、李解民、盛冬铃译注，中华书局2020年版，第556—559页。

属于道家兵书，相传作者为汉初道家隐士黄石公。

《军谶》曰："将之所以为威者，号令也；战之所以全胜者，军政也；士之所以轻死者，用命也。"故将无还令，赏罚必信；如天如地，乃可使人；士卒用命，乃可越境。[1]

《军谶》曰："贤者所适，其前无敌。"故士可下而不可骄，将可乐而不可忧，谋可深而不可疑。士骄则下不顺，将忧则内外不相信，谋疑则敌国奋。以此攻伐，则致乱。夫将者，国之命也。将能制胜，则国家安定。[2]

霸者，制士以权，结士以信，使士以赏。信衰则士疏，赏亏则士不用命。[3]

4.《尉缭子》

《尉缭子》是中国古代的一部重要的兵书，一般认为，该书成书于战国时期。

吾用天下之用为用，吾制天下之制为制。修吾号令，明吾刑赏，使天下非农无所得食，非战无所得爵，使民扬臂争出农战，而天下无敌矣。故曰：发号出令，信行

---

[1]《三略·上略》，见《武经七书》，骈宇骞、李解民、盛冬铃译注，中华书局 2020 年版，第 430 页。

[2]《三略·上略》，见《武经七书》，骈宇骞、李解民、盛冬铃译注，中华书局 2020 年版，第 434 页。

[3]《三略·中略》，见《武经七书》，骈宇骞、李解民、盛冬铃译注，中华书局 2020 年版，第 453 页。

国内。[1]

> 故国必有礼信亲爱之义，则可以饥易饱；国必有孝慈廉耻之俗，则可以死易生。古率民者，必先礼信而后爵禄，先廉耻而后刑罚，先亲爱而后律其身。[2]

（五）《墨子》

墨子，名翟，是墨家学派的创始人，生于公元前约 468 年，卒于公元前约 376 年。他提出了"非儒""兼爱""非攻""节用""交相利"等观点，显赫一时。

> 志不强者智不达，言不信者行不果。据财不能以分人者，不足与友。守道不笃，偏物不博，辩是非不察者，不足与游。本不固者末必几，雄而不修者，其后必惰，原浊者流不清，行不信者名必耗。名不徒生而誉不自长，功成名遂，名誉不可虚假，反之身者也。务言而缓行，虽辩必不听。多力而伐功，虽劳必不图。慧者心辩而不繁说，多力而不伐功，此以名誉扬天下。言无务为多而务为智，无务为文而务为察。故彼智无察，在身而情，反其路者也。善无主于心者不留，行莫辩于身者不立。名不可简而成也，誉不可巧而立也，君子以身戴行者也。思利寻焉，忘名忽焉，可以为士于天下者，未尝有也。[3]

---

〔1〕《尉缭子·制谈》，见《武经七书》，骈宇骞、李解民、盛冬铃译注，中华书局 2020 年版，第 282 页。

〔2〕《尉缭子·战威》，见《武经七书》，骈宇骞、李解民、盛冬铃译注，中华书局 2020 年版，第 287 页。

〔3〕《墨子·修身》，见吴毓江：《墨子校注》，孙启治点校，中华书局 2006 年版，第 11 页。

　　子墨子言曰："天下之王公大人，皆欲其国家之富也，人民之众也，刑法之治也，然而不识以尚贤为政其国家百姓，王公大人本失尚贤为政之本也。若苟王公大人本失尚贤为政之本也，则不能毋举物示之乎？今若有一诸侯于此，为政其国家也，曰：'凡我国能射御之士，我将赏贵之，不能射御之士，我将罪贱之。'问于若国之士，孰喜孰惧？我以为必能射御之士喜，不能射御之士惧。我尝因而诱之矣，曰：'凡我国之忠信之士，我将赏贵之，不忠信之士，我将罪贱之。'问于若国之士，孰喜孰惧？我以为必忠信之士喜，不忠不信之士惧。今惟毋以尚贤为政其国家百姓，使国为善者劝，为暴者沮。大以为政于天下，使天下之为善者劝，为暴者沮。然昔吾所以贵尧舜禹汤文武之道者，何故以哉？以其唯毋临众发政而治民，使天下之为善者可而劝也，为暴者可而沮也。然则此尚贤者也，与尧舜禹汤文武之道同矣。[1]

　　信，言合于意也。[2]

　　五十步一击。因城中里为八部，部一吏，吏各从四人，以行冲术及里中。里中父老小不举守之事及会计者，分里以为四部，部一长，以苟往来不以时行、行而有他异者，以得其奸。吏从卒四人以上有分者，大将必与为信符，大将使人行守，操信符，信不合及号不相应者，伯长以上辄止之，以闻大将。当止不止及从吏卒纵之，皆斩。诸有罪自死罪以上，皆逮父母、妻子、同产。[3]

---

〔1〕《墨子·尚贤下》，见吴毓江:《墨子校注》，孙启治点校，中华书局 2006 年版，第 95—96 页。

〔2〕《墨子·经上》，见吴毓江:《墨子校注》，孙启治点校，中华书局 2006 年版，第 470 页。

〔3〕《墨子·号令》，见吴毓江:《墨子校注》，孙启治点校，中华书局 2006 年版，第 916 页。

（六）《吕氏春秋》

《吕氏春秋》，又称《吕览》，是在秦国相邦吕不韦的主持下，集合门客编撰的一部作品，它被认为是诸子百家中杂家的代表作。

辨而不当论，信而不当理，勇而不当义，法而不当务，惑而乘骥也，狂而操"吴干将"也，大乱天下者，必此四者也。所贵辨者，为其由所论也；所贵信者，为其遵所理也；所贵勇者，为其行义也；所贵法者，为其当务也。[1]

楚有直躬者，其父窃羊而谒之上，上执而将诛之。直躬者请代之。将诛矣，告吏曰："父窃羊而谒之，不亦信乎？父诛而代之，不亦孝乎？信且孝而诛之，国将有不诛者乎？"荆王闻之，乃不诛也。孔子闻之曰："异哉！直躬之为信也，一父而载取名焉。"故直躬之信，不若无信。[2]

凡人主必信。信而又信，谁人不亲？……信立则虚言可以赏矣。虚言可以赏，则六合之内皆为己府矣。信之所及，尽制之矣。制之而不用，人之有也；制之而用之，己之有也。己有之，则天地之物毕为用矣。[3]

君臣不信，则百姓诽谤，社稷不宁；处官不信，则少不畏长，贵贱相轻；赏罚不信，则民易犯法，不可使令；交友不信，则离散郁怨，不能相亲；百工不信，则器械苦伪，

---

[1]《吕氏春秋·仲冬纪·当务》，见许维遹：《吕氏春秋集释》，中华书局2009年版，第249—250页。

[2]《吕氏春秋·仲冬纪·当务》，见许维遹：《吕氏春秋集释》，中华书局2009年版，第251—252页。

[3]《吕氏春秋·离俗览·贵信》，见许维遹：《吕氏春秋集释》，中华书局2009年版，第535页。

丹漆染色不贞。夫可与为始，可与为终，可与尊通，可与卑穷者，其唯信乎！信而又信，重袭于身，乃通于天。以此治人，则膏雨甘露降矣，寒暑四时当矣。[1]

吴起治西河，欲谕其信于民，夜日置表于南门之外，令于邑中曰："明日有人偾南门之外表者，仕长大夫。"明日日晏矣，莫有偾表者。民相谓曰："此必不信。"有一人曰："试往偾表，不得赏而已，何伤？"往偾表，来谒吴起。吴起自见而出，仕之长大夫。夜日又复立表，又令于邑中如前。邑人守门争表，表加植，不得所赏。自是之后，民信吴起之赏罚。赏罚信乎民，何事而不成，岂独兵乎？[2]

二、两汉与魏晋南北朝时期

在汉朝四百余年的国祚中，其法律指导思想多有变化。汉初，统治者奉行"清静无为"的黄老思想。到汉武帝时期，汉武帝接受儒生董仲舒"罢黜百家，独尊儒术"的主张，在思想上独尊儒术为帝国的立国指导思想，但实际上，汉武帝和其后的西汉帝王大多奉行"王霸并用""阳儒内法"的治国理念。至西汉末年，儒学已在帝国的立国思想上占据主流地位，到东汉时期，儒学成为决定帝国法制建设的主要思想。在这一时期的重要著作中，亦可以看到对信的强调。

---

[1]《吕氏春秋·离俗览·贵信》，见许维遹：《吕氏春秋集释》，中华书局2009年版，第536页。

[2]《吕氏春秋·似顺论·慎小》，见许维遹：《吕氏春秋集释》，中华书局2009年版，第674—675页。

(一)《淮南子》《盐铁论》《新书》

1.《淮南子》

《淮南子》成书于西汉初年，是西汉淮南王刘安及其幕下的士人综合各家学说而成的一部与《吕氏春秋》相媲美的杂家名著。虽说是杂家，但受道家老庄思想的影响却不少。在论述法与信的相关问题时，信"信"甚于信"法"。

> 古者法设而不犯，刑错而不用，非可刑而不刑也；百工维时，庶绩咸熙，礼义修而任贤德也。故举天下之高，以为三公；一国之高，以为九卿；一县之高，以为二十七大夫；一乡之高，以为八十一元士。故智过万人者谓之英，千人者谓之俊，百人者谓之豪，十人者谓之杰。明于天道，察于地理，通于人情。大足以容众，德足以怀远，信足以一异，知足以知变者，人之英也；德足以教化，行足以隐义，仁足以得众，明足以照下者，人之俊也；行足以为仪表，知足以决嫌疑，廉足以分财，信可使守约，作事可法，出言可道者，人之豪也；守职而不废，处义而不比，见难不苟免，见利不苟得者，人之杰也。英、俊、豪、杰，各以小大之材，处其位，得其宜，由本流末，以重制轻，上唱而民和，上动而下随，四海之内，一心同归，背贪鄙而向义理，其于化民也，若风之摇草木，无之而不靡。今使愚教知，使不肖临贤，虽严刑罚，民弗从也。小不能制大，弱不能使强也。[1]

> 故民知书而德衰，知数而厚衰，知券契而信衰，知机械而实衰也。巧诈藏于胸中，则纯白不备，而神德不全矣。

---

[1]《淮南子·泰族训》，见何宁：《淮南子集释》，中华书局 1998 年版，第 1406—1408 页。

琴不鸣，而二十五弦各以其声应；轴不运，而三十辐各以其力旋。弦有缓急小大，然后成曲；车有劳逸动静，而后能致远。使有声者，乃无声者也；能致千里者，乃不动者也。故上下异道则治，同道则乱。位高而道大者从，事大而道小者凶。故小快害义，小慧害道，小辩害治，苛削伤德。大政不险，故民易道；至治宽裕，故下不相贼；至忠复素，故民无匿情。商鞅为秦立相坐之法，而百姓怨矣；吴起为楚减爵禄之令，而功臣畔矣。商鞅之立法也，吴起之用兵也，天下之善者也。然商鞅之法亡秦，察于刀笔之迹，而不知治乱之本也。吴起以兵弱楚，习于行陈之事，而不知庙战之权也。晋献公之伐骊，得其女，非不善也，然而史苏叹之，见其四世之被祸也。吴王夫差破齐艾陵，胜晋黄池，非不捷也，而子胥忧之，见其必禽于越也。小白奔莒，重耳奔曹，非不困也，而鲍叔、咎犯随而辅之，知其可与至于霸也。勾践栖于会稽，修政不殆，谟虑不休，知祸之为福也。襄子再胜而有忧色，畏福之为祸也。〔1〕

2.《盐铁论》

西汉昭帝始元六年（前81年）召开"盐铁会议"，以贤良文学为一方，以御史大夫桑弘羊为另一方，就盐铁专营、酒类专卖和平准均输等问题展开辩论。桓宽将相关争论整理成册，是为《盐铁论》。

大夫曰："事不豫辨，不可以应卒。内无备，不可以御敌。《诗》云：'诰尔民人，谨尔侯度，用戒不虞。'故有文事，必有武备。昔宋襄公信楚而不备，以取大辱焉，身

〔1〕《淮南子·泰族训》，见何宁：《淮南子集释》，中华书局1998年版，第1428—1431页。

执囚而国几亡。故虽有诚信之心，不知权变，危亡之道也。
《春秋》不与夷、狄之执中国，为其无信也。匈奴贪狼，
因时而动，乘可而发，飙举电至。而欲以诚信之心，金帛
之宝，而信无义之诈，是犹亲跖、蹻而扶猛虎也。"[1]

3.《新书》

《新书》，又称《贾子》《贾子新书》，是西汉时期贾谊（前200
年—前168年）的政论文集，《汉书·艺文志》将其列入儒家，今存
10卷58篇。

> 调谇，典博闻以掌驷乘，领时从，比贤能。天子出则
> 为车右，坐立则为位承。圣帝之德，畜民之道，礼乐之正，
> 应事之理，则职以箴；刑狱之衷，赏罚之诚，已诺之信，
> 百官之经，丧祭之共，戎事之诚，身行之强，则职以谂；
> 遇大臣之敬，遇小臣之惠，坐立之端，言默之序，音声之
> 适，揖让之容，俯仰之节，立事之色，则职以证；出入不
> 从礼，衣服不从制，御器不以度，迎送非其章，忿说忘其
> 义，取予失其节，安易而乐湛，则职以谏。故善不彻，过
> 不闻，侍从不谏，则调谇之任也。[2]

> 德有六美，何谓六美? 有道，有仁，有义，有忠，有
> 信，有密，此六者德之美也。道者德之本也，仁者德之出
> 也，义者德之理也，忠者德之厚也，信者德之固也，密者
> 德之高也。[3]

---

[1]《盐铁论·世务第四十七》，见王利器校注：《盐铁论校注》，中华书局1992年版，第
507—508页。

[2]《新书·辅佐》，见阎振益、钟夏校注：《新书校注》，中华书局2000年版，第205—
206页。

[3]《新书·道德说》，见阎振益、钟夏校注：《新书校注》，中华书局2000年版，第325页。

易使喜，难使怒者，宜为君。识人之功，而忘人之
罪者，宜为贵。故曰："刑罚不可以慈民，简泄不可以得
士。"故欲以刑罚慈民，辟其犹以鞭狎狗也，虽久弗亲矣。
故欲以简泄得士，辟其犹以弧怵鸟也，虽久弗得矣。故夫
士者，弗敬则弗至。故夫民者，弗爱则弗附。故欲求士必
至，民必附，惟恭与敬，忠与信，古今毋易矣。[1]

（二）《汉书》《论衡》《潜夫论》

1.《汉书》

《汉书》在提及汉朝大儒董仲舒时提到信为无常之道。下文提及
董仲舒时还会专门探讨。

夫仁谊礼知信五常之道，王者所当修饬也；五者修
饬，故受天之佑，而享鬼神之灵，德施于方外，延及群
生也。[2]

2.《论衡》

《论衡》是我国东汉时期思想家王充的重要著作。全书共计 13
卷 85 篇，佚亡 1 篇。在王充看来，君主或者法律往往奖赏受到信任
的人，而惩罚那些不被信任的人。这一点基本上秉承了儒家的经典
思想。

凡人操行，有贤有愚，及遭祸福，有幸有不幸。举事
有是有非，及触赏罚，有偶有不偶。并时遭兵，隐者不中。

---

〔1〕《新书·大政下》，见阎振益、钟夏校注：《新书校注》，中华书局 2000 年版，第 347 页。

〔2〕《汉书·董仲舒传》，见《汉书》，中华书局 1962 年版，第 2505 页。

同日被霜，蔽者不伤。中伤未必恶，隐蔽未必善，隐蔽
幸，中伤不幸。俱欲纳忠，或赏或罚；并欲有益，或信或
疑。赏而信者未必真，罚而疑者未必伪。赏信者偶，罚疑
不偶也。[1]

但王衡对儒家所提倡的信也不无批判之词。

世信虚妄之书，以为载于竹帛上者，皆贤圣所传，无
不然之事，故信而是之，讽而读之；睹真是之传，与虚妄
之书相违，则并谓短书不可信用。[2]

说灾异之家，以为天有灾异者，所以谴告王者，信也。
夫王者有过，异见于国；不改，灾见草本；不改，灾见于五
谷；不改，灾至身。[3]

子贡问政，子曰："足食，足兵，民信之矣。"曰："必
不得已而去，于斯三者何先？"曰："去兵。"曰："必不得
已而去，于斯二者何先？"曰："去食。自古皆有死，民无
信不立。"信最重也。

问：使治国无食，民饿，弃礼义。礼义弃，信安所立？
传曰："仓廪实，知礼节；衣食足，知荣辱。"让生于有余，
争生于不足。今言去食，信安得成？春秋之时，战国饥饿，
易子而食，析骸而炊。口饥不食，不暇顾恩义也。夫父子
之恩，信矣，饥饿弃信，以子为食。孔子教子贡去食存信，
如何？夫去信存食，虽不欲信，信自生矣；去食存信，虽
欲为信，信不立矣。[4]

---

〔1〕《论衡·幸偶篇》，见黄晖：《论衡校释》，中华书局 1990 年版，第 37 页。

〔2〕《论衡·书虚篇》，见黄晖：《论衡校释》，中华书局 1990 年版，第 167 页。

〔3〕《论衡·异虚篇》，见黄晖：《论衡校释》，中华书局 1990 年版，第 220—221 页。

〔4〕《论衡·问孔篇》，见黄晖：《论衡校释》，中华书局 1990 年版，第 422—423 页

3.《潜夫论》

　　凡人君之治，莫大于和阴阳。阴阳者，以天为本。天心顺则阴阳和，天心逆则阴阳乖。天以民为心，民安乐则天心顺，民愁苦则天心逆。民以君为统，君政善则民和治，君政恶则民冤乱。君以恤民为本，臣忠良则君政善，臣奸枉则君政恶。以选为本，选举实则忠贤进，选虚伪则邪党贡。选以法令为本，法令正则选举实，法令诈则选虚伪。法以君为主，君信法则法顺行，君欺法则法委弃。君臣法令之功，必效于民。故君臣法令善则民安乐，民安乐则天心慰，天心慰则阴阳和，阴阳和则五谷丰，五谷丰而民眉寿，民眉寿则兴于义，兴于义而无奸行，无奸行则世平，而国家宁、社稷安，而君尊荣矣。是故天心阴阳、君臣、民氓、善恶相辅至而代相征也。[1]

（三）《傅子》《世说新语》《刘子》

1.《傅子》

　　《傅子》为魏晋时期傅玄（217 年—278 年）所撰。该书主张守信是非常重要的，而法也自有其意义。

　　盖天地著信，而四时不悖；日月著信，而昏明有常；王者体信，而万国以安；诸侯秉信，而境内以和；君子履信，而厥身以立。古之圣君贤佐，将化世美俗，去信须臾，而能安上治民者，未之有也。夫象天则地，履信思顺，以壹天下，此王者之信也。据法持正，行以不贰，此诸侯之信

---

〔1〕《潜夫论·本政》，见彭铎校正：《潜夫论笺校正》，中华书局 1985 年版，第 88—89 页。

也。言出乎口，结乎心，守以不移，以立其身，此君子之信也。讲信修义，而人道定矣。若君不信以御臣，臣不信以奉君；父不信以教子，子不信以事父；夫不信以遇妇，妇不信以承夫。则君臣相疑于朝，父子相疑于家，夫妇相疑于室矣。小大混然而怀奸心，上下纷然而竞相欺，人伦于是亡矣。夫信由上而结者也，故君以信训其臣，则臣以信忠其君；父以信诲其子，则子以信孝其父；夫以信先其妇，则妇以信其夫。上秉常以化下，下服常而应上，其不化者，百未有一也。

夫为人上，竭至诚开信以待下，则怀信者，欢然而乐进，不信者，赧然而回意矣。老子不云乎，"信不足焉，有不信也"。故以信待人，不信思信；不言待人，信斯不信，况本无信者乎？先王欲下之信也，故示之以款诚，而民莫欺上。申之以礼教，而民笃于义矣。夫以上接下，而以不信随之，是亦日夜见灾也。周幽以诡烽灭国，齐襄以瓜时致杀，非其显乎！故祸莫大于无信，无信则不知所亲，不知所亲，则左右尽己之所疑，况天下乎。信者亦疑，不信亦疑，则忠诚者，丧心而结舌；怀奸者，饰邪以自立矣。此无信之祸也。[1]

立善防恶谓之礼，禁非立是谓之法。法者，所以正不法也。明书禁令曰法，诛杀威罚曰刑。天地成岁也，先春而后秋；人君之治也，先礼而后刑。治世之民，从善者多，上立德而下服其化，故先礼而后刑也。乱世之民，从善者少，上不能以德化之，故先刑而后礼也。《周书》曰：小乃不可杀，乃有大罪，非终乃惟眚哉。然则心恶者，虽小必

---

[1]《傅子·义信》，见刘治立评注：《〈傅子〉译注》，天津古籍出版社 2010 年版，第32—33 页。

诛，意善过误，虽大必赦，此先王所以立刑法之本也。礼法殊途而同归，赏刑递用而相济矣。是故圣帝明王，惟刑之恤，敬五刑以成三德。若乃暴君昏主，刑残法酷，作五虐之刑，设炮烙之辟，而天下之民，无所措其手足矣。故圣人伤之，乃建三典，殊其轻重，以定厥中。司寇行刑，君为之不举乐，哀矜之心至也。八辟议其故而宥之，仁爱之情笃也。柔愿之主，闻先王之有哀矜仁爱，议狱缓死也，则妄轻其刑，而赦元恶。刑妄轻则威政堕，而法易犯；元恶赦则奸人兴，而善人困。刚猛之主，闻先王之以五刑纠万民，舜诛四凶而天下服也，于是峻法酷刑，以侮天下，罪连三族，戮及善民。刑辜而死者过半矣。下民怨而思叛，诸侯乘其弊而起，万乘之主，死于人手者，失其道也。齐秦之君，所以威制天下，而或不能自保其身何也？法峻而教不设也。末儒见峻法之生叛，则去法而纯仁。偏法见弱法之失政，则去仁而法刑。此法所以世轻世重，而恒失其中也。[1]

2.《世说新语》

《世说新语》的编纂时间大约在公元439年至公元440年刘义庆任江州刺史期间，是当时笔记体小说的代表之作。

> 陈太丘与友期行，期日中。过中不至，太丘舍去，去后乃至。元方时年七岁，门外戏。客问元方："尊君在不？"答曰："待君久不至，已去。"友人便怒曰："非人哉！与人期行，相委而去。"元方曰："君与家君期日中。日中不至，则是无信；对子骂父，则是无礼。"友人惭，下

---

[1]《傅子·法刑》，见刘治立评注：《〈傅子〉译注》，天津古籍出版社2010年版，第40—41页。

车引之。元方入门不顾。[1]

3.《刘子》

《刘子》又名《刘子新论》，是南北朝时北齐思想家刘昼（514 年—565 年）所著。全书共 10 卷 55 篇，其主旨思想属道家，对唐太宗的《帝范》和武则天的《臣轨》影响甚大。[2]

> 信者，行之基；行者，人之本。人非行无以成；行非信无以立，故信之行于人，譬济之须舟也；信之于行，犹舟之待楫也。将涉大川，非舟何以济之；欲泛方舟，非楫何以行之。今人虽欲为善，而不知立行，贺无舟而济川也；虽欲立行，而不知立信，犹无楫而行舟也。是适郢土而首冥山，背道愈远矣。自古皆有死，人非信不立。故豚鱼著信之所及也，允哉斯言，非信不成。齐桓不背曹刿之盟，晋文不弃伐原之誓，吴起不亏移辕之赏，魏侯不乖虞人之期。用能德光于宇宙，名流于古今不朽者也！故春之得风，风不信，则花萼不茂，则发生之德废；夏之得炎，炎不信，则卉木不长。卉木不长，则长嬴之德废；秋之得雨，雨不信，则百谷不实。百谷不实，则收成之德废；冬之得寒，寒不信，则水土不坚。水土不坚，则安静之德废。以天地之灵，气候不信，四时犹废，而况于人乎？昔齐攻鲁，求其岑鼎，鲁侯伪献他鼎而请盟焉。齐侯不信，"使柳季云是，则请受之"。鲁使柳季，柳季曰："君以鼎为国；信者亦臣之国。今欲破臣之国，全君之国，臣所难也。"乃献岑鼎。小邾射以邑奔鲁，鲁："使季路要我，君无盟矣。"乃

---

〔1〕《世说新语·方正》，见刘义庆：《世说新语校笺》，徐震堮校笺，中华书局 1984 年版，第 153 页。

〔2〕王叔岷：《刘子集证》，中华书局 2007 年版，自序。

使子路，子路辞焉。季孙谓之曰："千乘之国，不信其盟，而信子之一言，于何辱焉？"子路曰："彼不臣而济其言，是不义也。由不能矣。"夫柳季、季路，鲁之匹夫，立信于衡门，而声驰于天下。故齐、邾不信千乘之盟，而重二子之言，信之为德，岂不大哉！秦孝公使商鞅攻魏，魏遣公子昂逆而拒之。鞅谓昂曰："昔鞅与公子善，今俱为两国将，不忍相攻，愿一饮宴，以休二师。"公子许焉，遂与之会。鞅伏甲虏之，击破魏军。及惠王即位。疑其行诈，遂车裂于市。夫商鞅，秦之柱臣。名重于海内，贪诈伪之小功，失诚信之大义，一为不信，终身见尤，卒至屠灭，为天下笑。无信之弊，岂不重乎？故言必如言，信之符也。同言而信，信在言前；同教而行，诚在言外。君子知诚信之为贵，必忱信而行。指麾动静，不失其符。以施教则立，以莅事则正，以怀远则附，以赏罚则明。由此而言，信之为行，其德大矣。[1]

　　治民御下，莫正于法；立法施教，莫大于赏罚。赏罚者，国之利器，而制人之柄也。故天以晷数成岁，国以法教为治。晷运于天，则时成于地；法动于上，则治成于人。晷之运也，先春后秋；法之动也，先赏后罚。是以温风发春，所以动菁华也；寒露降秋，所以殒茂叶也。明赏有德，所以劝善人也；显罚有过，所以禁下奸也。善赏者，因民所喜以劝善；善罚者，因民所恶以禁奸。故赏少而劝善，刑薄而奸息；赏一人而天下喜，罚一人而天下畏之。用能教狭而治广，事寡而功众也。昔四良之善御也，识马之饥饱规矩徐疾之节，故鞭策不载，而千里可期。然不可以无

〔1〕《刘子·履信第八》，见王叔岷：《刘子集证》，中华书局 2007 年版，第 41—47 页。

鞭策者，以马之有佚也；圣人之为治也，以爵赏劝善，以仁化养民，故刑罚不用，太平可致。而不可废刑罚者，以民之有纵也。是以赏虽劝善，不可无罚；罚虽禁恶，不可无赏。赏平罚当。则理道立矣。故君者，赏罚之所归，诱人以趣善也。其利重矣；其威大矣。空悬小利，足以劝善；虚设轻威，可以惩奸。矧复张厚以饵下；操大威以临民哉？故一赏，不可不信也；一罚，不可以不明也。赏而不要，虽赏不劝；罚而不明，虽刑不禁。不劝、不禁，则善恶失理。是以明主一赏善罚恶，非为己也，以为国也。商于己，而无功于国者，不加赏焉；逆于己，而便于国者，不施罚焉。罚必施于有过，赏必加于有功。苟善赏信而罚明，则万人从之。若舟之循川，车之遵路，亦奚向而不济，何行而弗臻矣？[1]

三、唐 代

（一）《贞观政要》

《贞观政要》是一部政论性的历史文献，为唐代史学家吴兢所撰，共有 10 卷，分 40 篇。在四库全书之中为史部杂史类。

　　贞观十六年，太宗谓侍臣曰："或君乱于上，臣理于下；或臣乱于下，君理于上。二者苟逢，何者为甚？"

　　特进魏徵对曰："君心理则照见下非。诛一劝百，谁敢不畏威尽力？若昏暴于上，忠谏不从，虽百里奚、伍子胥之在虞、吴，不救其祸，败亡亦继。"

────────

[1]《刘子·赏罚第十五》，见王叔岷：《刘子集证》，中华书局 2007 年版，第 72—74 页。

太宗曰："必如此，齐文宣昏暴，杨遵彦以正道扶之得理，何也？"

徵曰："遵彦弥缝暴主，救理苍生，才得免乱，亦甚危苦。与人主严明，臣下畏法，直言正谏，皆见信用，不可同年而语也。"[1]

又委任大臣，欲其尽力，每官有所避忌不言，则为不尽。若举得其人，何嫌于故旧；若举非其任，何贵于疏远。待之不尽诚信，何以责其忠恕哉！臣虽或有失之，君亦未为得也。夫上之不信于下，必以为下无可信矣。若必下无可信，则上亦有可疑矣。《礼》曰：'上人疑则百姓惑。下难知则君长劳。'上下相疑，则不可以言至理矣。当今群臣之内，远在一方，流言三至而不投杼者，臣窃思度，未见其人。夫以四海之广，士庶之众，岂无一二可信之人哉？盖信之则无不可，疑之则无可信者，岂独臣之过乎？夫以一介庸夫结为交友，以身相许，死且不渝，况君臣契合，寄同鱼水。若君为尧、舜，臣为稷、契，岂有遇小事则变志，见小利则易心哉！此虽下之立忠未有明著，亦由上怀不信，待之过薄之所致也。岂'君使臣以礼，臣事君以忠'乎！以陛下之圣明，以当今之功业，诚能博求时俊，上下同心，则三皇可追而四，五帝可俯而六矣。夏、殷、周、汉，夫何足数！[2]

贞观元年，太宗曰："朕看古来帝王，以仁义为治者，国祚延长；任法御人者，虽救弊于一时，败亡亦促。既见

〔1〕《贞观政要卷一·政体第二》，见吴兢：《贞观政要集校》，谢保成集校，中华书局2003年版，第48页。

〔2〕《贞观政要卷七·论礼乐第二十九》，见吴兢：《贞观政要集校》，谢保成集校，中华书局2003年版，第405—406页。

前王成事，足是元龟，今欲专以仁义诚信为治，望革近代之浇薄也。"[1]

是时，朝廷大开选举，或有诈伪阶资者，太宗令其自首，不首，罪至于死。俄有诈伪者事泄，胄据法断流以奏之。太宗曰："朕初下敕，不首者死，今断从法，是示天下以不信矣。"胄曰："陛下当即杀之，非臣所及，既付所司，臣不敢亏法。"太宗曰："卿自守法，而令朕失信耶？"胄曰："法者，国家所以布大信于天下，言者，当时喜怒之所发耳！陛下发一朝之忿而许杀之，既知不可而置之以法，此乃忍小忿而存大信，臣窃为陛下惜之。"

太宗曰："法有所失，卿能正之，朕何忧也？"[2]

《贞观政要》中还辟专章讨论诚信与国家治理的问题。

太宗谓封德彝曰："流水清浊，在其源也。君者政源，人庶犹水，君自为诈，欲臣下行直，是犹源浊而望水清，理不可得。朕常以魏武帝多诡诈，深鄙其为人，如此，岂可堪为教令？"

谓上书人曰："朕欲使大信行于天下，不欲以诈道训俗，卿言虽善，朕所不取也。"[3]

贞观十一年，魏徵上疏曰：臣闻为国之基，必资于德礼；君之所保，惟在于诚信。诚信立则下无二心，德礼

---

〔1〕《贞观政要卷五·论仁义第十三》，见吴兢：《贞观政要集校》，谢保成集校，中华书局 2003 年版，第 249 页。

〔2〕《贞观政要卷五·论公平第十六》，见吴兢：《贞观政要集校》，谢保成集校，中华书局 2003 年版，第 81 页。

〔3〕《贞观政要卷五·论诚信第十七》，见吴兢：《贞观政要集校》，谢保成集校，中华书局 2003 年版，第 289 页。

形则远人斯格。然则德礼诚信，国之大纲，在于君臣父子，不可斯须而废也。故孔子曰：'君使臣以礼，臣事君以忠。'又曰：'自古皆有死，民无信不立。'文子曰：'同言而信，信在言前；同令而行，诚在令外。'然而言而不信，言无信也；令而不从，令无诚也。不信之言，无诚之令，为上则败德，为下则危身，虽在颠沛之中，君子之所不为也。〔1〕

贞观十七年，太宗谓侍臣曰："《传》称'去食存信'，孔子曰：'人无信不立。'昔项羽既入咸阳，已制天下，向能力行仁信，谁夺耶？"房玄龄对曰："仁、义、礼、智、信，谓之五常，废一不可。能勤行之，甚有裨益。殷纣狎侮五常，武王夺之，项氏以无信为汉高祖所夺，诚如圣旨。"〔2〕

此外，《贞观政要卷八·刑法第三十一》还对法律做了专门论述。

贞观元年，太宗谓侍臣曰："死者不可再生，用法务在宽简。古人云，鬻棺者欲岁之疫，非疾于人，利于棺售故耳。今法司核理一狱，必求深劾，欲成其考课。今作何法，得使平允？"

谏议大夫王珪进曰："但选公直良善人，断狱允当者，增秩赐金，即奸伪自息。"诏从之。

太宗又曰："古者断狱，必讯于三槐、九棘之官，今三

―――――――――

〔1〕《贞观政要卷五·论诚信第十七》，见吴兢：《贞观政要集校》，谢保成集校，中华书局 2003 年版，第 308—309 页。

〔2〕《贞观政要卷五·论诚信第十七》，见吴兢：《贞观政要集校》，谢保成集校，中华书局 2003 年版，第 314 页。

公、九卿即其职也。自今以后，大辟罪皆令中书、门下四品以上及尚书九卿议之。如此，庶免冤滥。"由是至四年，断死刑，天下二十九人，几致刑措。[1]

贞观二年，太宗谓侍臣曰："比有奴告主谋逆，此极弊法，特须禁断。假令有谋反者，必不独成，终将与人计之；众计之事，必有他人论之，岂藉奴告也。自今奴告主者，不须受，尽令斩决。"[2]

贞观五年，张蕴古为大理丞。相州人李好德素有风疾，言涉妖妄，诏令鞠其狱。蕴古言："好德癫病有征，法不当坐。"太宗许将宽宥。蕴古密报其旨，仍引与博戏。治书侍御史权万纪劾奏之。太宗大怒，令斩于东市。既而悔之，谓房玄龄曰："公等食人之禄，须忧人之忧，事无巨细，咸当留意。今不问则不言，见事都不谏诤，何所辅弼？如蕴古身为法官，与囚博戏，漏泄朕言，此亦罪状甚重。若据常律，未至极刑。朕当时盛怒，即令处置。公等竟无一言，所司又不覆奏，遂即决之，岂是道理。"因诏曰："凡有死刑，虽令即决，皆须五覆奏。"五覆奏，自蕴古始也。又曰："守文定罪，或恐有冤。自今以后，门下省覆，有据法令合死而情可矜者，宜录奏闻。"[3]

贞观十一年，太宗谓侍臣曰："诏令格式，若不常定则人心多惑，奸诈益生。《周易》称'涣汗其大号'，言发号

---

〔1〕《贞观政要卷八·论刑法第三十一》，见吴兢：《贞观政要集校》，谢保成集校，中华书局 2003 年版，第 428—429 页。

〔2〕《贞观政要卷八·论刑法第三十一》，见吴兢：《贞观政要集校》，谢保成集校，中华书局 2003 年版，第 430 页。

〔3〕《贞观政要卷八·论刑法第三十一》，见吴兢：《贞观政要集校》，谢保成集校，中华书局 2003 年版，第 431 页。

施令，若汗出于体，一出而不复也。《书》曰：'慎乃出令，令出惟行，弗为反。'且汉祖日不暇给，萧何起于小吏，制法之后，犹称画一。今宜详思此义，不可轻出诏令，必须审定，以为永式。"[1]

（二）《晋书》

古人有言："善为政者，看人设教。"看人设教，制法之谓也。又曰："随时之宜"，当务之谓也。然则看人随时，在大量也，而制其法。法轨既定则行之，行之信如四时，执之坚如金石，群吏岂得在成制之内，复称随时之宜，傍引看人设教，以乱政典哉！何则？始制之初，固已看人而随时矣。今若设法未尽当，则宜改之。若谓已善，不得尽以为制，而使奉用之司公得出入以差轻重也。夫人君所与天下共者，法也。已令四海，不可以不信以为教，方求天下之不慢，不可绳以不信之法。且先识有言，人至遇而不可欺也。不谓平时背法意断，不胜百姓愿也。[2]

（三）《臣轨》

《臣轨》据说为唐武则天所撰，供臣僚借鉴之用。其中就提到，为人臣者，无论是对上还是对下，都要讲诚信。

凡人之情，莫不爱于诚信。诚信者，即其心易知。故孔子曰："为上易事，为下易知。"非诚信无以取爱于其君，

〔1〕《贞观政要卷八·论敕令第三十二》，见吴兢：《贞观政要集校》，谢保成集校，中华书局 2003 年版，第 450 页。

〔2〕《晋书·刑法志》，见《晋书》，中华书局 1974 年版，936—937 页。

非诚信无以取亲于百姓。故上下通诚者，则暗相信而不疑；其诚不通者，则近怀疑而不信。

孔子曰："人而无信，不知其可。大车无輗，小车无軏，其何以行之哉！"《吕氏春秋》曰："信之为功大矣。天行不信则不能成岁；地行不信则草木不大；春之德风，风不信则其花不成；夏之德暑，暑不信则其物不长；秋之德雨，雨不信则其谷不坚；冬之德寒，寒不信则其地不刚。夫以天地之大，四时之化，犹不能以不信成物，况于人乎？故君臣不信，则国政不安；父子不信，则家道不睦；兄弟不信，则其情不亲；朋友不信，则其交易绝。夫可与为始、可与为终者，其唯信乎？信而又信，重袭于身，则可以畅于神明，通于天地矣。"

昔鲁哀公问于孔子曰："请问取人之道。"孔子对曰："弓调而后求劲焉，马服而后求良焉。士必悫信而后求智焉。若士不悫信而有智能，譬之豺狼不可近也。"昔子贡问政。子曰："足食，足兵，人信之矣。"子贡曰："必不得已而去，于斯三者何先？"曰："去兵。"子贡曰："必不得已而去，于斯二者何先？"曰："去食。自古皆有死，人无信不立。"

《体论》曰："君子修身，莫善于诚信。夫诚信者，君子所以事君上、怀下人也。天不言而人推高焉，地不言而人推厚焉，四时不言而人与期焉，此以诚信为本者也。故诚信者，天地之所守而君子之所贵也。"

傅子曰："言出于口，结于心，守以不移，以立其身。此君子之信也。故为臣不信不足以奉君；为子不信不足以孝父。故臣以信忠其君，则君臣之道逾睦；子以信孝其父，则父子之情益隆。夫仁者不妄为，知者不妄动，择是而为之，计义而行之。故事立而功足恃也，身没而名足称也。

虽有仁智，必以诚信为本。故以诚信为本者，谓之君子；以诈伪为本者，谓之小人。君子虽殒，善名不减；小人虽贵，恶名不除。"[1]

[1]《臣轨·诚信章》，见官箴书集成编纂委员会编：《官箴书集成》（第 1 册），黄山书社 1997 年版，第 20—23 页。

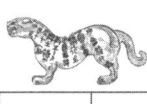

第二章　古代律典中的法与信

尽管很难说传统中国是法治国家，但它并不缺乏法典。几乎历朝历代都有或详或略的成文法典。这些成文法典包括先秦的《吕刑》，也包括《大清律例》，它们合力支撑起了在内容上具有明显继承性的中华法系。其中，有代表性的《唐律疏议》和《大清律例》中有不少条文涉及诚信和社会信用事项，并针对诈、伪等违反诚信，给社会秩序带来冲击的行为设有专章。

一、先秦律典

（一）《吕刑》

《吕刑》相传是西周的法典。现保存在《尚书》中的《吕刑》篇，虽然不是法典，但也反映了法典的一些内容，其中就有重视诚信或者信用的内容。

> 惟吕命，王享国百年，耄，荒度作刑，以诘四方。
> 王曰："若古有训，蚩尤惟始作乱，延及于平民。罔不寇贼，鸱义奸宄，夺攘矫虔。苗民弗用灵，制以刑，惟作五虐之刑曰法。杀戮无辜，爰始淫为劓刵椓黥。越兹丽刑并制，罔差有辞。民兴胥渐，泯泯棼棼，罔中于信，以覆诅盟。虐威庶戮，方告无辜于上。上帝监民，罔有馨香德，刑发闻惟腥。皇帝哀矜庶戮之不辜，报虐以威，遏绝苗民，无世在下。乃命重黎，绝地天通，罔有降格。群后之逮在下，明明棐常，鳏寡无盖。"[1]

> 上下比罪，无僭乱辞，勿用不行，惟察惟法，其审

---

[1]《尚书·周书·吕刑》，见《尚书》，王世舜、王翠叶译注，中华书局2012年版，第318—320页。

克之！上刑适轻，下服；下刑适重，上服。轻重诸罚有
权。刑罚世轻世重，惟齐非齐，有伦有要。罚惩非死，人
极于病。非佞折狱，惟良折狱，罔非在中。察辞于差，
非从惟从。哀敬折狱，明启刑书胥占，咸庶中正。其刑
其罚，其审克之。狱成而孚，输而孚。其刑上备，有并
两刑。[1]

(二)《法经》

《法经》是中国历史上第一部比较系统的封建成文法典，它的制
定者是战国时期著名的改革家李悝。

《法经》的内容有六篇，即《盗法》《贼法》《网（囚）法》《捕
法》《杂法》《具法》。据《晋书·刑法志》的记载，《杂法》是包括
对轻狡、越城、博戏、借假、不廉、淫侈、逾制等七种违法行为的
惩罚。"轻狡"是指对轻狂狡诈行为的处罚，处理这种行为是为了维
护人与人之间的信任关系。

二、秦汉律典

如前文所述，春秋战国时期，法家就已经产生了比较大的影响
力。在秦朝建立以后，统治者实行皇帝主导立法的"法令由一统"
和"事皆决于法"的指导思想。它的法律主体是《秦律》，同时还有
一些法令。《秦律》的内容在云梦秦简中有部分记录。它的主要内容
有《秦律十八种》《秦律杂抄》《法律答问》《封诊式》。

─────────

[1]《尚书·周书·吕刑》，见《尚书》，王世舜、王翠叶译注，中华书局 2012 年版，第
329—330 页。

（一）《秦律十八种》

> 县及工室听官为正衡石羸（纍）、斗用（桶）、升，毋
> 过岁壶。有工者勿为正。段（假）试即正。[1]

这段文字大意是：县和工室由有关官府校正其衡器的权、斗桶和升，至少每年应校正一次。本身有校正工匠的，则不必代为校正。这些器物在领用时就要加以校正。此举旨在建立信用制度，维护交易安全。

（二）《法律答问》

由于商鞅所定秦法以李悝《法经》为蓝本，分《盗》《贼》《囚》《捕》《杂》《具》六篇，《法律答问》的解释范围与这六篇大体相符。

1. 诬告相关

> 告人盗百一十，问盗百，告者可（何）论？当赀二
> 甲。盗百，即端盗驾（加）十钱，问告者可（何）论？
> 当赀一盾。赀一盾应律，虽然，廷行事以不审论，赀
> 二甲。[2]

> 诬人盗千钱，问盗六百七十，诬者可（何）论？
> 毋论。[3]

---

[1]《睡虎地秦墓竹简·秦律十八种·工律》，见睡虎地秦墓竹简整理小组编：《睡虎地秦墓竹简》，文物出版社1990年版，第43页。

[2]《睡虎地秦墓竹简·法律答问》，见睡虎地秦墓竹简整理小组编：《睡虎地秦墓竹简》，文物出版社1990年版，第102页。

[3]《睡虎地秦墓竹简·法律答问》，见睡虎地秦墓竹简整理小组编：《睡虎地秦墓竹简》，文物出版社1990年版，第103页。

甲告乙盗牛，今乙盗羊，不盗牛，问可（何）论？为告不审。赀盾不直，可（何）论？赀盾。[1]

2. 维护官方信用

盗封啬夫可（何）论？廷行事以伪写印。[2]

伍人相告，且以辟罪，不审，以所辟罪罪之。有（又）曰：不能定罪人，而告它人，为告不审。今甲曰伍人乙贼杀人，即执乙，问不杀人，甲言不审，当以告不审论，且以所辟？以所辟论当（也）。[3]

可（何）谓"州告"？"州告"者，告罪人，其所告且不审，有（又）以它事告之。勿听，而论其不审。[4]

3. 要求人诚实正直

女子甲去夫亡，男子乙亦阑亡，相夫妻，甲弗告请（情），居二岁，生子，乃告请（情），乙即弗弃，而得，论可（何）殴（也）？当黥城旦春。[5]

---

〔1〕《睡虎地秦墓竹简·法律答问》，见睡虎地秦墓竹简整理小组编：《睡虎地秦墓竹简》，文物出版社 1990 年版，第 104 页。

〔2〕《睡虎地秦墓竹简·法律答问》，见睡虎地秦墓竹简整理小组编：《睡虎地秦墓竹简》，文物出版社 1990 年版，第 106 页。

〔3〕《睡虎地秦墓竹简·法律答问》，见睡虎地秦墓竹简整理小组编：《睡虎地秦墓竹简》，文物出版社 1990 年版，第 116 页。

〔4〕《睡虎地秦墓竹简·法律答问》，见睡虎地秦墓竹简整理小组编：《睡虎地秦墓竹简》，文物出版社 1990 年版，第 117 页。

〔5〕《睡虎地秦墓竹简·法律答问》，见睡虎地秦墓竹简整理小组编：《睡虎地秦墓竹简》，文物出版社 1990 年版，第 132 页。

（三）《秦律杂抄》

不当禀军中而禀者，皆赀二甲，法（废）；非吏殹（也），戍二岁；徒食、敦（屯）长、仆射弗告，赀戍一岁；令、尉、士吏弗得，赀一甲。军人买（卖）禀禀所及过县，赀戍二岁；同车食、敦（屯）长、仆射弗告，戍一岁；县司空、司空佐史、士吏将者弗得，赀一甲；邦司空一盾。军人禀所、所过县百姓买其禀，赀二甲，入粟公；吏部弗得，及令、丞赀各一甲。禀卒兵，不完善（缮），丞、库啬夫、吏赀二甲，法（废）。[1]

工择轩，轩可用而久以为不可用，赀二甲。工久轩曰不可用，负久者，久者谒用之，而赀工曰不可者二甲。[2]

匿敖童，及占瘩（癃）不审，典、老赎耐，百姓不当老，至老时不用请，敢为酢（诈）伪者，赀二甲；典、老弗告，赀各一甲；伍人，户一盾，皆迁之。傅律。[3]

冗募归，辞曰日已备，致未来，不如辞，赀日四月居边。军新论攻城，城陷，尚有栖未到战所，告曰战围以折亡，假者，耐；敦（屯）长、什伍智（知）弗告，赀一甲；禀伍二甲。敦（屯）表律。

战死事不出，论其后。有（又）后察不死，夺后爵，除伍人；不死者归，以为隶臣。

---

[1]《睡虎地秦墓竹简·秦律杂抄》，见睡虎地秦墓竹简整理小组编：《睡虎地秦墓竹简》，文物出版社1990年版，第82页。

[2]《睡虎地秦墓竹简·秦律杂抄》，见睡虎地秦墓竹简整理小组编：《睡虎地秦墓竹简》，文物出版社1990年版，第85页。

[3]《睡虎地秦墓竹简·秦律杂抄》，见睡虎地秦墓竹简整理小组编：《睡虎地秦墓竹简》，文物出版社1990年版，第87页。

…………

捕盗律曰：捕人相移以受爵者，耐。求盗勿令送逆为它，令送逆为它事者，赀二甲。[1]

三、唐宋律典

(一)《唐律疏议》

唐律是中国封建法律的楷模，在中国法制史上具有继往开来、承前启后的作用。唐朝承袭秦汉的立法成果，吸取汉晋律学的成就，因此唐律具有封建法典的典型性、代表性，对宋、元、明、清法律产生了深远影响。唐高宗时期，修订了永徽律、令、格、式，特别是在长孙无忌的主持下修撰了律疏。律疏与律具有同等法律效力，称为《唐律疏议》。[2]在这部非常完备的封建法典中，个人之间的信任，个人与官府和官员之间的信任，官员和皇帝之间的信任，都得到了全面呵护。其中，既有容忍性规定，也有惩罚性规定。兹按照篇目和条表分列如下：

1.名　例

（1）同居相为隐（卷六第46条）

同居相为隐在一定程度上维护了家庭成员之间的无条件信任，确保家庭这一社会的最小细胞不致遭到猜忌等陋习的破坏。

> 诸同居，若大功以上亲及外祖父母、外孙，若孙之妇、夫之兄弟及兄弟妻，有罪相为隐。

---

〔1〕《睡虎地秦墓竹简·秦律杂抄》，见睡虎地秦墓竹简整理小组编：《睡虎地秦墓竹简》，文物出版社1990年版，第88—89页。

〔2〕下文提及《唐律疏议》的条文所使用的版本为：〔唐〕长孙无忌等：《唐律疏议》，刘俊文点校，中华书局1983年版。

"疏"议曰:"同居",谓同财共居,不限籍之同异,虽无服者,并是。"若大功以上亲",各依本服。"外祖父母、外孙若孙之妇、夫之兄弟及兄弟妻",服虽轻,论情重。故有罪者并相为隐,反报具隐。此等外祖不及曾、高,外孙不及曾、玄也。

部曲、奴婢为主隐:皆勿论。

"疏"议曰:部曲、奴婢,主不为隐,听为主隐。非"谋叛"以上,并不坐。

即漏露其事及摘语消息亦不坐。

"疏"议曰:假有铸钱及盗之类,事须掩摄追收,遂"漏露其事"。"及摘语消息",谓报罪人所掩摄之事,令得隐避逃亡。为通相隐,故亦不坐。

其小功以下相隐,减凡人三等。

"疏"议曰:小功、缌麻,假有死罪隐藏,据凡人唯减一等,小功、缌麻又减凡人三等,总减四等,犹徒二年。

若犯谋叛以上者,不用此律。

"疏"议曰:谓谋反、谋大逆、谋叛,此等三事,并不得相隐,故不用相隐之律,各从本条科断。

问曰:"小功以下相隐,减凡人三等。"若有漏露其事及摘语消息,亦得减罪以否?

答曰:漏露其事及摘语消息,上文大功以上共相容隐义同,其于小功以下理亦不别。律恐烦文,故举相隐为例,亦减凡人三等。

(2)称反坐罪之等(卷六第53条)

禁止诬告、欺诈等意思表示不诚恳、不诚实的行为。

诸称"反坐"及"罪之"、"坐之"、"与同罪"者，止坐其罪；死者，止绞而已。

"疏"议曰：称反坐者，斗讼律云："诬告人者，各反坐。"及罪之者，依例云："自首不实、不尽，以不实、不尽之罪罪之。"坐之者，依例："余赃应坐，悔过还主，减罪三等坐之。"与同罪者，诈伪律："译人诈伪致罪，有出入者，与同罪。"止坐其罪者，谓从"反坐"以下，并止坐其罪，不同真犯。故"死者止绞而已"。

称"准枉法论"、"准盗论"之类，罪止流三千里，但准其罪：

"疏"议曰：称准枉法论者，职制律云："先不许财，事过之后而受财者，事若枉，准枉法论。"又条："监临内强市，有剩利，准枉法论。"又，称准盗论之类者，诈伪律云："诈欺官私以取财物，准盗论。"杂律云："弃毁符、节、印及门钥者，准盗论。"如此等罪名，是"准枉法"、"准盗论"之类，并罪止流三千里。但准其罪者，皆止准其罪，亦不同真犯。

并不在除、免、倍赃、监主加罪、加役流之例。

"疏"议曰：谓从"反坐"以下，并不在除名、免官、免所居官，亦无倍赃，又不在监主加罪及加役流之例。其本法虽不合减，亦同杂犯之法减科。

称"以枉法论"及"以盗论"之类，皆与真犯同。

"疏"议曰：以枉法论者，户婚律云："里正及官司妄脱漏增减以出入课役，赃重入己者，以枉法论。"又条："非法擅赋敛入私者，以枉法论。"称以盗论之类者，贼盗律云："贸易官物，计所利，以盗论。"厩库律云："监临主守以官物私自贷，若贷人及贷之者，无文记，以盗论。"所犯并与真枉法、真盗同，其除、免、倍赃悉依正犯。其以故杀伤、以斗杀伤及以奸论等，亦与真犯同，故云"之类"。

2. 职　制

（1）贡举非其人（卷九第 92 条）

官员要实心实意地向皇帝推荐人才，不能弄虚作假。

诸贡举非其人及应贡举而不贡举者，一人徒一年，二人加一等，罪止徒三年。非其人，谓德行乖僻，不如举状者。若试不及第，减二等。率五分得三分及第者，不坐。

"疏"议曰：依令："诸州岁别贡人。"若别敕令举及国子诸馆年常送省者，为举人。皆取方正清循，名行相副。若德行无闻，妄相推荐，或才堪利用，蔽而不举者，一人徒一年，二人加一等，罪止徒三年。注云"非其人，谓德行乖僻，不如举状者"，若使名实乖违，即是不如举状，纵使试得及第，亦退而获罪。如其德行无亏，唯试策不及第，减乖僻者罪二等。"率五分得三分及第者，不坐"，谓试五得三，试十得六之类，所贡官人，皆得免罪。若贡五得二，科三人之罪；贡十得三，科七人之罪。但有一人德行乖僻，不如举状，即以"乖僻"科之。纵有得第者多，并不合共相准折。

（2）泄露大事（卷九第 109 条）

能够接触到机密事宜是因为皇帝或者国家的信任，枉顾他人信任，泄露机密事宜要重罚。

诸漏泄大事应密者，绞。大事，谓潜谋讨袭及收捕谋叛之类。

"疏"议曰：依斗讼律："知谋反及大逆者，密告随近官司。"其知谋反、大逆、谋叛，皆合密告，或掩袭寇贼，此等是"大事应密"，不合人知。辄漏泄者，绞。注云"大事，谓潜谋讨袭"者，讨谓命将誓师，潜谋征讨；袭谓不声钟鼓，掩其不备者。既有潜谋讨袭之事及收捕反、逆之徒，故云"谋叛之类"。

非大事应密者，徒一年半；漏泄于蕃国使者，加一等。仍以初传者为首，传至者为从。即转传大事者，杖八十；非大事，勿论。

"疏"议曰："非大事应密"，谓依令"仰观见风云气色有异，密封奏闻"之类。有漏泄者，是非大事应密，合徒一年半。国家之事，不欲蕃国闻知，若漏泄于蕃国使者，加一等，合徒二年。其大事，纵漏泄于蕃国使，亦不加至斩。漏泄之事，"以初传者为首"，首谓初漏泄者。"传至者为从"，谓传至罪人及蕃使者。其间展转相传大事者，杖八十。"非大事者，勿论"，非大事，虽应密，而转传之人并不坐。

（3）匿父母及夫等丧（卷十第120条）

在古代社会，父母夫丧是大事，不但是自己小家庭的大事，也是家族乃至地方上的公共事件。隐匿父母及夫等丧事有违坦诚的品质。因此法律比较细致地规定了惩罚措施。

诸闻父母若夫之丧，匿不举哀者，流二千里；丧制未终，释服从吉，若忘哀作乐，自作、遣人等。徒三年；杂戏，徒一年；即遇乐而听及参预吉席者，各杖一百。

"疏"议曰：父母之恩，昊天莫报，荼毒之极，岂若闻丧。妇人以夫为天，哀类父母。闻丧即须哭泣，岂得择日待时。若匿而不即举哀者，流二千里。其嫡孙承祖者，与父母同。"丧制未终"，谓父母及夫丧二十七月内，释服从吉，若忘哀作乐，注云"自作、遣人等"，徒三年。其父卒母嫁，及为祖后者祖在为祖母，若出妻之子，并居心丧之内，未合从吉，若忘哀作乐，自作、遣人等，亦徒三年。杂戏，徒一年。乐，谓金石、丝竹、笙歌、鼓舞之类。杂戏，谓樗蒲、双陆、弹棋、象博之属。"即遇乐而听"，谓因逢奏乐而遂听者；"参预吉席"，谓遇逢礼宴之席参预其中者：各杖一百。闻期亲尊长丧，匿不举哀者，徒一年；丧制未终，释服从吉，杖一百。大功以下尊长，各递减二等。卑幼，各减一等。

（4）监主受财枉法（卷十一第 138 条）

受财枉法往往会削弱百姓对官府的信任，并且也有违皇帝对官员的信任，因此受财枉法者要受到惩罚。

诸监临主司受财而枉法者，一尺杖一百，一匹加一等，十五匹绞；

"疏"议曰："监临主司"，谓统摄案验及行案主典之类。受有事人财而为曲法处断者，一尺杖一百，一匹加一等，十五匹绞。不枉法者，一尺杖九十，二匹加一等，三十匹加役流。

"疏"议曰：虽受有事人财，判断不为曲法，一尺杖九十，二匹加一等，三十匹加役流。

无禄者，各减一等：枉法者二十匹绞，不枉法者四十匹加役流。

"疏"议曰：应食禄者，具在禄令。若令文不载者，并是无禄之官，受财者各减有禄一等：枉法者二十四绞，不枉法者四十匹加役流。

诸有事先不许财，事过之后而受财者，事若枉，准枉法论；事不枉者，以受所监临财物论。

"疏"议曰：官司推劾之时，有事者先不许物，事了之后而受财者，事若曲法，准前条"枉法"科罪。既称"准枉法"，不在除、免、加役流之例。若当时处断不违正理，事过之后而与之财者，即以受所监临财物论。

3. 户　婚

（1）里正官司妄脱漏增减（卷十二第 153 条）

户口统计是税收的一个基础，不得弄虚作假。相关官员需要对国家的税赋负责，违者受罚。

诸里正及官司，妄脱漏增减以出入课役，一口徒一年，二口加一等。赃重，入己者以枉法论，至死者加役流；入官者坐赃论。

"疏"议曰：里正及州、县官司，各于所部之内，妄为脱漏户口，或增减年状，以出入课役，一口徒一年，二口加一等，十五口流三千里。若有因脱漏增减，取其课调入己，计赃得罪，重于脱漏增减口罪者，即准赃以枉法论，计赃至死者加役流；其赃入官者，坐赃论。其品官受赃虽轻，以枉法论，一匹以上即除名，不必要须赃重。众人之物，亦累倍而论之。

（2）相冒合户（卷十二第 161 条）

相冒合户即不经过官府允许，几户之间私自合户。从形式上看，这是一种弄虚作假、不诚信的行为，为法律所不允；从实质上看，这是一种逃避赋役的行为，损害了朝廷利益。

> 诸相冒合户者，徒二年；无课役者，减二等。谓以疏为亲及有所规避者。主司知情，与同罪。
>
> "疏"议曰：依赋役令："文武职事官三品以上若郡王期亲及同居大功亲，五品以上及国公同居期亲，并免课役。"既为同居有所蠲免，相冒合户，故得徒二年。无课役者，或籍资荫赎罪，事既轻于课役，故减二等，得徒一年。注云"谓以疏为亲"，律、令所荫，各有等差，若以疏相合，即失户数；规其资荫，即失课役。如斯合户，得此徒刑。若蠲免更多，或假荫重者，各依本法，自从重论。"主司知情与同罪"，主司谓里正以上，知冒户情，有课役、无课役，各与同罪。

> 即于法应别立户而不听别，应合户而不听合者，主司杖一百。
>
> "疏"议曰："应别"，谓父母终亡，服纪已阕，兄弟欲别者。"应合户"，谓流离失乡，父子异贯，依令合户。而主司不听者，各合杖一百。应别、应合之类，非止此条，略举为例，余并准此。

（3）妄认盗卖公私田（卷十三第 166 条）

做人要诚实，不能贪恋他人财物。公田就是公田，他人田宅就是他人的，不能妄称自己的。

> 诸妄认公私田，若盗贸卖者，一亩以下笞五十，五亩加一等；过杖一百，十亩加一等，罪止徒二年。
>
> "疏"议曰：妄认公私之田，称为己地，若私窃贸易，或盗卖与人者，"一亩以下笞五十，五亩加一等"，二十五亩有余，杖一百。"过杖一百，十亩加一等"，五十五亩有

余，罪止徒二年。

　　贼盗律云："阑圈之属，须绝离常处；器物之属，须移徙其地。"虽有盗名，立法须为定例。地既不离常处，理与财物有殊，故不计赃为罪，亦无除、免、倍赃之例。妄认者，谓经理已得；若未得者，准妄认奴婢、财物之类未得法科之。盗贸易者，须易讫。盗卖者，须卖了。依令："田无文牒，辄卖买者，财没不追，苗子及买地之财并入地主。"

（4）不言及妄言部内旱涝霜虫（卷十三第 169 条）

信从人从言，因此不言与妄言都是违背信的内在要求的，如果主司对相关情况不能给出实际的信息，便应遭受惩罚。

　　诸部内有旱涝霜雹虫蝗为害之处，主司应言而不言及妄言者，杖七十。覆检不以实者，与同罪。若致枉有所征免，赃重者，坐赃论。

　　"疏"议曰：旱谓亢阳，涝谓霖霪，霜谓非时降霣，雹谓损物为灾，虫蝗谓螟螽蟊贼之类。依令："十分损四以上，免租；损六，免租、调；损七以上，课、役具免。若桑、麻损尽者，各免调。"其应损免者，皆主司合言。主司，谓里正以上。里正须言于县，县申州，州申省，多者奏闻。其应言而不言及妄言者，所由主司杖七十。其有充使覆检不以实者，与同罪，亦合杖七十。若不以实言上，妄有增减，致枉有所征免者，谓应损而征，不应损而免，计所枉征免，赃罪重于杖七十者，坐赃论，罪止徒三年。既是以赃致罪，皆合累倍而断。

　　问曰：有应得损免，不与损免，以枉征之物，或将入己，或用入官，各合何罪？

答曰：应得损、免而妄征，亦准上条"妄脱漏增减"之罪：入官者，坐赃论；入私者，以枉法论，至死者加役流。

（5）许嫁女辄悔（卷十三第175条）
父母说话要算数，不能轻易食言，是为信。

诸许嫁女，已报婚书及有私约，而辄悔者，杖六十。

"疏"议曰：许嫁女已报婚书者，谓男家致书礼请，女氏答书许讫。"及有私约"，注云"约，谓先知夫身老、幼、疾、残、养、庶之类"，老幼，谓违本约相校倍年者；疾残，谓状当三疾，支体不完；养，谓非己所生；庶，谓非嫡子及庶、孽之类。以其色目非一，故云"之类"。皆谓宿相谙委，两情具惬，私有契约，或报婚书，如此之流，不得辄悔，悔者杖六十，婚仍如约。若男家自悔者，无罪，娉财不追。

问曰：有私约者，准文唯言"老、幼、疾、残、养、庶之类"，未知贫富贵贱亦入"之类"得为妄冒以否？

答曰：老、幼、疾、残、养、庶之类，此缘事不可改，故须先约，然许为婚。且富贵不恒，贫贱无定，不入"之类"，亦非妄冒。

虽无许婚之书，但受娉财，亦是。

"疏"议曰：婚礼先以娉财为信，故礼云："娉则为妻。"虽无许婚之书，但受娉财亦是。注云"娉财无多少之限"，即受一尺以上，并不得悔。酒食非者，为供设亲宾，便是众人同费，所送虽多，不同娉财之限。若"以财物为酒食者"，谓送钱财以当酒食，不限多少，亦同娉财。

　　若更许他人者，杖一百；已成者，徒一年半。后娶者
知情，减一等。女追归前夫，前夫不娶，还娉财，后夫婚
如法。

　　"疏"议曰："若更许他人者"，谓依私约报书，或受
娉财，而别许他人者，杖一百。若已成者，徒一年半。后
娶者知已许嫁之情而娶者，减女家罪一等：未成者，依下
条"减已成者五等"，合杖六十；已成，徒一年。女归前
夫，若前夫不娶，女氏还娉财，后夫婚如法。

4. 厩　库

（1）验畜产不实（卷十五第 197 条）

畜产在古代是非常重要的生产资料和战备物资，国家往往非常
重视。因此，不能如实核验畜产也要受罚。

　　诸验畜产不以实者，一笞四十，三加一等，罪止杖
一百。若以故价有增减，赃重者，计所增减坐赃论；入己
者，以盗论。

　　"疏"议曰：依厩牧令："府内官马及传送马驴，每年
皆刺史、折冲、果毅等检拣。其有老病不堪乘用者，府内
官马更对州官拣定，京兆府管内送尚书省拣，随便货卖。"
检拣者，并须以实，不以实者，一笞四十，三加一等，罪
止杖一百。若以检拣不实之故，令价有增减者，计增减
之赃重，"坐赃论"，谓验一不实，增三匹一尺及减三匹
一尺，各笞五十；每一匹加一等，十四匹徒一年，十匹加一
等。若因此增减之赃，将入己者，计赃以盗论，仍征倍赃；
监主加二等，一匹以上除名。其中有增减不平之赃，有入
己、不入己者，若一处犯，便是"一事分为二罪，罪法不
等，即以重法并满轻法"，须将以盗之赃累于坐赃之上科

之，其应除、免、倍赃，各尽本法。若验羊不实，减三等；其增减赃、坐赃及以盗论者，并各依本条，不在"羊减三等"之例。

（2）假借官物不还（卷十五第 211 条）
不允许以虚假的形式公器私用。

诸假请官物，事讫过十日不还者笞三十，十日加一等，罪止杖一百；私服用者，加一等。

"疏"议曰："假请官物"，谓有吉凶，应给威仪、卤簿，或借帐幕、毡褥之类。事讫，十日内皆合还官，若过十日不还者，笞三十。"十日加一等"，停留总过八十日，罪止杖一百。因而私服用者，谓吉凶事过以后，别私服用者，每加一等，过八十日徒一年。

若亡失所假者，自言所司，备偿如法；不自言者，以亡失论。

"疏"议曰：假请官物有亡失者，若于请物所司自言失者，免罪，备偿如法；不自言失，被人举者，以亡失论。依杂律："亡失官物者，准盗论减三等。"又条："亡失官私器物，各备偿。"故得亡失之罪，又备偿之。

5. 擅　兴

（1）征人冒名相代（卷十六第 228 条）
征人涉及赏罚的公正和军心的稳定，因此不可以弄虚作假。

诸征人冒名相代者，徒二年；同居亲属代者，减二等。

"疏"议曰：介胄之士，有进无退，征名既定，不可假

名。赏罚须有所归，何宜辄相冒代。如有违者，首徒二年，
从减一等。"同居亲属代者，减二等"，称同居亲属者，谓
同居共财者。若征处得勋，彼此具不合叙。

若部内有冒名相代者，里正笞五十，一人加一等；县
内一人，典笞三十，二人加一等；州随所管县多少，通计
为罪。各罪止徒二年。佐职以上，节级为坐。主司知情，
与冒名者同罪。

"疏"议曰：部内有冒名者，谓里正所部之内，有征人
冒名相代，里正不觉，一人里正笞五十，一人加一等，九
人徒二年。若县内一人，典笞三十，二人加一等，十五人
杖一百，二十一人徒二年。注云"佐职以上，节级为坐"，
即尉为第二从，丞为第三从，令及主簿、录事为第四从。
"州随所管县多少，通计为罪"，谓管二县者，二人冒名，
州典笞三十，四人加一等；管三县者，三人冒名，州典笞
三十，六人加一等之类。判司以上，节级皆如县罪。计加
通计亦准此。"各罪止徒二年"，谓里正及县典、州典，各
罪止徒二年。故注云"佐职以上，节级为坐"。知情者，
谓里正及州县遣兵之官，若主典，知冒代情，并与冒名者
同罪。

其在军冒名者，队正同里正；凡言队正，队副同。
"疏"议曰："其在军冒名者"，谓卫士以上得罪，一
同征人。队正、副得罪，准里正，亦一人笞五十，一人加
一等，罪止徒二年。"凡言队正，队副同"，称"凡言"
者，凡称队正之处，队副即同。

旅帅、校尉，减队正一等；果毅、折冲，随所管校尉
多少，通计为罪。其主典以上，并同州县之法。

"疏"议曰：依军防令："每一旅帅管二队正，每一校尉管二旅帅。"既非亲监当者，同减队正一等，谓一人冒名笞四十，一人加一等，罪止徒一年半。"果毅、折冲，随所管校尉多少，通计为罪"，每府管五校尉之处，亦有管四校尉、三校尉者，谓管三校尉者，三人冒名；管四校尉者，四人冒名；管五校尉者，五人冒名：各得笞四十。不满此数，不坐。通计之法，并准上文"州管县"之义。注云"其主典以上，并同州县之法"，谓罪亦从下始，府典同州典，兵曹为第二从，长史、果毅为第三从，折冲为第四从，录事同下从。依律，无四等官者，止准见府官为坐。

（2）征人巧诈避役（卷十六第236条）

诸临军征讨，而巧诈以避征役，巧诈百端，谓若诬告人、故犯轻罪之类。

"疏"议曰：临对寇贼，即欲追讨，乃巧诈方便，推避征役。注云"巧诈百端"，或有诬告人罪，以求推对；或故犯轻法，意在留连；或故自伤残；或诈为疾患。奸诈不一，故云"百端"。不可备陈，故云"之类"。

若有校试，以能为不能，以故有所稽乏者，以"乏军兴"论；未废事者，减一等。主司不加穷核而承诈者，减罪二等；知情者与同罪，至死者加役流。

"疏"议曰：有所"校试"，谓临军之时，一艺以上，应供军用，军中校试。故以能为不能，以巧诈不能之故，于军有所稽违及致阙乏废事者，"以乏军兴论"，故、失具合斩。若于事未废，减死一等。"主司不加穷核"，主司谓应检勘校试之人，不加穷研核实，而承诈依信者，减罪人罪二等。"知情者",谓知巧诈之情,并与犯者同罪,至死者加役流;未阙事者,流三千里。

6. 贼 盗

(1)造妖书妖言(卷十八第268条)

追求"真实""准确"也是信的一个要求,"妖言惑众"是与信背道而驰的。如若出现,则严惩。

> 诸造妖书及妖言者,绞。造,谓自造休咎及鬼神之言,妄说吉凶,涉于不顺者。
> "疏"议曰:"造妖书及妖言者",谓构成怪力之书,诈为鬼神之语。"休",谓妄说他人及己身有休征。"咎",谓妄言国家有咎恶。观天画地,诡说灾祥,妄陈吉凶,并涉于不顺者,绞。

> 传用以惑众者,亦如之;传,谓传言。用,谓用书。其不满众者,流三千里。言理无害者,杖一百。即私有妖书,虽不行用,徒二年;言理无害者,杖六十。
> "疏"议曰:"传用以惑众者",谓非自造,传用妖言、妖书,以惑三人以上,亦得绞罪。注云:"传,谓传言。用,谓用书。""其不满众者",谓被传惑者不满三人。若是同居,不入众人之限;此外一人以上,虽不满众,合流三千里。其"言理无害者",谓妖书、妖言,虽说变异,无损于时,谓若豫言水旱之类,合杖一百。"即私有妖书",谓前人旧作,衷私相传,非己所制,虽不行用,仍徒二年。其妖书言理无害于时者,杖六十。

(2)盗官文书印(卷十九第272条)

官文书印具有权威性,盗印官文书印容易导致官方的权威性丧失，百姓对官方的信任度降低，因此法律也会惩罚这类行为。

> 诸盗官文书印者，徒二年。余印，杖一百。谓贪利之而非行用者。余印，谓印物及畜产者。
>
> "疏"议曰：印者，信也。谓印文书施行，通达上下，所在信受，故曰"官文书印"。盗此印者，徒二年。"余印，杖一百"，余印谓给诸州封函及畜产之印，在令、式，印应官给。但非官文书之印，盗者皆杖一百。注云"谓贪利之而非行用者"，皆谓借以为财，不拟行用。若将行用，即从"伪造"、"伪写"、"封用规避"之罪科之。

> 诸盗制书者，徒二年。官文书，杖一百；重害文书，加一等；纸券，又加一等。亦谓贪利之，无所施用者。重害，谓徒罪以上狱案及婚姻、良贱、勋赏、黜陟、授官、除免之类。
>
> "疏"议曰：盗制书徒二年，敕及奏抄亦同。敕旨无御画，奏抄即有御画，不可以御画奏抄轻于敕旨，与盗制书罪同。"官文书"，谓在司寻常施行文书，有印无印等。"重害文书，加一等"，合徒一年。注云"亦谓贪利之"，亦如上条盗印借为财用，无所施行。"重害，谓徒罪以上狱案及婚姻、良贱、勋赏、黜陟、授官、除免之类"，称"之类"者，谓仓粮财物、行军文簿帐及户籍、手实之属，盗者各徒一年。若欲动事，盗者自从增减之律。

> 即盗应除文案者，依凡盗法。
>
> "疏"议曰："即盗应除文案者"，依令："文案不须常留者，每三年一拣除。"既是年久应除，即非见行文案，故

依凡盗之法，计赃科罪。

诸盗官殿门符、发兵符、传符者，流二千里；使节及皇城、京城门符，徒三年；余符，徒一年。门钥，各减三等。盗州、镇及仓厨、厩库、关门等钥，杖一百。县、戍等诸门钥，杖六十。

"疏"议曰：开闭殿门，皆用铜鱼合符。用符钥法式，已于擅兴律解讫。"发兵符"，以铜为之，左者进内，右者付州、府、监及提兵镇守之所，并留守应执符官人。其符虽通余用，为发兵事重，故以发兵为目。"传符"，谓给将乘驿者，依公式令："下诸方传符，两京及北都留守为麟符，东方青龙，西方白虎，南方朱雀，北方玄武。两京留守二十，左十九，右一；余皆四，左三，右一。左者进内，右者付外州、府、监应执符人。其两京及北都留守符，并进内。须遣使向四方，皆给所诣处左符，书于骨帖上，内着符，裹用泥封，以门下省印印之。所至之处，以右符勘合，然后承用。"盗者，合流二千里。节者，皇华出使，黜陟幽明，辅轩奉制，宣威殊俗，皆执旌节，取信天下。"及皇城门"，谓朱雀等门；"京城门"，谓明德等门。盗此门符及使节者，各徒三年。"余符，徒一年"，余符谓禁苑及交巡等符。案擅兴律："凡言余符者，契亦同。即契应发兵者，同发兵符法。"然则盗发兵契，各同鱼符之罪。"门钥，各减三等"，谓各减所开闭之门鱼符三等。假有盗宫殿门符，合流二千里；门钥减三等，得徒二年。余钥应减门符，并准此。若是禁苑门钥，不可轻于州、镇、关等钥。盗州、镇及官仓厨、厩库及关门等钥，各杖一百。"县戍等诸门钥"，称"诸门钥"者，谓内外百司及坊市门，官有门禁，盗其钥者，各杖六十。

7. 斗　讼

（1）诬告

诬告首先跟"诚信"中的"诚"有关，凡行此事者，往往不能坦诚做人，这是违背传统伦理精神的。其次，诬告也与"信"有关，如果诬告盛行而得不到惩处，那么人与人之间的关系就会变得紧张，人与人之间的信任会产生动摇。

第341条　诬告谋反大逆：

> 诸诬告谋反及大逆者，斩；从者，绞。若事容不审，原情非诬者，上请。若告谋大逆、谋叛不审者，亦如之。

> "疏"议曰："诬告谋反及大逆者"，谓知非反、逆，故欲诬之，首合斩，从合绞。"若事容不审者"，谓或奉别敕阅兵，或欲修葺宗庙；见阅兵疑是欲反，见修宗庙疑为大逆之类，本情初非诬告者，具状上请，听敕。若告谋大逆、谋叛不审，亦合上请，故云"亦如之"。

第342条　诬告反坐：

> 诸诬告人者，各反坐。即纠弹之官，挟私弹事不实者，亦如之。反坐致罪，准前人入罪法。至死，而前人未决者，听减一等。其本应加杖及赎者，止依仗、赎法。即诬官人及有荫者，依常律。

> "疏"议曰：凡人有嫌，遂相诬告者，准诬罪轻重，反坐告人。"即纠弹之官"，谓据令应合纠弹者，若有憎恶前人，或朋党亲戚，挟私饰诈，妄作纠弹者，并同"诬告"之律。反坐其罪，准前人入罪之法，至死而前人虽断讫未决者，反坐之人听减一等。若诬人反、逆，虽复未决引虚，不合减罪。本应加杖者，谓诬告部曲、奴婢流罪，若

实，部曲、奴婢止加杖二百；既虚，诬告者不流，亦准杖
法反坐。单丁应加杖者，亦依决杖反坐。"及赎者"，谓诬
告老、小、废疾，若实，即前人合赎；虚，即反坐者亦依
赎论。"即诬官人及有荫者"，假有白丁诬七品官流罪，若
实，官人即合例减、官当；如虚，反坐还得流罪。诬告有
荫之人，事合减、赎；反坐之者，不得准前人减、赎法，
并真配徒、流。是名"依常律"。

若告二罪以上，重事实及数事等，但一事实，除其
罪；重事虚，反其所剩。即罪至所止者，所诬虽多，不
反坐。

"疏"议曰："若告二罪以上，重事实"，假有甲告乙
殴人折一齿，合徒一年；又告人盗绢五匹，亦合徒一年；
或故杀他人马一匹，合徒一年半。推杀马是实，殴、盗是
虚，是名"告二罪以上，重事实"。又有丙告丁三事，各
徒一年，此名"数事等"，但一事实，除其罪。重事虚，
反其所剩者，假如甲告乙盗绢五匹，合徒一年；又告故杀
官私马牛，合徒一年半。若其盗是实，杀马牛是虚，即是
剩告半年之罪，反坐半年，故云"反其所剩"。"即罪至所
止者，所诬虽多，不反坐"，假有告人非监临主司因事受
财百匹，勘当五十匹实，坐赃五十匹，罪止徒三年；剩告
五十匹，为"罪至所止，不反坐"之类。

其告二人以上，虽实者多，犹以虚者反坐。谓告二人
以上，但一人不实，罪虽轻，犹反其坐。若上表告人，已
经闻奏，事有不实，反坐罪轻者，从上书诈不实论。

"疏"议曰：告二人以上，罪虽实者多，"犹以虚者反
坐"，以其人、事各别，故得罪不同。注云"谓告二人以
上，但一人不实，罪虽轻，犹反其坐"，假有人告甲乙丙

丁四人之罪，三人徒罪以上并实，一人笞罪事虚，不得以实多放免，仍从笞罪反坐。若上表告人，已经闻奏，事有不实，反坐罪轻于上书不实，准从"上书诈不实"，处徒二年。不应反坐者，无罪。假如甲上表告乙两个徒一年，一实，一虚，准律既免反坐，于甲无"上书不实"之罪。

第 343 条　诬告小事虚：

诸告小事虚，而狱官因其告，检得重事及事等者，若类其事，则除其罪；离其事，则依本诬论。

"疏"议曰：告小事虚，而狱官因其告，检得重事者，假有告人盗驴，检得盗马，其价又贵，是为"得重事"。"及事等者"，假如告盗甲家马，检得盗乙家骡，其价相似，是为"事等"。"若类其事"，谓骡、马、驴等，色目相类，所告虽虚，除其妄罪。离其事者，谓告人盗马，检得铸钱之属，是"离其事"，"则依本诬论"，仍得诬告盗马之罪。此条为依告状检赃生文，不同狱官状外求罪之例。

问曰：告人私有弩，狱官因告乃检得甲，是类事以否？

答曰：称"类"者，谓其形状难辨，原情非诬，所以得除其罪。然弩之与甲，虽同禁兵，论其形样，色类全别，事非疑似，元状是诬。如此之流，不得为"类"。

第 344 条　诬告人流罪以下引虚：

诸诬告人流罪以下，前人未加拷掠，而告人引虚者，减一等；若前人已拷者，不减。即拷证人，亦是。诬告期

亲尊长、外祖父母、夫、夫之祖父母，及奴婢、部曲诬告
主之期亲、外祖父母者，虽引虚，各不减。

"疏"议曰：诬告死罪，自有别制。唯诬告人流罪
以下，前人未加拷掠，而告人自引虚者，得减反坐之罪
一等。若前人已拷者，无问杖数多少，然后引虚，即不
合减。"即拷证人亦是"，谓虽不拷被告之人，拷傍证之
者，虽自引虚，亦同已拷，不减。其诬告期亲尊长以下，
及奴婢、部曲诬告主之外祖父母以上，虽即引虚，各不
合减。

问曰：律云："前人未加拷掠，而告人引虚，减一等。"
未知前人已经断讫，然后引虚，合减以否？

答曰：律文但言"已加拷掠"，不言事经断讫。拷讫已
伤，律有成制；断讫未损，理合减科。若事经奏讫，不合
追减。及已役、已配，亦是已损已伤前人，计与拷掠义同，
不在减科之例。

第350条　诬告府主刺史县令：

诸诬告本属府主、刺史、县令者，加所诬罪二等。

"疏"议曰：诬告本属府主等，加所诬罪二等者，谓
诬告一年徒罪，合徒二年之类。若告除名、免官、免所居
官等事虚，亦准比徒法加罪。其有缌麻以上亲，任本属
府主、刺史、县令者，自依"告亲"法；若告尊长，各从
重论。

（2）投匿名书告人罪（卷二十四第351条）

诸投匿名书告人罪者，流二千里。谓绝匿姓名及假人
姓名，以避己作者。弃置、悬之具是。

"疏"议曰：有人隐匿己名，或假人姓字，潜投犯状，以告人罪，无问轻重，投告者即得流坐。故注云"谓绝匿姓名及假人姓名，以避己作者。弃置、悬之具是"，谓或弃之于街衢，或置之于衙府，或悬之于旌表之类，皆为"投匿"之坐。假人姓名，经官司判入，言告人罪，从"违令"科。非是投匿，所以科"违令"。投匿告祖父母，科绞；告期亲卑幼，减凡人二等；大功，减一等；小功以下，以凡人论。匿名书告他人部曲、奴，依凡人法。是大功相犯，不合减一等、二等，他皆仿此。告缌麻以上亲部曲、奴，即依减法。

得书者，皆即焚之，若将送官司者，徒一年。官司受而为理者，加二等。被告者，不坐。辄上闻者，徒三年。

"疏"议曰：匿名之书，不合检校，得者即须焚之，以绝欺诡之路。得书不焚，以送官府者，合徒一年。官司既不合理，受而为理者，加二等，处徒二年。被告者，假令事实，亦不合坐。若是书不原事，以后别有人论告，还合得罪。辄上闻者，合徒三年。若得告反逆之书，事或不测，理须闻奏，不合烧除。

问曰：投匿名书，告人谋反、大逆，或虚或实，捉获所投之人，未知若为科罪？

答曰：隐匿姓字，投书告罪，投书者既合流坐，送官者法处徒刑，用塞诬告之源，以杜奸欺之路。但反逆之徒，衅深夷族，知而不告，即合死刑，得书不可焚之，故许送官闻奏。状既是实，便须上请听裁；告若是虚，理依诬告之法。

8. 诈　伪

唐律中也有"诈伪"一篇。此篇主要规定了惩治欺诈和伪造等"不信"、"非信"或"失信"行为的法律，共计 27 条规定。作为我国封建时代的代表性法典，唐律在惩罚诈伪行为、塑造社会信用上的规定也是极具代表性。

（1）伪造御宝（卷二十五第 362 条）

> 诸伪造皇帝八宝者，斩。太皇太后、皇太后、皇后、皇太子宝者，绞。皇太子妃宝，流三千里。
>
> "疏"议曰：皇帝有传国神宝、有受命宝、皇帝三宝、天子三宝，是名"八宝"。依公式令："神宝，宝而不用；受命宝，封禅则用之；皇帝行宝，报王公以下书则用之；皇帝之宝，慰劳王公以下书则用之；皇帝信宝，征召王公以下书则用之；天子行宝，报番国书则用之；天子之宝，慰劳番国书则用之；天子信宝，征召番国兵马则用之。皆以白玉为之。"宝者，印也，印又信也。以其供御，故不与印同名。八宝之中，有人伪造一者，即斩。其太皇太后、皇太后、皇后、皇太子宝，伪造者，绞。皇太子妃宝，伪造者，流三千里。太皇太后以下宝，皆以金为之，并不行用。注云"伪造不录所用"，谓宝既金、玉为之，伪造者不必皆须金、玉为之，亦不问用与不用，造者即坐。

（2）伪写官文书印（卷二十五第 363 条）

> 诸伪写官文书印者，流二千里。余印，徒一年。
>
> "疏"议曰：上文称"伪造皇帝八宝"，宝以玉为之，故称"造"。此云"伪写官文书印"，印以铜为之，故称"写"。注云"写，谓仿效而作"，谓仿效为之，不限用泥、用蜡等，故云"不录所用"，但作成者，即流二千里。

"余印，徒一年"，余印谓诸州等封函印及畜产之印，亦不录所用。上文但造宝即坐，不须堪行用；此文虽写印不堪行用，谓不成印文及大小悬别，如此之类，不合流坐，从下条：造未成者，减三等。

即伪写前代官文书印，有所规求，封用者，徒二年。

"疏"议曰：依式"周、隋官亦听成荫"，或争封邑之类，事缘前代，乃伪写前代之印，心有规求，封用者，徒二年。称"封用"者，或印文书及封文簿，事兼两用，故连云"封用"。注云"因之得成官者，从诈假法"，谓伪写封用为旧公验，因之成官者，从诈假法。其伪写未成及成而未封用，依下文"未施行减三等"例，亦减已封用三等。

（3）伪写符节（卷二十五第 364 条）

诸伪写宫殿门符、发兵符、传符者，绞；

"疏"议曰："宫殿门符"，谓非时开宫殿门，皆须勘鱼符合，然始得开。伪写此符及伪写发兵符，注云"发兵，谓铜鱼合符"，依公式令"下左符进内，右符付州、府"等，应有差科征发，皆并敕符与铜鱼同封行下，勘符合，然后承用，故称"铜鱼合符"。"应发兵，虽通余用，亦同"，谓其符通杂征发人事及有所用度，若除授、替代州府长官及差行追禁，并用此符，故称"虽通余用，亦同"，谓同发兵符罪。"余条称发兵者"，谓擅兴律"应给发兵符而不给"，贼盗律"盗发兵符"，故云余条"皆准此"。"传符者"，谓给驿用之。伪写及造此等符者，并合绞。

使节及皇城、京城门符者，流二千里。余符，徒二年。

"疏"议曰：使节者，《周礼》有"掌节"之司，注云"道路用旌节"。然大使拥节而行，是名"使节"。其皇城门，谓朱雀等诸门；京城门，谓明德等诸门。伪作此等符及节者，流二千里；余符，徒二年。注云"余符，谓禁苑门及交巡鱼符之类"，禁苑诸门有符，开闭、守卫、交兵之处皆有交符，巡更、警夜之所并执巡鱼符勘过。据擅兴律："凡言余符者，契亦同。即契应发兵者，同发兵符法。"此条云"之类"者，即是诸契，非发兵。伪造者，并同"余符"之罪，各合徒二年。

（4）伪宝印符节假人及出卖（卷二十五第365条）

诸以伪宝、印、符、节及得亡宝、印、符、节假人，若出卖，及所假若买者封用，各以伪造、写论。

"疏"议曰：以伪造宝、印、符、节及得亡宝、印、符、节，假与他人；若出卖与他人；及所假所买之人，虽非身自造、写，若将封用：各依伪造、伪写法科之。

即以伪印印文书施行，若假与人，及受假者施行，亦与伪写同；未施行，及伪写印、符、节未成者，各减三等。

"疏"议曰：上文谓伪造、写及得亡宝、印、符、节假人及卖买等罪，此文欲论以伪印文书施行。谓以伪印印文书，自将行用，若以伪印文书假与他人，及有受得伪文书行用，并谓已入官司者，其罪各依伪造、写法。"未施行"，谓伪文书未将行用，及伪写印、符、节未成者，各减已施行及已成罪三等。

问曰：有人得亡宝、印、符、节，假卖与人，其所假买者，未将行用。未知假卖之人，亦合得依未施行法减罪以否？

答曰：准依律文，本防行用，故云"若假人，若出卖及所假若买者封用，各以伪造、写论"。封用之文，承卖买之下，若已封用，具得全罪；如未行用，并合依未施行减三等。下条盗宝、印、符、节及假卖与人，其假买未封用，并合依此减法。其假买伪印文书未施行，假卖人亦同减例。

又问：二人共造伪印印文牒，从者乃将施行，未知二人合有首从以否？

答曰：依名例律："共犯罪，以造意为首，随从者减一等。"伪印既非劫盗，止合造意为首；从者虽复行用，止依从法减科。

（5）盗宝印符节封用（卷二十五第366条）

诸盗宝、印、符、节封用；即所主者盗封用及以假人，若出卖；所假及买者封用：各以伪造、写论。

"疏"议曰：盗宝、印、符、节封用，注云"谓意在诈伪，不关由所主"，谓盗用官印等，不由所当之人；或执印等主司，私盗封用及所主者将印假与他人，若将出卖与人；并所假、买之人，若将封用：各以伪造、写论，并依自造之法。

问曰：有人身为案主，受人请求，乃为盗印印伪文牒，既非掌印，合作首从以否？

答曰：一人须印行用，一人盗印与之，即是共犯，须论首从。盗者虽为案主，非掌印之人，便是共犯，合为首从。

主司不觉人盗封用者，各减封用罪五等；印，又减二等。即事直及避稽而盗用印者，各杖一百；事虽不直，本法应用印而封用者，加一等。主司不觉，笞五十；故纵者，各与同罪。

"疏"议曰：掌宝及符、节主司，不觉有人盗用者，减盗用人罪五等；印，又减二等。谓不觉用宝及符，应死者，死上减五等，徒一年半；不觉用符、节应流，流上减五等，徒一年；不觉用余符，徒二年上减五等，杖八十；不觉用印，流上减七等，合杖九十。即文书正直及避文案稽迟，而盗用印者，各杖一百。"事虽不直，本法应用印"，谓事虽枉曲，本法应封用印者，终须申答而盗封用印者，加一等，合徒一年。若不直，罪重即从重断。"主司不觉，笞五十"，谓从"事直及避稽"以下，不觉，各笞五十。故纵者，各与同罪。

（6）诈为制书及增减（卷二十五第367条）

诸诈为制书及增减者，绞；未施行者，减一等。

"疏"议曰："诈为制书"，意在诈伪，而妄为制敕及因制敕成文，而增减其字者，绞。注云"口诈传及口增减，亦是"，谓诈传敕语及奉敕宣传，口中诈有增减动事者，并与增减制书同。"未施行，减一等"，谓诈为制敕及诈增减已讫，而未施行，减一等。注云"施行，谓中书覆奏"，此谓诈为敕语及虽奉制敕处分，就中增减，中书承受，已覆奏讫。若其不须覆奏者，即据已入所司；或有诈为中书宣出制敕，文书已入所在曹司，应承受施行及起请行判曹司者，并为"已施行"。"虽不关由所司"，谓所宣制敕及增减，不入曹司，径即诈向规求之所，其前人已承受者，亦为"施行"。假有甲诈宣制敕，向乙索物，乙已承受，不要得物，承受之者，此类即是"施行"。"余条施行准此"，余条谓"以伪印文书施行"及下条"诈为官文书施行"，如此诸条，已施行及未施行皆准此。

其收捕谋叛以上，不容先闻而矫制，有功者，奏裁；无功者，流二千里。

"疏"议曰："其收捕谋叛以上"，谓所在收捕谋反、逆、叛。"不容先闻"，谓不容先得奏闻，恐其滋蔓，或致逃逸，而矫行制敕，务速收掩，有功者，奏裁。"无功者，流二千里"，以其矫行制书，无功可录，免其死罪，宥以流刑。

（7）对制上书不以实（卷二十五第 368 条）

诸对制及奏事、上书，诈不以实者，徒二年；非密而妄言有密者，加一等。

"疏"议曰："对制"，谓亲被顾问；"奏事"，谓面陈事由，若附他人而奏，亦同自奏之法；"上书"，谓特达御所：此等若有诈不以实者，徒二年。"非密而妄言有密"，谓非谋反、逆、叛应密之事，而妄言有密，"加一等"，谓加对制不实一等，徒二年半。注文已如上解。"诈，谓知而隐欺"，谓知事不实，故为隐欺。"及有所求避"，或妄求功赏，或回避罪戾之类。若被官司责罚，情在咆哮，或有因斗忿争，欲相恐迫，口虽告密，问即不承，既无文牒入司，坐当"不应为重"。其有已陈文牒，问始承虚；或口称有密，下辩仍执，于后承妄者：并同"未奏减一等"，徒二年。

若别制下问、案、推，报上不以实者，徒一年；其事关由所司，承以奏闻而不实者，罪亦如之。未奏者，各减一等。

"疏"议曰："若别制下问"，谓不缘曹司，特奉制敕，遣使就问。注云"无罪名谓之问"，谓问百姓疾苦，丰俭水旱之类。案者，谓风闻官人有罪，未有告言之状，而奉制案问。推者，谓事发遣推，已有告言之者。而乃报上不以实者，各徒一年。其事关曹司，承以奏闻，而有不实，亦得徒一年。"未奏者，各减一等"，谓承前人上书诈不以实，若非密及下问、案、推报上不实，事关所司，承以闻奏，申报不实，未奏者，各减一等。并谓被问、被推之人报答不实者，各获此罪。

（8）诈为官文书及增减（卷二十五第369条）

诸诈为官文书及增减者，杖一百；准所规避，徒罪以上，各加本罪二等；未施行，各减一等。

"疏"议曰："诈为官文书"，谓诈为文案及符、移、解牒、钞券之类，或增减以动事者，杖一百。准所规避之事，当徒罪以上，事发者，各加本罪二等；未发，即依二罪之法，从重科之。规避者，假有于法不应为官，诈求得官者，徒二年；又诈为官文书及增减而规官不解，加本罪二等，合徒三年。避者，或有本犯徒三年，诈为增减以避此罪者，合加二等，流二千五百里。即诈为官文书及增减讫，事未施行，"各减一等"，杖罪以下，杖上减；徒罪以上，各从徒、流、死上减。

即主司自有所避，违式造立及增减文案，杖罪以下，杖一百；徒罪以上，各加所避罪一等；若增减以避稽者，杖八十。

"疏"议曰：谓主司欲避身罪，违式造立文案，或于旧案增减者，"杖罪以下"，谓笞十以上，即前罪之外，得杖一百。或避徒罪以上，事发者，即就所避徒上，各加所避罪一等。注云"造立即坐"，谓不必避得前罪，但造立及增减即坐。若增减以避文案稽违，并于本罪之外，加杖八十。未发者，从二罪法。

问曰：主司自有所避，违式造立文案，徒罪以上，加所避罪一等。加罪有公有私，若用官当，合并满以否？

答曰：主司若避公罪，有所增减、造立，即坐本罪，依公坐加罪为私罪。若应以官当者，须以私并公，通所加私罪为公坐当法。其于负殿者，各依公私两论。

（9）诈假官假与人官（卷二十五第370条）

诸诈假官，假与人官及受假者，流二千里。

"疏"议曰："诈假官"，谓虚伪诈假以得官，若虚假授与人官及受诈假官者，并流二千里。注云"谓伪奏拟"，但流内九品以上官，皆注讫奏拟。"及诈为省司判补"，视品、流内等官。或得他人正授告身，或同姓字，或改易己名，妄冒官司，以居职任。称"之类"者，亦有己之告身应合追毁，私自盗得而假诈之者。若诈申闻及增减重者，从重法。

其于法不应为官，而诈求得官者，徒二年。

"疏"议曰："其于法不应为官"，谓有罪谴，未合仕之类。假如除名者六载后听叙，免官者三载后听叙，免所居官者周年听叙，若有此等年限未满，而诈求得官者，徒二年。称"之类"者，谓犯罪应用高官而诈用卑官，及流人未满六载之类。

若诈增减功过年限而预选举，因之以得官者，徒一年；流外官，各减一等；求而未得者，又各减二等。

"疏"议曰："若诈增减功过年限"，谓诈增功劳考第，或减其负殿及下考年限，而预选及举，因之以得官者，徒一年。又，依选举令："官人身及同居大功以上亲，自执工商，家专其业者，不得仕。其旧经职任，因此解黜，后能修改，必有事业者，三年以后听仕。其三年外仍不修改者，追毁告身，即依庶人例。"其有官及无官之人，依令不得仕，而诈求得官；及未满三年，隐状选得官者：并同"增减功过年限预选得官"，合徒一年。其三年外仍不修改，若方便不输告身，依旧为官者，亦同"不应为官"之坐。若追纳之后，却盗及私赎得，以为官者，依上条"诈假官"论。"流外官，减一等"，谓从"诈假官"以下，并依流内官当色轻重上减一等，故云"各减一等"。"求而未得，又各减二等"，若诈假官未得，流上减二等，合徒二年半，流外官又减一等，徒二年；于法不应为官，求而未得，减二等，徒一年，流外官又减一等，杖一百；诈增减功过年限而预选举，求而未得，减二等，杖九十，流外官又减一等，杖八十。注云"下条准此"，谓下条"非正嫡诈承袭"未得，亦各减二等。

（10）非正嫡诈承袭（卷二十五第 371 条）

诸非正嫡，不应袭爵，而诈承袭者，徒二年；非子孙而诈承袭者，从诈假官法。若无官荫，诈承他荫而得官者，徒三年。非流内及求赎，杖罪以下，各杖一百；徒罪以上，各加一等。

"疏"议曰：依封爵令："王、公、侯、伯、子、男，皆子孙承嫡者传袭。"以次承袭，具在令文。其有不合袭爵而诈承袭者，合徒二年。"非子孙"，谓子孙之外，诈云是嫡而妄承袭者，从"诈假官"法，合流二千里。若无官荫，诈妄承取他人官荫而得官者，徒三年。"非流内"，谓假荫得学生及七品邑，若勋品以下，及求赎杖罪以下，本罪之外，各合杖一百；徒罪以上，加一等，谓于百杖上加一等，合徒一年。此是"犯罪已发而更为者，重其事"。从"诈承袭"以下，求而未得，各减二等。

问曰：取荫求赎，杖罪杖一百，徒罪加一等。其官司知而故纵，未知从下条"承诈知而听行与同罪"，惟复依断狱律"断罪应决配之而听收赎，减本罪故失一等"而科？

答曰：既称"知而故纵"，即是"知而听行"，理从"同罪"而科。

（11）诈称官捕人（卷二十五第372条）

诸诈为官及称官所遣而捕人者，流二千里。为人所犯害，而诈称官捕及诈追摄人者，徒一年。

"疏"议曰："诈为官"，谓身自诈作官人，及诈称官司遣捕人者，并流二千里。若为人侵犯其身，或犯家人、亲属，或侵夺身及家人、亲属财物等，乃诈称官司遣捕，或称官司遣追摄者，并徒一年。虽诈有追摄及捕，而未执缚者，"各减三等"。称"各"者，捕人未缚，流上减三等，合徒二年；为人所犯害，诈称官捕及诈追摄人未缚，徒一年上减三等，合杖八十。

问曰：捕亡律："被人殴击折伤以上，若盗及强奸，虽傍人，皆得捕系。"其傍人虽合捕摄，乃诈称官遣而捕系之，合科何罪？

答曰：此条注云"犯其身及家人、亲属、财物等"，谓非折伤以上、盗及强奸之色，而诈称官捕，合徒一年。若前人本法合捕，虽傍人诈称官捕，止从下文"其应捕摄"，杖八十。

其应捕摄，无官及官卑诈称高官者，杖八十。即诈称官及冒官人姓字，权有所求为者，罪亦如之。

"疏"议曰：谓殴人折伤以上，或强奸及盗，此等应须捕摄，其捕摄之人，或无官诈称有官，或官卑诈称高官者，杖八十。即诈称是官及冒承官人姓名，"权有所求为者"，或经过之处，权有所求，或出入公门，心规礼待，非有捕摄者，情是诈欺之类，亦合杖八十，故云"亦如之"。

问曰：前人不合捕摄，乃诈称官捕，因而杀伤前人，或拒殴伤杀捕者，各合何罪？

答曰：诈捕摄人，已成凶狡，更加殴打伤杀情状，弥所难原。前人既不相干，即当"故杀伤"法。若前人拒殴，杀伤捕者，名例云："本应轻者，听从本。"既不合捕，横被执持，虽有杀伤，止同斗杀。

（12）诈欺官私财物（卷二十五第 373 条）

诸诈欺官私以取财物者，准盗论。

"疏"议曰：诈谓诡诳，欺谓诬罔。诈欺官私以取财物者，一准盗法科罪，唯不在除、免、倍赃、加役流之例，罪止流三千里。注云"诈欺百端，皆是"，谓诈欺之状，不止一途。"若监主诈取"，谓监临主守诈取所监临主守之物，自从盗法，加凡盗二等，有官者除名。"未得者，减二等"，谓已设诈端，诬罔规财物，犹未得者，皆准赃，减罪二等。其非监主，诈欺未得者，自从"盗不得财"之法。"下条准此"，谓下条"诈为官私文书及增减，欺妄求物"，未得者，监主之人亦减二等，故云"下条准此"。

知情而取者，坐赃论；知而买者，减一等；知而为藏者，减二等。

"疏"议曰："知情而取者"，谓知前人诈欺得物而乞取者，坐赃论，一尺笞二十，一匹加一等，十匹徒一年。诈欺之人虽是监主，凡人知情取者，止得坐赃之罪。知而买者，减一等"，谓于坐赃上亦减一等。""知而为藏"，谓知诈欺而得，故为隐藏，亦于坐赃上减二等。

（13）诈为官私文书及增减（卷二十五第374条）

诸诈为官私文书及增减，欺妄以求财赏及避没入、备偿者，准盗论；赃轻者，从诈为官文书法。

"疏"议曰："诈为官私文书及增减"，谓诈为官私券抄及增减簿帐，故注云"文书，谓券抄及簿帐之类"。称"之类"者，谓符、牒、抄案等。欺妄以求钱财，或求赏物；及缘坐资财及犯禁之物，合没官而避没入；或损失官私器物，而避备偿：如此之类，增减诈为方便、规避者，计所欺得之赃，准窃盗科断。"赃轻者，从诈为官文书法"，谓计赃得罪，轻于杖一百者，从诈为官文书法；有印者，自从重论。注云"若私文书，止从所欺妄为坐"，谓诈为私文契及受领券、付抄帖，以求避罪，或改年月日限之类，止从所欺妄求物之罪，不同官文书之坐。

（14）妄认良人为奴婢部曲（卷二十五第375条）

诸妄认良人为奴婢、部曲、妻妾、子孙者，以略人论减一等。妄认部曲者，又减一等。妄认奴婢及财物者，准盗论减一等。

"疏"议曰："妄认良人为奴婢、部曲"者，谓本知是良人。妄认为妻妾、子孙者，谓知非己妻妾、子孙而故妄认者。"以略人论减一等"，贼盗律"略人为奴婢者，绞"，减一等，合流三千里。"略人为部曲，流三千里"，减一等，合徒三年。"略人为妻妾、子孙，合徒三年"，减一等，合徒二年半。是为"以略人论减一等"。妄认部曲，又减一等者，贼盗律："略他人部曲，减良人一等。"即是略部曲为奴合流三千里，妄认部曲为奴，减一等，合徒三年。略部曲为部曲合徒三年，妄认部曲为部曲，减一等，合徒二年半。略部曲、客女为妻妾子孙合徒二年半，妄认部曲、客女为妻妾子孙，减一等，合徒二年。是为"部曲又减一等"。其妄认他人奴婢及财物者，准盗论减一等。若监主妄认未得，亦准上条，各减二等。其非监主，妄认未得，财多者，从"错认未得"论。

问曰：妄认良人为随身，妄认随身为部曲，合得何罪？

答曰：依别格："随身与他人相犯，并同部曲法。"即是妄认良人为部曲之法。其妄认随身为部曲者，随身之与部曲，色目略同，亦同妄认部曲之罪。

（15）诈除去死官户奴婢（卷二十五第376条）

诸诈除、去、死、免官户奴婢及私相博易者，徒二年；即博易赃重者，从贸易官物法。

"疏"议曰：官户、奴婢，各有簿帐。"除"者，谓诈言给赐；"去"者，谓去其名簿；"死"者，谓诈言身死；"免"者，谓加年入六十及废疾，各得免本色之类；"及私相博易"，谓将私奴婢博易官奴婢者：各徒二年。博易赃重者，从贸易官物法。

问曰：有人将私部曲博换官奴，得以转事衣食之直准折官奴价否?

答曰:奴婢有价,部曲转事无估,故盗诱部曲并不计赃。今以部曲替奴,乃是压为贱色。取官奴入己者,自从盗论;以部曲替奴,理依"压部曲为奴"之法。须为二罪,各从重科。

其匿脱者,徒一年;主司不觉匿脱者,依里正不觉脱漏法。

"疏"议曰:匿者,谓产子隐匿不言。脱者,谓典吏知情,故不附帐。不言、不附者,各徒一年。故注云"产子不言为匿,典吏不附为脱"。"主司不觉匿脱者,依里正不觉脱漏法",户婚律:"里正不觉脱漏增减者,一口笞四十,三口加一等;过杖一百,十口加一等,罪止徒三年。知情者,各同家长法。"既同里正之罪,主司止坐所由。若父母匿子,其数更多,亦准户婚律家长故隐口之法,一口徒一年,二口加一等;未堪入役者,四口为一口罪:此是"当条虽有罪名,所为重者,自从重"。其典吏及主司匿、脱多者,依律既准里正脱漏,合从累科。主司知情者,各同父母故匿之罪。知与不知,罪名不等者,依脱漏之法,并满科之。

(16)诈为瑞应(卷二十五第377条)

诸诈为瑞应者,徒二年。若灾祥之类,而史官不以实对者,加二等。

"疏"议曰:瑞应者,陆贾云:"瑞者,宝也,信也。天以宝为信,应人之德,故曰瑞。"其"瑞应"条流,具在礼部之式,有大瑞,有上、中、下瑞。今云"诈为瑞应",即明不限大小,但诈为者,即徒二年。若诈言麟凤龟龙，无可案验者，从"上书诈不以实"，亦徒二年。
"若灾祥之类"，灾谓禨祲，祥谓休征。"史官不以实对
者"，谓应凶言吉，应吉言凶，加二等，徒三年。称"之
类"者，此外有善恶之事，敕问而史官不以实对者，亦加
二等。

（17）诈教诱人犯法（卷二十五第378条）

诸诈教诱人使犯法，及和令人犯法，即捕若告，或令
人捕、告，欲求购赏；及有憎嫌，欲令入罪：皆与犯法者
同坐。

"疏"议曰：鄙俚之人，不闲法式，奸诈之辈，故相教
诱，或教盗人财物，或教越度关津之类。犯禁者不知有罪，
教令者故相坠陷，故注云"犯者不知而犯之"。"及和令人
犯法"，谓和教人奴婢逃走，或将禁物度关，外示和同，
内为私计，故注云"谓共知所犯有罪"。"即捕若告"，谓
即自捕、告，或令他人捕、告，欲求购赏；及有憎恶前人，
教诱令其人入罪者：皆与身自犯法者同罪。

（18）诈乘驿马（卷二十五第379条）

诸诈乘驿马，加役流；驿关等知情与同罪，不知情减
二等，有符券者不坐。

"疏"议曰：邮驿本备军速，其马所拟尤重。但是诈
乘，无问马数及已行远近，即合加役流。给马之驿及所由
之关，知其诈乘之情者，亦加役流。"不知情减二等"，谓
驿与关司全不勘检，又不知情，合减二等，犹徒二年半。
故注云"关谓应检问之处"。有符券者，不坐。注云"谓
盗得真符券及伪作，不可觉知者"，谓伪作符券及盗得真
纸券等，检验不可觉知者，驿及关司并不坐。

其未应乘驿马而辄乘者，徒一年。

"疏"议曰："其未应乘驿马"，谓差为驿使，而未得符券，辄即乘者，徒一年。注云"辄乘，谓有当乘之理，未得符券者"，谓衔命有实，未得符券而乘。驿、关等知情听之，准上文，亦合同罪。不知情者，徒一年上减二等。

（19）诈自复除（卷二十五第 380 条）

诸诈自复除，若诈死及诈去工、乐、杂户名者，徒二年。

"疏"议曰："诈自复除"，备在格、令，谓诈云落番新还，或诈云放贱之类，以得复除；若诈作死状；及诈去工、乐及杂户等名字者：徒二年。其太常音声人，州县有贯，诈去音声人名者，亦同工、乐之罪。

即所诈得复役使者，徒一年。其见供作使，而诈自脱及脱之者，杖六十。计所诈庸重者，各坐赃论。

"疏"议曰：谓诈为杂任之类，而得复免役使者，徒一年。"其见供作使"，谓权充杂役，而诈自脱及知情脱之者，各杖六十。计其诈庸重者，各坐赃论。

（20）诈疾病及故伤残（卷二十五第 381 条）

诸诈疾病，有所避者，杖一百。若故自伤残者，徒一年半。

"疏"议曰：诈疾病，以避使役、求假之类，杖一百。若故自伤残，徒一年半。但伤残者，有避、无避，得罪皆同。即无所避而故自伤，不成残疾以上者，从"不应为重"。故注云"有避、无避等。虽不足为疾残，而临时避事者，皆是"。

其受雇情，为人伤残者，与同罪；以故致死者，减斗杀罪一等。

"疏"议曰：谓有受雇，或被情，为人伤残者，与自伤残人同罪，各合徒一年半。以此伤残之故，因而致死者，被雇情之人，不限尊卑、贵贱，皆减斗杀一等。若为祖父母、父母遣之伤残，因致死者，同过失之法。

（21）医违方诈疗病（卷二十五第382条）

诸医违方诈疗病，而取财物者，以盗论。

"疏"议曰：医师违背本方，诈疗疾病，率情增损，以取财物者，计赃，以盗论。监临之与凡人，各依本法。

（22）父母死诈言余丧（卷二十五第383条）

诸父母死应解官，诈言余丧不解者，徒二年半。若诈称祖父母、父母及夫死以求假及有所避者，徒三年；伯叔父母、姑、兄姐，徒一年；余亲，减一等。若先死，诈称始死及患者，各减三等。

"疏"议曰：父母之丧，解官居服。而有心贪荣任，诈言余丧不解者，徒二年半。为其已经发哀，故轻于"闻丧不举"之罪。若祖父母、父母及夫见存，或称死求假，及有所避而诈妄称死者，各徒三年。伯叔父母、姑、兄姐，徒一年。"余亲，减一等"，谓缌麻以上，从徒一年上减一等，杖一百。若先死，诈称始死及妄云疾病，以求假及有所避者，"各减三等"，谓诈称祖父母、父母及夫始死及患，徒三年上减三等，合徒一年半；伯叔父母、姑、兄姐，徒一年上减三等，杖八十；余亲，杖一百上减三等，合杖七十。

问曰：有人嫌恶前人，妄告父母身死，其妄告之人，合科何罪？

答曰：父母云亡，在身罔极。忽有妄告，欲令举哀，若论告者之情，为过不浅，律、令虽无正法，宜从"不应为重"科。

（23）诈病死伤检验不实（卷二十五第384条）

诸有诈病及死伤，受使检验不实者，各依所欺，减一等。若实病死及伤，不以实验者，以故入人罪论。

"疏"议曰：有诈病及死若伤，受使检验不以实，"各依所欺减一等"，即上条诈疾病者杖一百，检验不实，同诈妄，减一等，杖九十；伤残徒一年半，减一等，徒一年；若诈死，徒二年上减一等，处徒一年半之类。"若实病及伤"，谓非诈病及诈伤，使者检云"无病及伤"，便是故入人徒、杖之罪；若实死，检云"不死"，即是妄入二年徒坐。使人枉入杖者得杖罪，枉入徒者得徒坐，各依前人入罪法。未决者，减一等。

（24）诈陷人至死伤（卷二十五第385条）

诸诈陷人至死及伤者，以斗杀伤论。

"疏"议曰：谓津济之所，或有深泞，若桥船朽漏，不堪渡人，而诈云"津河平浅，船桥牢固"，令人过渡，因致死伤者，"以斗杀伤论"，谓令人溺死者绞，折一支徒三年之类。故注云"谓知津河深泞，桥船朽败，诳人令渡之类"。称"之类"者，谓知有坑阱、机枪之属，诳人而致死伤者，亦以斗杀伤论。其有尊卑、贵贱，各依斗杀伤本法。

问曰：诈陷人渡朽败桥梁，溺之甚困，不伤不死，律条无文，合得何罪？又，人虽免难，溺陷畜产，又若为科？

答曰：律云"诈陷人至死及伤"，但论重法，略其轻坐，不可备言，别有"举重明轻"及"不应为"罪。若诳陷令溺，虽不伤、死，犹同"殴人不伤"论。陷杀伤畜产者，准"作坑阱"例，偿其减价。

（25）保任不如所任（卷二十五第386条）

诸保任不如所任，减所任罪二等；即保赃重于窃盗，从窃盗减。若虚假人名为保者，笞五十。

"疏"议曰：保任之人，皆相委悉。所保既乖本状，即是"不如所任"，减所任之罪二等。"其有保赃重于窃盗，从窃盗减"，谓保"强盗""枉法"及"恐喝"等赃，本条得罪重于窃盗，并从窃盗上减二等。不从重赃减者，以其元不同情，保赃不保罪故也。"若虚假人名为保者"，谓假用人名，或妄以他人姓字以充保者，并笞五十。有五人同保一事，此即先共谋计，须以造意为首，余为从坐；当头自保者，罪无首从。

（26）证不言情及译人诈伪（卷二十五第387条）

诸证不言情，及译人诈伪，致罪有出入者，证人减二等，译人与同罪。

"疏"议曰："证不言情"，谓应议、请、减，七十以上，十五以下及废疾，并据众证定罪，证人不吐情实，遂令罪有增减；及传译番人之语，令其罪有出入者："证人减二等"，谓减所出入罪二等。"译人与同罪"，若夷人承徒一年，译人云"承徒二年"，即译人得所加一年徒坐；或夷人承流，译者云"徒二年"，即译者得所减二年徒之类。故注云"谓夷人有罪，译传其对者"。律称"致罪有出入"，即明据证及译以定刑名。若刑名未定而知证、译不实者，止当"不应为"法：证、译徒罪以上从重，杖罪以下从轻。

（27）诈冒官司（卷二十五第388条）

诸诈冒官司以有所求为，而主司承诈，知而听行与同罪，至死者减一等；不知者，不坐。

"疏"议曰："诈冒官司"，谓诈伪及冐冒官司，欲有所求为，官司知诈冒之情而听行者，并与诈冒人同罪，至死减一等；不知情者，不坐。注云"谓此篇于条内无主司罪名者"，即此条为当篇"主司"生文，不为余篇立例。此篇无主司罪名者，上条"诈称祖父母、父母及夫死"及"诈疾病"，若"诈假官"，或"承袭"，此等知情与同罪，不知者不坐。

9.杂　律

（1）负债违契不偿（卷二十六第398条）

诸负债违契不偿，一匹以上，违二十日笞二十，二十日加一等，罪止杖六十；三十匹，加二等；百匹，又加三等。各令备偿。

"疏"议曰：负债者，谓非出举之物，依令合理者，或欠负公私财物，乃违约乖期不偿者，一匹以上，违二十日笞二十，二十日加一等，罪止杖六十。"三十匹加二等"，谓负三十匹物，违二十日，笞四十；百日不偿，合杖八十。"百匹又加三等"，谓负百匹之物，违契满二十日，杖七十；百日不偿，合徒一年。各令备偿。若更延日，及经恩不偿者，皆依判断及恩后之日，科罪如初。

（2）私发制书官文书印封（卷二十七第439条）

诸私发官文书印封视书者，杖六十；制书，杖八十；若密事，各依漏泄坐减二等。即误发，视者各减二等；不视者不坐。

"疏"议曰：官司行下文书，多有封印，而有私发印封视书者，杖六十。视制书，杖八十。"若密事，各依漏泄坐减二等"，职制律："漏泄大事应密者，绞"，减二等，徒三年；"非大事应密，徒一年半"，减二等，杖一百。"误发视者各减二等"，谓误发，因视制书，杖六十；官文书，笞四十；大事应密，视者，徒三年上减二等，徒二年；非大事应密，视者，杖一百上减二等，杖八十。"不视者，不坐"，谓初虽误发，竟不视书者，无罪。

10. 捕　亡

知情藏匿罪人（卷二十八第468条）

诸知情藏匿罪人，若过致资给，令得隐避者，各减罪人罪一等。

"疏"议曰："知情藏匿"，谓知罪人之情，主人为相藏隐。过致资给者，谓指授道途，送过险处，助其运致，并资给衣粮，遂使凶人潜隐他所。注云"谓事发被追"，若非事发，未是罪人，故须事发被追，始辨知情之状。"及亡叛之类"，谓逃亡或叛国，虽未追摄，行即可知。过致资给，令隐避者，减罪人罪一等，合流三千里之类。称

"之类"者，或有亡命山泽，不从追唤，皆是。

注：藏匿无日限，过致资给亦同。若卑幼藏隐，匿状已成，尊长知而听之，独坐卑幼。部曲、奴婢首匿，主后知者，与同罪。

"疏"议曰：藏匿无日限者，谓不限日之多少，但藏匿即坐。过致资给，亦同无日限。若卑幼藏隐，匿状既成，以其同居，得相容隐，故尊长知而听之，独坐卑幼，尊长不坐。部曲、奴婢作首，隐匿罪人，"主后知者，与同罪"，谓同部曲、奴婢，各减罪人罪一等，以主不为部曲、奴婢隐故也。

注：即尊长匿罪人，尊长死后，卑幼仍匿者，减五等；尊长死后，虽经匿，但已遣去而事发，及匿得相容隐者之侣，并不坐。小功以下，亦同减例。

"疏"议曰：谓尊长在日，自匿罪人，容其相隐，尊长死后，卑幼匿之如故，亦不限日之多少，减尊长罪五等，总减罪人罪六等。尊长死后，虽经匿，但发遣去，后罪始发觉；及匿得相容隐者之徒侣，假有大功之亲，共人行盗，事发被追，具来藏匿，若纠其徒侣，亲罪即彰，恐相连累：故并不与罪。"小功以下，亦同减例"，即例云："小功以下相容隐，减凡人三等。"今匿小功、缌麻亲之侣，亦准此例减之，总减罪人罪四等，故云"亦同减例"。

注：若赦前藏匿罪人，而罪人不合赦免，赦后匿如故；不知人有罪，容寄之后，知而匿者：皆坐如律。

"疏"议曰："赦前藏匿罪人，而罪人不合赦免"，假有匿十恶人，会赦，十恶不合赦免，赦后匿如故；及不知人有罪，容寄之后，知而匿者：并依藏匿之罪科之。

注：其展转相使而匿罪人，知情者皆坐，不知者勿论。

"疏"议曰：展转相使匿罪人者，假有甲知情匿罪人，又嘱付乙令匿，乙又嘱丙遣匿，如此展转相使匿者。乙、丙知是罪人，得藏匿之罪；不知情者，无罪。故云"勿论"。

罪人有数罪者，止坐所知。

"疏"议曰："罪人有数罪"，谓或杀人，或奸盗。止坐所知者，谓于所知之罪上减一等之类。

问曰：有奴婢匿一流囚，主后知之，主合得何罪？

答曰：有奴婢首匿流囚，罪合减一等，徒三年，加杖二百。主后知者，与奴婢同科，亦准奴婢之罪，合杖二百；其应例减、收赎，各准其主本法，仍于二百上减、赎。若奴婢死后，主匿如故，即得自匿之罪，不合准奴婢为坐。

11. 断　狱

官司出入人罪（卷三十第 487 条）

诸官司入人罪者，若入全罪，以全罪论；

"疏"议曰："官司入人罪者"，谓或虚立证据，或妄构异端，舍法用情，锻炼成罪。故注云，谓故增减情状足以动事者，若闻知国家将有恩赦，而故论决囚罪及示导教令，而使词状乖异。称"之类"者，或虽非恩赦，而有格式改动；或非示导，而恐喝改词。情状既多，故云"之类"。"若入全罪"，谓前人本无负犯，虚构成罪，还以虚构枉入全罪科之。

注：虽入罪，但本应收赎及加杖者，止从收赎、加杖之法。

"疏"议曰：假有入官荫人及废疾流罪，前人合赎入者，亦以赎论；或入官户、部曲、奴婢并单丁之人，前人合加杖者，亦依加杖之法收赎，不用官当及配流、役身之例。此是官司入人罪，与诬告之法不同。

从轻入重，以所剩论；刑名易者：从笞入杖、从徒入流亦以所剩论，从笞杖入徒流、从徒流入死罪亦以全罪论。其出罪者，各如之。

"疏"议曰："从轻入重，以所剩论"，假有从笞十入三十，即剩入笞二十；从徒一年入一年半，即剩入半年徒，所入官司，各得笞二十及半年徒之类。刑名易者，从笞入杖，亦得所剩之罪；从徒入流者，注云"三流同比徒一年为剩"，谓从徒三年入流二千里，或二千五百里，或流三千里，远近虽异，具曰流刑，至于配所役身，三流同有一年居作，故从徒入流，三流同比徒一年为剩。即从近流二千里，入至二千五百里，或入至三千里者，"同比徒半年为剩"。若从三流入至加役流者，"各计加役年为剩"，但入加役流者，加常流役二年，将加役二年以为剩罪。"从笞杖入徒、流，从徒、流入死罪"，假有从百杖入徒一年，即是全入一年徒坐；从徒流入死罪，谓从一年徒以上至三千里流，而入死刑者，亦依全入死罪之法：故云"亦以全罪论"。其出罪者，谓增减情状之徒，足以动事之类。或从重出轻，依所减之罪科断，从死出至徒、流，从徒、流出至笞、杖，各同出全罪之法，故云"出罪者，各如之"。假有因犯一年徒坐，官司故入至加役流，即从一年至三年，是剩入二年徒罪，从徒三年入至三流，即三流同比徒一年为剩，加役流复剩二年，即是剩五年徒坐。官司从加役流出至徒一年，亦准此。

　　即断罪失于入者，各减三等；失于出者，各减五等。若未决放及放而还获，若囚自死，各听减一等。

　　"疏"议曰："即断罪失于入者"，上文"故入者，各以全罪论"，"失于入者，各减三等"，假有从笞失入百杖，于所剩罪上减三等；若入至徒一年，即同入全罪之法，于徒上减三等，合杖八十之类。"失于出者，各减五等"，假有失出死罪者，减五等合徒一年半；失出加役流，亦准此，"三流同为一减"，减五等，合徒一年之类。若未决放者，谓故入及失入死罪，及杖罪未决，其故出及失出死罪以下未放；及已放而更获；"若囚自死"，但使囚死，不问死由："各听减一等"，谓于故出入及失出入上，各听减一等。

　　即别使推事，通状失情者，各又减二等；所司已承误断讫，即从失出入法。虽有出入，于决罚不异者，勿论。

　　"疏"议曰："别使推事"，谓充使别推覆者。"通状失情"，谓不得本情，或出或入。"各又减二等"，失入者，于失入减三等上又减二等；若失出者，于失出减五等上又减二等。"所司已承误断讫"，谓曹司承误通之状，已依断讫。"即从失出入法"，谓皆从在曹司出入法科之，并同减五等、三等之例。若未决放及放而还获，若囚自死，各听减一等。其所司承误已断讫者，曹司同"余官案省不觉"法。"虽有出入，于决罚不异"，假有官户、部曲、官私奴婢，本犯合徒三年断入流罪，或从三流之法科徒三年，各止加杖二百，刑名虽有出入，加杖数即不殊者，无罪。故云"于决罚不异者，勿论"。

问曰：有人本犯加役流，出为一年徒坐，放而还获减一等，合得何罪？

答曰：全出加役流，官司合得全罪；放而还获减一等，合徒五年。今从加役流出为一年徒坐，计有五年剩罪；放而还获减一等，若依徒法减一等，仍合四年半徒。既是剩罪，不可重于全出之坐，举重明轻，止合三年徒罪。

（二）《宋刑统》

宋朝的法律形式基本承袭唐制，略有发展变化，主要有律、敕、令、格、式和例等。律在宋代就是指以唐刑律为主干的《宋刑统》。宋太祖建隆四年（963 年），时任工部尚书判大理寺窦仪主持立法，是年七月完成《宋建隆重详定刑统》，简称《宋刑统》，由宋太祖诏令颁行全国。[1]《宋刑统》和唐律一样，也是十二篇，除了个别要避讳的字，内容和唐律基本一致，可见唐律对于《宋刑统》产生的巨大影响。除大量本朝的诏敕外，也收录了唐朝的一些法令和诏敕，作为参考。

鉴于宋刑统的主要内容与唐律并无太大差异，因此这里略举数例以说明宋朝法与信之间的关系。

1. 相冒合户（户婚律卷十二）

相冒合户是在唐律中已有规定，即不经过官府允许，几户私自合户并冒充三品以上官和郡王的亲属的一种犯罪行为。宋朝延续了这一罪名。

诸相冒合户者，徒二年，无课役者减二等。主司知情，

---

[1] 本书所采用的《宋刑统》的版本为：《宋刑统》，薛梅卿点校，法律出版社 1999 年版。

与同罪。即于法应别立户而不听别，应合户而不听合者，主司杖一百。

"疏"：诸相冒合户者，徒二年，无课役者减二等。注云：谓以疏为亲，及有所规避者。又云：主司知情，与同罪。

"议曰"：依赋役令，"文武职事官三品以上，若郡王期亲及同居大功亲，五品以上及国公同居期亲，并免课役"。既为同居，有所蠲免，相冒合户，故得徒二年。无课役者，或借资荫赎罪，事既轻于课役，故减二等，得徒一年。注云"谓以疏为亲"，律令所荫，各有等差，若以疏相合，即失户数，规其资荫，即失课役，如斯合户，得此徒刑。若蠲免更多，或假荫重者，各依本法，自从重论。"主司知情与同罪"，主司，谓里正以上，知冒户情，有课役、无课役，各与同罪。

又云，即于法应别立户而不听别，应合户而不听合者，主司杖一百。

"议曰"：应别，谓父母终亡，服纪已阕，兄弟欲别者。应合户，谓流离失乡，父子异贯，依令合户，而主司不听者，各合杖一百。应别、应合之类，非止此条，略举为例，余并准此。

2.部内容止逃亡知情藏匿罪人（捕亡律卷二十八）

诸部内容止他界逃亡、浮浪者，一人里正笞四十，四人加一等；县内，五人笞四十，十人加一等；州随所管县，通计为罪。各罪止徒二年。其官户、部曲、奴婢，亦同。若在军役有犯者，队正以上、折冲以下，各准部内有盗贼之法。

"疏"：诸部内容止他界逃亡、浮浪者，一人里正笞四十，注云：谓经十五日以上者。坊正、村正，同里正之罪。若将家口逃亡、浮浪者，一户同一人为罪。又云：四人加一等；县内，五人笞四十，十人加一等；州随所管县，通计为罪。注云：皆以官长为首，佐职为从。又云：各罪止徒二年。其官户、部曲、奴婢，亦同。

"议曰"：部内，谓部界之内。容止他界逃亡、浮浪者，一人里正笞四十，谓容止经十五日以上，始科里正之罪。坊正、村正部内容止逃亡，亦同里正之罪。若将家口逃亡、浮浪者，家口不限多少，一户同一人为罪。四人加一等，即五人逃亡及以浮浪，笞五十，二十五人杖一百，三十七人徒二年。县内，五人笞四十，十人加一等，九十五人合徒二年。州随所管县，通计为罪，谓州管二县者，十人笞四十，一百九十人徒二年。管县更多，准此通计为坐。皆以长官为首，佐职为从，既无以下之文，即明不及主典。各罪止徒二年。其容止官户、部曲、奴婢，亦同良人之法。

又云：若在军役有犯者，队正以上、折冲以下，各准部内有盗贼之法。

"议曰"：称"军役有犯者"，谓于行军征役之所，容止逃亡、浮浪，即准州、县以下得罪，队正、队副同里正，校尉、旅帅减队正一等，折冲、果毅随所管校尉多少为罪。故云"队正以上、折冲以下，各准部内有盗贼之法"。

诸知情藏匿罪人，若过致资给，令得隐避者，各减罪人罪一等。罪人有数罪者，止坐所知。

"疏"：诸知情藏匿罪人，若过致资给。注云：谓事发被追，及亡叛之类。又云：令得隐避者，各减罪人罪一等。

"议曰"：知情藏匿，谓知罪人之情，主人为相藏隐。过致资给者，谓指授道途，送过险处，助其运致，并资给衣粮，遂使凶人潜隐他所。注云"谓事发被追"，若非事发，未是罪人，故须事发被追，始辩知情之状。及亡叛之类，谓逃亡或叛国，虽未追摄，行即可知，过致资给，令隐避者，减罪人罪一等，合流三千里之类。称"之类"者，或有亡命山泽，不从追唤，皆是。

············

注云：若赦前藏匿罪人，而罪人不合赦免，赦后匿如故，不知人有罪，容寄之后，知而匿者，皆坐如律。

"议曰"：赦前藏匿罪人，而罪人不合赦免，假有匿十恶人，会赦，十恶不合赦免，赦后匿如故，及不知人有罪，容寄之后，知而匿者，并依藏匿之罪科之。

············

"准"：捕亡令，诸囚及征防、流移人逃亡，及入寇贼者，经随近官司申牒，即移亡者之家居所属，及亡处比州、比县追捕。承告之处，下其乡里村保，令加访捉。若未即擒获者，仰本属录亡者年纪、形貌、可验之状，更移比部切访。捉得之日，移送本司科断。其失处、得处，并申尚书省。若追捕经三年不获者停。

《宋刑统》较之唐律不同之处在于，出现了"准"字。《宋刑统》律文之后附以唐开元至宋建隆三年颁布的敕令格式，计177条，每条系以"准"字。两者律文主要内容在相当程度上是重合的。因此，本部分不再一一列举《宋刑统》律文。

四、明清律典

(一)《大明律》

明朝初期因其特殊的历史背景，在法制指导思想上坚持以下两个原则：第一，刑乱国用重典。朱元璋刑用重典，严厉镇压来自各方的反抗，以维护皇权。第二，法贵简严。朱元璋认为元朝是由于纲纪废弛、官吏贪纵才灭亡的，因此非常重视对法律制度的建设，主张"立国之初，当先正纲纪"，提倡立法要简、严。

事实上，公元 1367 年，即夺取全国政权的前一年，朱元璋已着手开展立法活动，在平定武昌以后，由右丞相李善长为律令总裁官，本着"法贵当简，使人知晓"的原则，制定了律二百八十五条、令一百四十五条。这是明朝立法的开端。洪武六年（1373 年），朱元璋命刑部尚书刘惟谦详定明律，次年二月完成，颁行天下。篇目一准于唐律，共十二篇六百六十条，内容较唐律繁，并且将名例律置于篇末。洪武二十二年（1389 年），重修大明律，又将名例律冠于篇首，下带六篇，并正式以"大明律"为名颁行天下。至此，明律已修订整齐。至洪武三十年（1397 年），《大明律》经多次修订，历三十年，最后编撰完成，颁行全国。《大明律》共三十卷，四百六十条。在体例上，为满足强化六部、集中皇权的政治需要，按六部官制分门，置"名例"于律者，合为名例律，加上吏律、户律、礼律、兵律、刑律、工律共七篇，使自《法经》始沿袭已久的法典结构体系为之一变。明太祖命令子孙代代遵守，"群臣稍议更改，即坐以变乱祖制之罪。"《大明律》于是成为明代最重要的法典，也是我国封建社会后期具有代表性的律典，其中有不少内容意在维护百姓对皇帝和官府权威的信任，以及维护人与人之间的信任，部分条目与唐宋法律相仿。

1. 贡举非其人

凡贡举非其人及才堪时，用应贡举而不贡举者，一人杖八十，每二人加一等，罪止杖一百。所举之人知情，与同罪；不知者，不坐。若主司考试艺业技能而不以实者，减二等。失者，各减三等。[1]

2. 隐蔽差役

凡豪民令子孙弟侄跟随官员，隐蔽差役者，家长杖一百。官员容隐者，与同罪。受财者，计赃以枉法从重论。跟随之人，免罪充军。其功臣容隐者，初犯免罪，附过。再犯，住支俸给一半。三犯，全不支给。四犯，依律论罪。[2]

3. 盗卖田宅

凡盗卖换易及冒认，若虚钱实契典买及侵占他人田宅者，田一亩屋一间以下，答五十，每田五亩屋三间，加一等，罪止杖八十，徒二年。系官者，各加二等。若强占官民山场、湖泊、茶园、芦荡及金银铜场、铁冶者，杖一百，流三千里。若将互争及他人田产妄作己业，朦胧投献官豪势要之人，与者、受者，各杖一百，徒三年。田产及盗卖过田价，并递年所得花利，各还官给主。若功臣初犯，免

---

[1]《大明律·吏律·职制》，见《大明律》，怀效锋点校，法律出版社1999年版，第31—32页。

[2]《大明律·户律·户役》，见《大明律》，怀效锋点校，法律出版社1999年版，第49页。

罪附过；再犯，住支俸给一半；三犯，全不支给；四犯，与庶人同罪。[1]

4. 市司评物价

凡诸物行人评估物价，或贵或贱，令价不平者，计所增减之价坐赃论。入己者，准窃盗论，免刺。其为罪人估赃不实致罪有轻重者，以故出入人罪论，受财者，计赃以枉法从重论。[2]

5. 私造斛斗秤尺

凡私造斛斗秤尺不平，在市行使，及将官降斛斗秤尺作弊增减者，杖六十，工匠同罪。若官降不如法者，杖七十。提调官失于较勘者，减一等，知情与同罪。其在市行使斛斗秤尺虽平而不经官司较勘印烙者，笞四十。若仓库官吏私自增减官降斛斗秤尺，收支官物而不平者，杖一百，以所增减物计赃重者坐赃论。因而得物入己者，以监守自盗论，工匠杖八十，监临官知而不举者与犯人同罪，失觉察者，减三等，罪止杖一百。[3]

---

〔1〕《大明律·户律·田宅》，见《大明律》，怀效锋点校，法律出版社 1999 年版，第 55 页。

〔2〕《大明律·户律·市廛》，见《大明律》，怀效锋点校，法律出版社 1999 年版，第 84—85 页。

〔3〕《大明律·户律·市廛》，见《大明律》，怀效锋点校，法律出版社 1999 年版，第 85 页。

6. 军人替役

凡军人不亲出征，雇倩人冒名代替者，替身杖八十，收籍充军；正身杖一百，依旧充军。若守御军人，雇人冒名代替者，各减二等。其子孙、弟侄及同居少壮亲属自愿代替者，听。若果有老弱残疾，赴本管官司陈告，验实，与免军身。若医工承差，关领官药，随军征进，转雇庸医冒名代替者，各杖八十，雇工钱入官。[1]

7. 诈冒给路引

凡不应给路引之人而给引，及军诈为民，民诈为军，若冒名告给引及以所给引转与他人者，并杖八十。若于经过官司停止去处，倒给路引，及官豪势要之人，嘱托军民衙门，擅给批帖，影射出入者，各杖一百。当该官吏听从及知情给与者，并同罪。若不从及不知者，不坐。若巡检司越分给引者，罪亦如之。其不立文案，空押路引，私填与人者，杖一百，徒三年。受财者，计赃，以枉法，及有所规避者，各从重论。若军民出百里之外，不给引者，军以逃军论，民以私度关津论。[2]

8. 验畜产不以实

凡相验分拣官马、牛、驼、骡、驴，不以实者，一头

---

[1]《大明律·兵律·军政》，见《大明律》，怀效锋点校，法律出版社 1999 年版，第 109 页。

[2]《大明律·兵律·关津》，见《大明律》，怀效锋点校，法律出版社 1999 年版，第 118 页。

答四十。每三头加一等。罪止杖一百。验羊不以实，减三
等。若因而价有增减者，计所增减价坐赃论。入己者，以
监守自盗论，各从重科断。[1]

大明律与唐律重合的地方很多，凡此种种，不一而足。后世将
唐律、明律合编在一起，可见二者的相似程度有多高。

（二）《钦定大清律例》

《钦定大清律例》是我国最后一个大一统的君主专制王朝清王
朝的国家法典。清朝入关后，从顺治元年开始，"详译明律，参以国
制"，着手法典的制定，经顺治、康熙和雍正三朝的努力，法典趋
于成熟。乾隆皇帝即位后，命臣工对前朝律文及成例进行重新编定，
于乾隆五年（1740 年）完成，并定名为《钦定大清律例》。[2]

通过《钦定大清律例》，人们可以全方位了解清朝在维护社会
信用和人与人信任关系上所做的努力。粗略算下来，《钦定大清律
例》在三十多个比较明显的方面做出规定以维护社会之"信"和个
人之"信"：逃避差役、欺隐田粮、隐匿费用税粮课物、虚出通关朱
砂、库秤侵欺、隐瞒入官家产、私充牙行埠头、匿父母夫丧、诈冒
给路引、军人替役、验畜产不以实、造妖书妖言、诈欺官私取财、
诬告、诈伪制书、诈传诏旨、制作上书诈以不实、伪造印信时宪书
等、私铸铜钱、诈假官、诈称内史等官、诈为瑞应、诈病死伤避事、
诈教诱人犯法、诬执翁奸、知情未报、狱囚诬指平人、官司出入人
罪、检验尸伤不以实、冒破物料，等等。

---

[1] 《大明律·兵律、厩牧》，见《大明律》，怀效锋点校，法律出版社 1999 年版，第
122 页。

[2] 本部分内容所依据的《大清律例》的版本为：田涛、郑秦点校：《大清律例》，法律出
版社 1994 年版。

1. 户　律

（1）逃避差役（卷八户律·户役）

　　［律］凡民户逃往邻境州、县，躲避差役者，杖一百，发还原籍当差。其亲管里长提调官吏故纵，及邻境人户隐蔽在己者，各与同罪。若里长知而不逐遣，及原管官司不移文起取，若移文起取，而所在官司占吝不发者，各杖六十。

　　若丁夫杂匠在役，及工乐杂户。逃者，一日，笞一十，每五日加一等，罪止笞五十。提调官吏故纵者，各与同罪；受财者，计赃，以枉法从重论；不觉逃者，五人，笞二十，每五人加一等，罪止笞四十。不及五名者，免罪。

　　条例1：

　　因兵荒逃避之民，有司多方招抚，仍令附籍复业当差，或年久逃远，府、州、县造"逃户周知"文册，备开逃民乡里姓名、男妇口数、军民匠灶等籍，及遗下田地税粮若干，原籍有无人丁，应承粮差，送各处督抚，督令复业。其已成家业愿入籍者，给与户由执照附籍当差。如不自首，虽首而所报人口不尽，或展转逃移，及窝家不举首者，各杖一百。

　　条例2：

　　有司委官挨勘流民名籍、男妇、大小、丁口，排门粉壁，十家编为一甲，互相保识，分属当地里长带管。若团住山林湖泺，或投托官豪势要之家藏躲，抗拒官司，不服招抚者，正犯并里老窝家知而不首及占吝不发者，各依律科。

条例 3：

沿边、沿海地方军民人等，躲避差役，逃入土夷峒寨海岛潜住，究问情实，具发边远卫分充军。本管里长、管军人知而不首者，各治以罪。有能擒拿送官者，不问〔汉〕、土军民，量加给赏。

（2）欺隐田粮（卷九户律·田宅）

〔律〕凡欺隐田粮，脱漏版籍者，一亩至五亩，笞四十，每五亩加一等，罪止杖一百。其田入官，所隐税粮，依数征纳。

若将田土移垜换段，那移等则，以高作下，减瞒粮额，及诡寄田粮，影射差役，并受寄者，罪亦如之。其田改正，收科当差。里长知而不举，与犯人同罪。

其还乡复业人民，丁力少而旧田多者，听从尽力耕种，报官入籍，计田纳粮当差。若多余占田而荒芜者，三亩至十亩，笞三十，每十亩加一等，罪止杖八十，其田入官。若丁力多，而旧田少者，告官于附近荒田内，验力拨付耕种。

条例 1：

凡宗室置买田产，管庄人恃强不纳差粮者，该管官察实，将管庄人等问罪。宗室知而纵容者，交该衙门察议，仍追征应纳差粮。若该管官阿纵不举者，听督抚参奏重治。

条例 2：

将自己田地应纳钱粮洒派别户者，按数计赃，以枉法论。田地入官，其洒派钱粮，照年分、亩数追征。

条例3：

各处奸顽之徒，将田地诡寄他人名下者，如受寄之家首告，准免罪。

条例4：

各乡里书，飞洒诡寄税粮二百石以上者，问边卫充军。

条例5：

州、县征收粮米之时，预将各里、各甲花户额数的名填定联三版串，一给纳户执照，一发经承销册，一存州、县查对，按户征收，对册完纳，即行截给归农。其未经截给者，即系欠户，该印官查摘追比。若遇有粮无票，有票无粮等情，即系胥吏侵蚀，严比治罪。

（3）隐匿费用税粮课物（卷十一户律·仓库上）

［律］凡送本户应纳税粮课物，及应入官之物，而隐匿费用不纳，或诈作损失，欺罔轻收官司者，并计所亏欠物数，准窃盗论，免刺。其部运官吏知情，与同罪，不知者不坐。

条例：

石坝、大通桥设立经纪剥船，转运京仓粮米。仓场及坐粮厅各差妥役沿闸稽查，如剥船回空，搜查无米藏匿者，其挈欠仍责经纪赔补。若船底搜出有米藏匿，即将掣欠之米，令船户代役照数摊赔，枷责革役，其失察之经纪一并责惩。

（4）虚出通关硃钞（卷十一户律·仓库上）

[律]凡仓库收受一应系官钱粮等物不足，而监临主守通同有司提调官吏，虚出通关者，计所虚出之数，并赃，皆以监守自盗论。

若委官盘点钱粮，数本不足，扶同申报足备者，罪亦如之。受财者，计入赃以枉法从重论。

其监守不收本色，折收财物，虚出硃钞者，亦以监守自盗论。纳户知情，减二等，免刺，原与之赃入官，不知者不坐，其赃还主。同僚知而不举者，与犯人同罪；不知及不同署文案者，不坐。

条例1：

凡州、县仓为钱粮，责成知府严行盘查，于每年奏销时出具所管州、县仓库实贮无亏印结，造册申详保题。仍令不时盘查，一有亏空，无论几时察出，立即列揭请参，免其治罪，分赔。如知府通同徇隐，别经发觉，将知府革职，离任，先于本犯名下着追，勒限三年。如果家产全无，无力完帑，将未完银米等项，无论侵那，具着落知府独赔。如止盘查不实，不行揭报，审系州、县侵欺，将知府照失察侵盗本例议处，免其分赔；审系州、县那移，亦先于本犯名下着追，勒限三年。如果家产全无，无力完帑，将未完银米等项，责令知府分赔一半。如知府查出亏空揭报司、道，司、道不即转揭，及道已经转揭，督抚不即题参，许知府竟揭部院，将不转不参之督抚、司、道议处，着令分赔。如督抚、司、道明知州、县亏空，不即报参，反为设法弥补，于本犯勒追限满之日，着落督抚、司、道分赔，仍交部照例议处。

条例 2：

　　各府仓库钱粮，于每年奏销时，责成各该道盘查；直隶州钱粮，责成分巡道盘查；粮驿道钱粮，责成布政使盘查；藩库钱粮，该省有总督者，督抚会同盘查，无总督者，巡抚盘查。其总督有管辖两三省者，或隔二三年，或隔三四年，于题明巡查地方事情之便，会同盘查，出具印结，于奏销本内一并保题。倘有扶同徇隐，及盘查不实，不行揭报，具照州、县仓库例行。如有抑勒、那借、滥动，以致亏空者，许据实通详揭送各部院奏闻，严加议处，责令赔补。

条例 3：

　　凡州、县侵那亏空，审明确系知府徇隐，应着落独赔之项，将徇隐之知府革职，离任。其州、县亏空银米，仍依侵那等赃年限，先于本犯名下尽数着落严追，一年限内全完，系侵欺之项本犯拟死罪者，照例减二等发落；拟军、流、徒、杖者，照例释免。若系挪移之项至二万两以上者，本犯照例释免；未至二万两者，本案照例准其开复。其徇隐之知府，亦一体准其开复。如二限、三限补完者，本犯照例分别发落。若三年限满不能完足，本犯仍照原拟治罪。查实果系家产全无，无力完帑，将未完银米等项，着落徇隐之知府独赔，勒限一年完补，若能于限内完，准其开复，限满不完，再限一年完补；若能于二限内赔补全完，照伊原职降一级调用，如二限内完，不足数再限一年完补；若能于三限内全完，照伊原职降二级调用。三限既满之后，虽照数赔补全完，亦不准其开复。

条例 4：

凡州、县那移亏空，审明系知府不行揭报，应着落分赔之项，将知府革职。其亏空银米，仍依那移亏空年限，先于本犯名下尽数着落严追，一年限内全完，将本犯及不行揭报之知府具照例准其开复；二限、三限补完，本犯照例分别发落；若三年限满不能完足，本犯仍照原拟治罪。查实果系家产全无，无力完帑，将未完银米等项，着落不行揭报之知府分赔一半，其余一半入于无着项下完结。其知府分赔一半银两，勒限一年完补，限内全完准其开复，不完再限一年完补；若能于二限内全完者准其开复，于补官日罚俸一年，如二限内完不足数，再限一年完补；若能于三限内全完者，照伊原职降一级调用。如三次限满不完，不准开复，未完银两仍着落追赔。

条例 5：

各省属官亏空，上司明知故纵者，令徇隐之上司各赔一分。

条例 6：

凡新旧交代，如果米谷收存不慎，官物遗失不全，立即揭报题参，于旧官名下着追。如已经后官接受出结，米谷霉变，官物短少，着落接任出结之官按数赔补。

（5）库秤雇役侵欺（卷十二户律·仓库下）

［律］凡仓库务场，局院库秤、斗级，若雇役之人，侵欺、借贷、移易，系官钱粮，并以监守自盗论。若雇主同情分受赃物者，罪亦如之。其知情不曾分赃，而扶同

申报瞒官，及不首告者，减一等，罪止杖一百，不知者不坐。

条例：

凡粮重仓多州、县印官，不能兼顾，遴点老成书吏收粮。如有佥派匪人侵蚀漕粮者，书吏照监守自盗律治罪，州、县官交部议处。侵蚀米石即着该役名下严行追补。如粮户私相折银，访获除银入官充饷，追交应完米石外，量其多寡，分别责惩，收银书吏计赃治罪。

（6）隐瞒入官家产（卷十二户律·仓库下）

　　[律]凡抄没人口、财产，除谋反、谋叛及奸党，系在十恶，依律抄没。其余有犯，律不该载者，妻子财产，不在抄没入官之限。违者，依故入人流罪论。

　　若抄割入官家产，而隐瞒人口不报者，计口以隐瞒丁口论；若隐瞒田土者，计田以欺隐田粮论；若隐瞒财物、房屋、孳畜者，坐赃论，各罪止杖一百，所隐人口财产并入官，罪坐供报之人。

　　若里长同情隐瞒，及当该官吏知情者，并与同罪，计所隐赃重者，坐赃论，全科。

　　受财者计赃，以枉法各从重论；失觉举者，减三等，罪止笞五十。

条例1：

　　凡罪犯入官财产，止应着落正犯追取。倘正犯将无干之人肆行诬赖者，从重治罪，仍着落伊身追取。承审察追各官，如徇庇正犯，拖累无干之人，亦交与该部，严加议处。

条例2：

凡欠帑人员，将地亩入官之后，其本人及本人之子孙，概不准其认买。倘有混行承买，将官兵人等，分别议处治罪。准其承买之该管各官，交部照例议处。

条例3：

凡欠帑人员，或因独力难赔，或因产尽无着，遂将分居别业之弟兄、亲族，并不知情之亲友旁人，巧借认帮名目，转辗株连，勒令赔补者，将承审、承追各官，均照违制治罪。

条例4：

凡亏空入官房地内，如有坟地，及坟园内房屋、看坟人口、祭祀田产，具给还本人，免其入官变价。

条例5：

除隐匿那移案内之家产，仍照隐匿本律治罪外，如隐匿侵盗案内之家产，不论原案未完之数，计所隐家产价值之多寡，照坐赃律分别定拟：十两以下，笞二十，每十两加一等；一百两，杖六十、徒一年，每一百两加一等；五百两至一千两，满徒；一千两以上，罪止杖一百、流三千里。系旗人折枷号鞭责，具罪坐隐瞒之人。所隐财产具行入官，保题各官，照例治罪追赔。

（7）私充牙行埠头（卷十五户律·市廛）

[律]凡城市乡村诸色牙行，及船之埠头，并选有抵业人户充应。官给印信文簿，附写客商船户住贯姓名、路引

字号、物货数目，每月赴官查照私充者，杖六十，所得牙钱入官。官牙、埠头容隐者，笞五十，革去。

条例 1：

凡客店每月置店簿一本，在内赴兵马司，在外赴有司，署押讫，逐日附写到店客商姓名、人数、起程月日，各赴所司查照。如有客商病死，所遗财物别无家人亲属者，官为见数，移召其父兄子弟或已故之人嫡妻识认给还，一年后无识认者，入官。

条例 2：

旗、民遇有丧葬，听凭本家之便，雇人抬送。不许件作私分地界，霸占扛抬，分外多取雇值。如有恃强换夺，不容本家雇人者，立拿，枷号两个月，杖一百。

条例 3：

凡在京各牙行，领帖开张，照五年编审例，清查换帖。若有光棍顶冒朋充，巧立名色，霸开总行，逼勒商人，不许别投，拖欠客本，久占累商者，问罪，枷号一个月，发附近充军。地方官通同徇纵者，一并议处。

条例 4：

京城一切无帖铺户，如有私分地界，不令旁人附近开张，及将地界议价若干，方许承顶；至发卖酒觔等项货物，车户设立名牌，独自霸揽，不令他人揽运，违禁把持者，枷号两个月，杖一百。

条例 5：

各处关口地方，有土棍人等，开立写船保载等行，合伙朋充，盘踞上下，遇有重载雇觅小船起剥，辄敢恃强代揽，勒索使用，以致扰累客商者，该管地方官查拿，按律治罪。

2. 礼　律

匿父母夫丧（卷十七礼律·仪制）

［律］凡闻父母及夫之丧，匿不举哀者，杖六十、徒一年。若丧制未终，释服从吉，忘哀作乐，及参预筵宴者，杖八十。若闻期亲尊长丧，匿不举哀者，亦杖八十。若丧制未终，释服从吉者，杖六十。

若官吏父母死，应丁忧，诈称祖父母、伯叔、姑、兄姐之丧，不丁忧者，杖一百，罢职役不叙。无丧诈称有丧，或旧丧诈称新丧者，罪同。有规避者，从重论。

若丧制未终，冒哀从仕者，杖八十。

其当该官司知而听行，各与同罪。不知者，不坐。

其仕宦远方丁忧者，以闻丧月日为始。夺情起复者，不拘此律。

条例 1：

内外官员例合守制者，在内，经由该部具题，关给执照；在外，经由该抚照例题咨，回籍守制。京官取具同乡官印结，外官取具原籍地方官印甘各结，将承重祖父母，及嫡亲父母，与为所后父母，例应守制，开明呈报。如有诈冒，照律例治罪。其以闻丧月日为始，不计闰，二十七个月，服满起复。若服满果无事故，在家迁延者，交该部照例议处。

条例 2：

官吏丁忧，除公罪不问外，其犯赃罪及系官钱粮，依例勾问。

条例 3：

凡文武生员，及举贡监生，遇本生父母之丧，期年内不许应岁科两考、及乡会二试。其童生亦不许应府、州、县及院试，有隐匿不报，朦混干进者，事发，照匿丧例治罪。

条例 4：

凡官员出继为人后者，于起文赴部选补之时，即将本生三代姓氏存殁，一并开列。选补之后，即行知照该省。如有出仕之后，始行出继归宗者，即着该员取具本旗、原籍印结，详报咨部，改正三代。倘有临时先谋出继归宗，顶为匿丧恋职地步者，一经发觉，将本官照匿丧例革职，不准原赦。扶同出结之旗籍各官，具交该部照例议处。其扶同具结之邻族，照不应重律，杖八十。

3. 兵　律

（1）军人替役（卷十九兵律・军政）

[律]凡军人不亲出征，雇倩人冒名代替者，替身杖八十，正身杖一百，依旧著伍。若守御军人雇人冒名代替

者，各减二等。其子孙弟侄及同居少壮亲属，自愿代替者，听。若果有老弱残疾，赴本管官司，陈告验实，与免军身。

若医工承差关领官药，随军征进，转雇庸医冒名代替者，各杖八十，雇工钱入官。

条例：

凡兵丁不亲出征，以奴仆代替，及行间放拨了哨等处以奴仆代替者，兵，杖七十，奴仆入官。如打围放马及看守京城周围处所，以奴仆代替者，兵，杖一百，奴仆免入官。

（2）诈冒给路引（卷二十兵律·关津）

［律］凡不应给路引之人，而给引，及军诈为民，民诈为军，若冒名给引，及以所给引转与他人者，并杖八十。若于经过官司停止去处，倒给路引，及官豪势要之人，嘱托军民衙门擅给批帖，影射出入者，各杖一百。当该官吏听从及知情给与者，并同罪。若不从，及不知者，不坐。

若撑驾渡船梢水，如遇风浪险恶，不许摆渡，违者，笞四十。若不顾风浪故行开船，至中流停船勒要船钱者，杖八十。因而杀伤人者，以故杀、伤论。

（3）验畜产不以实（卷二十一兵律·厩牧）

［律］凡相验分拣官马、牛、驼、骡、驴，不以实者，一头，笞四十，每三头加一等，罪止杖一百。验羊不以实，减三等。若因而价有增减者，计所增、减价，坐赃论；入己者，以监守自盗论，各从重科断。

条例：

州、县起解备用马匹，各要经由该管官验中起解。若有马贩交通官吏医兽人等，兜揽作弊者，问罪，枷号一个月，发边卫充军。

4. 刑　律

（1）造妖书妖言（卷二十三刑律·贼盗上）

[律]凡造谶纬、妖书、妖言，及传用惑众者，皆斩。若私有妖书，隐藏不送官者，杖一百、徒三年。

条例1：

凡妄布邪言，书写张贴，煽惑人心，为首者，斩立决；为从者，皆斩监候。

条例2：

凡有狂妄之徒，因事造言，捏成歌曲，沿街唱和，及以鄙俚亵嫚之词，刊刻传播者，内外各地方官即时察拿，坐以不应重罪。若系妖言惑众，仍照律科断。

条例3：

凡坊肆市卖一应淫词小说，在内交与八旗都统、都察院、顺天府，在外交督抚等，转行所属官弁严禁，务搜板书，尽行销毁。有仍行造作刻印者，系官，革职；军民，杖一百、流三千里。市卖者，杖一百、徒三年。买看者，杖一百。该管官弁，不行查出者，交与该部，按次数分别议处，仍不准借端出首讹诈。

条例4：

各省抄房，在京探听事件，捏造言语，录报各处者，系官，革职；军、民，杖一百、流三千里。该管官不行查出者，交与该部，按次数分别议处。其在京贵近大臣家人、子弟，倘有滥交匪类，前项事发者，将家人、子弟，并不行约束之家主，并照例议处治罪。

（2）诈欺官私取财（卷二十五刑律·贼盗下）

［律］凡用计诈欺官私，以取财物者，并计赃，准窃盗论，免刺。若期亲以下自相诈欺者，亦依亲属相盗律，递减科罪。

若监临主守，诈取所监守之物者，以监守自盗论，未得者，减二等。

若冒认及诓赚局骗，拐带人财物者，亦计赃，准窃盗论，免刺。

条例1：

凡诓骗听选官吏，及举人、监生、生员人等财物，指称买官卖缺，及买求中式等项，具问罪，不分首从，于该衙门门首枷号三个月，发烟瘴地面充军。其央浼营干，致被诓骗者，免其枷号，亦照前发遣。

条例2：

凡指称内外大小官员名头，并各衙门打点使用名色，诓骗财物，计赃，犯该徒罪以上者，具不分首从，发边卫充军，情重者仍枷号两个月发遣。

条例3：

学臣考试有积惯随棚代笔之枪手，察出审实，枷号三个月，发烟瘴地面充军。其雇倩枪手之人，及包揽之人，并与枪手同罪。知情保结之廪生，杖一百。窝留之家不知情者，照不应重律治罪。倘有别情，从重科断，有赃计赃，以枉法从重论。

（3）诬告（卷三十刑律·诉讼）

[律]凡诬告人笞罪者，加所诬罪二等。流、徒、杖罪，加所诬罪三等，各罪止杖一百、流三千里。若所诬徒罪人已役，流罪人已配，虽经改正放回，验日，于犯人名下追征用过路费，给还；若曾经典卖田宅者，着落犯人备价取赎；因而致死随行有服亲属一人者，绞，将犯人财产一半断付被诬之人。至死罪，所诬之人，已决者，反坐以死。未决者，杖一百、流三千里，加徒役三年。

其犯人如果贫乏，无可备偿路费、取赎田宅，亦无财产断付者，止科其罪。

其被诬之人诈冒不实，反诬犯人者，亦抵所诬之罪，犯人止反坐本罪。

若告二事以上，重事告实，轻事招虚，及数事罪等，但一事告实者，皆免罪。

若告二事以上，轻事告实，重事招虚；或告一事诬轻为重者，皆反坐所剩。若已论决，全抵剩罪；未论决，笞、杖收赎；徒流止杖一百，余罪亦听收赎。至死罪，而所诬之人已决者，反坐以死；未决者，止杖一百、流三千里。

若律该罪止者，诬告虽多不反坐。

其告二人以上但有一人不实者，罪虽轻，犹以诬告论。

若各衙门官进呈实封诬告人，及风宪官挟私弹事有不实者，罪亦如之。若反坐及加罪轻者，从上书诈不实论。

若狱囚已招伏罪，本无冤枉，而囚之亲属妄诉者，减囚罪三等。罪止杖一百。若囚已决配，而自妄诉冤枉，摭拾原问官吏者，加所诬罪三等，罪止杖一百、流三千里。

条例1：

诬告人因而致死，被诬之人委系平人，及因拷禁身死，或将案外之人拖累拷禁，致死一二人者，比依诬告人因而致死，随行有服亲属一人绞罪，奏请定夺。若诬轻为重，及虽全诬平人，却系患病在外身死者，止拟应得罪名发落。

条例2：

奸徒串结衙门人役，假以上司察访为由，纂集事件，挟制官府，陷害良善，或诈骗财物，或报复私仇，名为窝访者，审实依律问罪，用重枷枷号两个月发落；该徒流者，发边卫充军。

条例3：

无籍棍徒，私自串结，将不干己事捏写本词，声言奏告，诈赃满数者，不分首从，具发边卫充军。若妄指宫禁亲藩，诬害平人者，具枷号三个月，照前发遣。

条例 4：

凡词状止许一告一诉，告实犯实证，不许波及无辜，及陆续投词，牵连原状内无名之人。如有牵连妇女，另具投词。倘波及无辜者，一概不准。仍从重治罪。承审官于听断时，如供证已确，纵有一二人不到，非系紧要犯证，即据见在，人犯成招，不得借端稽延，违者议处。

条例 5：

凡告言人罪，不即赴审，辄行脱逃者，除将被诬及证佐具行释放外，脱逃犯人获日，所告之事不与审理，仍以诬告拟罪。

条例 6：

凡实系切己之事，方许陈告。若将弁克饷，务须营伍管队等头目率领兵丁公同陈告，州、县征派，务须里长率领众民公同陈告，方准受理。如违禁将非系公同陈告之事，怀挟私仇，改捏姓名，砌款粘单，牵连罗织，希图准行妄控者，除所告不准外，照律治以诬告之罪。

条例 7：

偷参为从人犯，诬扳良民为财主，及率领头目者，不论旗、民，枷号两个月，折责，照例发遣。

条例 8：

八旗有将伊祖父时，或系养子，或系分户年久之人子孙，复行混告者，该部题参，系官，革职；系平人，枷号两个月，鞭一百。如有讹诈逼勒等情，被害人告发审实者，照吓诈律治罪。

条例9：

挟仇诬告人谋死人命，致尸遭蒸检，为首者，绞候；为从，杖一百、流三千里。其有审无挟仇，止以误执伤痕诬告蒸检者，为首，发边卫充军；为从，满徒。其官司刑逼招认妄供者，革职。审出实情者，交部议叙。

条例10：

期亲以上尊长，按律不应抵命者，若诬告人谋死人命，致蒸检卑幼身尸，仍照诬告人死罪未决律治罪。其余亲属尊长，律有应抵之条者，如诬告谋死人命，致蒸检卑幼之尸，及卑幼诬告致蒸检尊长之尸，具照例拟绞监候。

条例11：

控告人命如有诬告情弊，即照诬告人死罪未决律治罪，不得听其自行拦息。其间或有误听人言，情急妄告，于未经验尸之先，尽吐实情，自愿认罪，递词求息者，讯明该犯果无贿和等情，照不应重律，治罪完结。如有教唆情弊，将教唆之人，仍照律治罪。该地方官如有徇私贿纵者，提名题参，照例分别议处。

条例12：

词内干证，令与两造同具甘结，审系虚诬，将不言实情之证佐，按律治罪。若非实系证佐之挺身硬证者，与诬告人一体治罪；受赃者，计赃，以枉法从重论。地方官故行开脱者，该督抚题参，交部严加议处。

条例 13：

直省各上司有恃势抑勒者，许属员详报督抚，即行题参，若该督抚徇庇不参，或自行抑勒者，仍准其直揭部科，该部科查明具奏，将原揭一并行令该督抚，据实确查审实，将该上司交部议处。若属员已知上司访揭题参，即撼砌款迹，捏词诬揭部科者，该部科查明参奏，将该员解任，并将原揭行令该督抚，据实确审。如审系诬揭，题参到日，将该员革职；一事审虚，即行反坐。其被参之本罪轻于所诬之罪者，照诬告律治罪。倘本罪有重于诬告者，仍于本罪从重归结。武职悉照文职例行。

条例 14：

有举首诗文书札悖逆讥刺者，除显有逆迹仍照律拟罪外；若只是字句失检，涉于疑似，并无确实形迹者，将举首之人，即以所诬之罪依律反坐。承审官不行详察，辄波累株连者，该督抚科道察出题参，将承审官照故入人罪律。交部议处。

（4）诈伪制书（卷三十二刑律·诈伪）

〔律〕凡诈为制书，及增减者，皆斩；未施行者，绞。传写失错者，杖一百。

诈为六部、都察院、将军、督抚、提镇守御紧要隘口衙门文书，套画押字，盗用印信，及将空纸用印者，皆绞。

察院、布政司、按察司、府、州、县衙门者，杖一百、流三千里；其余衙门者，杖一百、徒三年；未施行者，各减一等。若有规避事重者，从重论。

其当该官司知而听行，各与同罪。不知者，不坐。

条例1:

诈为六部等衙门文书,依律问断外,若诈为察院、布政司、按察司、府、州、县及其余衙门文书,诓骗科敛财物者,问发边卫充军。

条例2:

凡诈为各衙门文书,盗用印信者,不分有无押字,依律坐罪。若止套画押字,各就所犯事情轻重,查照本等律条科断。其诈为六部各司、军卫各所文书者,具与其余衙门同科。

条例3:

通政使司、大理寺、盐运司部属各管军所,仍照其余衙门拟断。若情犯深重者,听临时查照比依何衙门,具由奏请定夺。

(5)诈传诏旨(卷三十二刑律·诈伪)

[律] 凡诈传诏旨者,斩;皇后懿旨、皇太子令旨者,绞。

若诈传一品、二品衙门官言语,于各衙门分付公事,有所规避者,杖一百、徒三年;三品、四品衙门官言语者,杖一百;五品以下衙门官言语者,杖八十;为从者,各减一等。若得财者,计赃,以不枉法;因而动事曲法者,以枉法,各从重论。

其当该官司知而听行,各与同罪;不知者,不坐。

若各衙门追究钱粮,鞫问刑名公事,当该官吏将奏准合行事理,妄称奉旨追问者,斩。监候。

（6）对制上书诈以不实（卷三十二刑律·诈伪）

[律]凡对制及奏事上书，诈不以实者，杖一百、徒三年。非密。而妄言有密者，加一等。

若奉制推按问事，报上不以实者，杖八十、徒二年。事重者，以出入人罪论。

（7）伪造印信时宪书等（卷三十二刑律·诈伪）

[律]凡伪造诸衙门印信，及时宪书、符验、茶、盐引者，斩。有能告捕者，官给赏银五十两。伪造关防印记者，杖一百、徒三年；告捕者，官给赏银三十两；为从及知情行用者，各减一等。若造而未成者，各又减一等。其当该官司知而听行，与同罪；不知者，不坐。

条例1：

凡有伪造诸衙门印信，及钦给关防，事关军机，冒支钱粮，假冒官职，大干法纪者，具拟斩立决；为从者，拟绞监候。若非关军机、钱粮、假官等弊，止图诓骗财物，为数多者，具照律拟斩监候；为从者，杖一百、流三千里。若诓骗财物，为数无多，银不及十两，钱不及十千者，为首雕刻者，杖一百、流三千里；为从及知情行用者，各减一等。其伪造关防印记，诓骗财物为数多者，将为首雕刻之人，发云、贵、川、广烟瘴少轻地方。若为数无多，为首者，仍照律徒三年；为从及知情行用者，各减一等。其造而未成者，又各减一等。若描摸印信行使，诓骗财物，犯该徒罪以上者，问发边远充军；其为数无多，犯该徒罪以下者，各计赃以次递减。

条例 2：

凡盗用总督、巡抚、提学、兵备、屯田、水利等官钦给关防，具照各官本衙门印信拟罪。若盗及弃毁、伪造，悉与印信同科。

条例 3：

凡各衙门吏役，伪造本官印信，诓骗财物，除自己雕刻者，仍照律定拟外；其借人雕刻，银不及十两，钱不及十千者，具杖一百、流三千里。若银钱在十两、十千以外，具问发云、贵、川、广烟瘴少轻地方；其银数至五十两以上，拟绞监候；余人仍照旧例科断。

（8）私铸铜钱（卷三十二刑律·诈伪）

［律］凡私铸铜钱者，绞；匠人，罪同；为从及知情买使者，各减一等。告捕者，官给赏银五十两。里长知而不首者，杖一百；不知者，不坐。

若将时用铜钱剪错薄小，取铜以求利者，杖一百。

若伪造金银者，杖一百、徒三年；为从及知情买使者，各减一等。

条例 1：

方造私铸器具，尚未铸钱被获审实者，将起意为首并同伙商谋之人，均照伪造印信未成为首律，杖一百、流三千里；其凑钱入伙，并房主邻甲十家长，知情不拿首者，均照为从，减一等律，杖一百、徒三年；房主邻甲，不知情者，不坐。如该地方官不实力访拿，别经发觉，交部议处。

条例 2：

拿获私铸，如本犯问拟斩、绞，其知情分利之同居父、兄、伯、叔与弟，减本犯罪一等，杖一百、流三千里。如本犯问拟发遣，亦减一等，杖一百、徒三年；虽经分利，而实系并不知情者，照本犯之罪，减二等发落；其父、兄不能禁约者，杖一百；有能据实出首，准予免罪。本犯仍照律内得相容隐之亲属互相告言，各听如罪人本身自首法科断。

条例 3：

凡将前代废钱挽和行使者，不论钱数多寡，枷号一个月，杖一百。

条例 4：

凡毁化小制钱，为首者，即在本处枷号两个月，杖一百；应发三姓地方，给穷披甲之人为奴者，照名例改发云、贵、川、广烟瘴少轻地方；为从，在本处枷号一个月，杖一百、流三千里。该管地方官知情故纵者，与同罪；不知情者，交该部照例降三级调用；房主及邻佑知情不拿获举首者，照为从例治罪；不知情者，杖九十。

条例 5：

凡经纪铺户人等，挽和私钱行使者，或被该管官查拿，或被旁人首告，不论钱数多寡，应发黑龙江给穷披甲之人为奴，照名例改发云、贵、川、广烟瘴少轻地方。

条例 6：

凡经纪铺户人等，有收买剪边钱，挽和货卖数至十千以上者，照挽和私钱行使例治罪；其不及十千者，具枷号一个月，杖一百。

条例 7：

凡将大制钱剪边，打造烟袋等物货卖者，拿获之日，审明剪钱器具、合伙之人、打造器皿确实有据者，剪边至十千文以上，为首之人，照私铸律拟绞监候；为从，杖一百、流三千里；如不及十千文，为首者，照毁化小制钱例治罪；为从，减一等；其房主邻甲人等，知情不拿获举首者，具照为从例拟断；一千文以下者，本犯枷号三个月，杖一百。该地方官并各上司不行查拿，具交部分别议处。

条例 8：

凡地方文武各官，严拿私铸，务于山陬水滨，人迹罕到，及居民繁庶，人烟稠密处所，并宜差委妥练员役，不时察访查拿。如遇有私铸之事，知情故纵者，应照例治罪外；其不知情者，从前虽漫无觉察，今但能拿获，不论年月远近，具免其处分。文官拿获者，并免同城武职之处分；武弁拿获者，亦免同城文官之处分。交界之所，此县拿获，彼县亦免处分。至果能实心查拿者，不论本管地方及别州、县，准以拿获之多寡，交部量予议叙。若该地方官不加意缉拿，或系上司查出，或被旁人告发，具仍照例处分。

条例 9：

凡用铜、铁、锡、铅药煮伪造假银，或骗人行使发觉为首者，系旗人另户，枷号两个月，鞭一百，发黑龙江当差；系家人，枷号两个月，鞭一百，发黑龙江给披甲之人为奴；系民，枷号两个月，杖一百，发云、贵、川、广烟瘴少轻地方；为从及知情买使者，系旗人，枷号一个月，流三千里，鞭一百；系民，枷号两个月，流三千里，至配所杖一百。

条例 10：

凡倾造锡锞充假银货卖者，在本地方枷号一个月，杖一百、流三千里。

条例 11：

凡将银窏孔，倾入铜、铅等物，及用铜、铅等物倾成锭锞，外用银皮包好；并铜、铅等物，每两内搀实银二、三、四、五钱不等，伪造银使用者，均照以铜、铁、水银伪造金银律，分别首从拟徒。

（9）诈假官（卷三十二刑律·诈伪）

［律］凡诈假官，假与人官者，斩；其知情受假官者，杖一百、流三千里；不知者，不坐。

若无官而诈称有官，有所求为，或诈称官司差遣而捕人，及诈冒官员姓名者，杖一百、徒三年。若诈称见任官子孙、弟侄、家人、总领，于按临部内有所求为者，杖一百；为从者，各减一等。若得财者，并计赃。准窃盗从重论。

其当该官司知而听行，与同罪；不知者，不坐。

条例 1：

凡假冒官职者，发边卫充军，不准援赦。如杂职内有假冒顶替之人，自行出首者，革退，回籍，免其治罪。

条例 2：

凡买他人起送赴考、赴选之公文，顶名赴部者，发边外为民；卖与者，行所在官司追赃治罪。若已受职，比依诈假官律处斩；卖者，发边卫充军。若经该官吏朦胧起送，各治以罪。

条例 3：

凡诈冒皇亲族属姻党家人，在京、在外巧立名色，挟骗财物，侵占地土，并有禁山场，拦当船只，指要银两，出入大小衙门，嘱托公事，贩卖制钱、私盐，包揽钱粮，假称织造，私开牙行，擅搭桥梁，侵渔民利者，除实犯死罪外；徒罪以上，具于所犯地方，枷号一个月，发边卫充军；杖罪以下，亦枷号一个月发落。若被害之人赴所在官司告诉，不即受理；及虽受理，观望逢迎，不即问断举奏者，各治以罪。

条例 4：

假充大臣及近侍官员家人名目，豪横乡村，生事害民，强占田土房屋，招集流移住种者，许所在官司拿问，犯该徒罪以上者，发边卫充军；杖罪以下，枷号一个月发落。

条例 5：

凡各省、各营食粮兵丁，并有不食钱粮，假冒营兵，生事扰民，及合伙挟制官司，扰害地方者。该地方官审明，分别首从，各照律例定拟。如该管文武各官不行稽查转报，督抚、提镇不题参，具交该部，照例分别议处。

（10）诈称内史等官（卷三十二刑律·诈伪）

[律] 凡诈称内使、内阁、六科、六部、都察院监察御史、按察司官，在外体察事务，欺诈官府，煽惑人民者，斩；知情随行者，减一等。其当该官司，知而听行，与同罪。不知者，不坐。

若诈称使臣乘驿者，杖一百、流三千里；为从者，减一等。驿官知而应付者，与同罪；不知情，失盘诘者，笞五十；其有符验而应付者不坐。

条例 1：

凡诈冒内官亲属家人等项名色，恐吓官司，诓骗财物者，除实犯死罪外，其余枷号一个月，发边卫充军。所在官司畏徇故纵，不行擒拿者，各治以罪。

条例 2：

凡诈充各衙门人役，假以差遣体访事情，缉捕盗贼为由，占宿公馆，妄拿平人，吓取财物，扰害军民者，除实犯死罪外，徒罪以上，枷号一个月，发边卫充军；杖罪以下，亦枷号一个月发落。所在官司阿从故纵者，各治以罪。

（11）诈为瑞应（卷三十二刑律·诈伪）

[律] 凡诈为瑞应者，杖六十、徒一年。
若有灾祥之类，而钦天监官不以实对者，加二等。

（12）诈病死伤避事（卷三十二刑律·诈伪）

[律] 凡官吏人等，诈称疾病，临时避难者，笞四十；

事重者，杖八十。

若犯罪待对，故自伤残者，杖一百；诈死者，杖一百、徒三年；所避事重者，各从重论。若无避故自伤残者，杖八十；其受雇倩为人伤残者，与犯人同罪；因而致死者，减斗杀罪一等。

若当该官司知而听行，与同罪。不知者，不坐。

条例1：

各省获罪之犯，报称病故者，着该管官员出具印结，并行文原籍地方官稽查。倘有诈称病故者，分别从重治罪。

条例2：

凡未经到案之犯，报称病故，该抚严饬地方官，悉心确查，取具印甘各结报部。倘有捏报等情，日后发觉，定将该地方官与该抚一并严加议处。

（13）诈教诱人犯法（卷三十二刑律·诈伪）

［律］凡诸人设计用言，教诱人犯法，及和同令人犯法，却行捕告，或令人捕告，欲求赏给，或欲陷害人得罪者，皆与犯法之人同罪。

条例：

游手好闲、不务本业之流，自号教师，演弄拳棒教人，及投师学习，并轮叉舞棍，遍游街市，射利惑民者，并严行禁止。如有不遵，一经拿获，将本犯照违制律治罪；仍枷号一个月。拿获之衙门，即行发落，递回原籍。如坊店、寺院容留不报，地保人等不行查拿，均照不应重律，杖八十。地方文武各官，失于觉察，照例议处。

（14）诬执翁奸（卷三十三刑律·犯奸）

[律] 凡男妇诬执亲翁，及弟妇诬执夫兄欺奸者，斩。

（15）知情藏匿罪人（卷三十五刑律·捕亡）

[律] 凡知人犯罪事发，官司差人追唤而藏匿在家，不行捕告，及指引道路，资给衣粮，送令隐匿者，各减罪人罪一等。其展转相送，而隐藏罪人，知情者，皆坐。不知者，勿论。

若知官司追捕罪人，而漏泄其事，致令罪人得以逃避者，减罪人罪一等。未断之间，能自捕得者，免罪。若他人捕得，及罪人已死，若自首，又各减一等。

（16）狱囚诬指平人（卷三十六刑律·断狱上）

[律] 凡囚在禁诬指平人者，以诬告人论；其本犯罪重者，从重论。

若官吏鞫问狱囚，非法拷讯，故行教令诬指平人者，以故入人罪论。

若追征钱粮，逼令诬指平人代纳者，计所枉征财物，坐赃论。其物给主。

其被诬之人，无故稽留三日不放者，笞二十；每三日加一等，罪止杖六十。

若鞫囚，而证佐之人不言实情，故行诬证，及化外人有罪，通事传译番语，不以实对，致罪有出入者，证佐人，减罪人罪二等。通事，与同罪。

（17）官司出入人罪（卷三十七刑律·断狱下）

［律］凡官司故出入人罪，全出全入者，以全罪论。

若增轻作重，减重作轻，以所增减论，至死者，坐以死罪。

若断罪失于入者，各减三等；失于出者，各减五等；并以吏典为首，首领官减吏典一等，佐贰官减首领官一等，长官减佐贰官一等科罪。

若囚未决放，及放而还获，若囚自死，各听减一等。

凡故增笞从徒，如犯笞一十，故增作杖八十、徒二年，徒三等折杖六十；原包杖一百，通折杖一百六十；除犯该笞一十，合坐官吏剩杖一百五十。未决者，减一等，杖七十、徒一年半，折杖一百四十；除犯该笞一十，合坐剩杖一百三十，其剩罪具全抵，不在收赎之限。

凡故增杖从徒，如犯杖八十，故增作杖六十、徒一年，通折杖一百二十；除犯该杖八十，合坐官吏剩笞四十。未决者，减一等，杖一百；除犯该杖八十，合坐剩笞二十。

凡故增杖从流，如犯杖八十，故增作杖一百、流二千五百里；流二等折徒一年，三流原包五徒，折杖二百、徒一年；除犯该杖八十，合坐官吏剩杖一百二十、徒一年。未决者减一等，杖一百、徒三年，通折杖二百；除犯该杖八十，合坐剩杖一百二十。

凡故增轻徒从重徒，如犯杖六十、徒一年，故增作杖九十、徒二年半，徒四等折杖八十；除犯该徒一年折杖二十，合坐官吏剩杖六十。以徒从徒，不必包杖一百算也；虽包算，其罪亦同。未决者，减一等，杖八十、徒二年，折杖六十；除犯该折杖二十，合坐剩笞四十。

凡故增徒从流，如犯杖七十、徒一年半，通折杖一百四十；故增作流二千里，折徒半年，三流原包五徒，折杖二百、徒半年，除犯该杖一百四十，合坐官吏剩杖六十、徒半年。未决者，减一等，杖一百、徒三年，折杖二百；除犯该杖一百四十，合坐剩杖六十。

凡故增近流从远流，如犯杖一百、流二千里，折徒半年；故增作流三千里，折徒一年半；除犯该徒半年，合坐官吏剩徒一年。以流从流，不必包五徒，折杖二百算。未决者，减尽无科。减远流从近流者，仿此。

凡故增笞杖徒流至死，如增至死罪，本无折法。已决者，反坐以死；若未决，及囚自死者，并听减等。流三千里，原包五徒，折杖二百，徒一年半；各随其本应得之罪除之，坐以剩罪。

凡故减徒从笞，如犯杖六十、徒一年，折杖一百二十，故减作笞五十；除已得笞五十，合坐官吏剩杖七十。未放者，减一等，杖一百；除已得笞五十，合坐剩笞五十。

凡故减徒从杖，如犯杖九十、徒二年半，折杖一百八十，故减作杖一百；除已得杖一百，合坐官吏剩杖八十。未放者，减一等，杖八十、徒二年，折杖一百六十；除已得杖一百，合坐剩杖六十。

凡故减重徒从轻徒，如犯杖一百、徒三年，折杖二百，故减作杖七十、徒一年半，折杖一百四十；除已得杖一百四十，合坐官吏剩杖六十。未放者，减一等，杖九十、徒二年半，折杖一百八十，除已得杖一百四十，合坐剩笞四十。

凡故减流从笞，如犯杖一百、流二千里，折徒半年，故减作笞四十,三流原包五徒，折杖二百、徒半年，除已得笞四十，合坐官吏剩杖一百六十、徒半年；未放者，减一等，杖一百、徒三年，折杖二百；除已得笞四十，合坐剩杖一百六十。减流从杖，仿此。

凡故减流从徒，如犯杖一百、流三千里，折徒一年半，故减作杖八十、徒二年，折杖一百六十；三流原包五徒，折杖二百、徒一年半；除已得杖一百六十，合坐官吏剩笞四十、徒一年半。未放者，减一等，杖一百、徒三年，折杖二百；除已得杖一百六十，合坐剩笞四十。

凡故减死罪从笞杖徒流，如死囚已放者，反坐以死。若未放及放而还获，若囚自死者，并听先减去一等，依律折除。

凡失增笞从杖，如犯笞三十，失增作杖一百；失入减三等，该杖七十；除犯该笞三十，吏典为首，合坐剩笞四十。未决者，又减一等，合坐吏典首罪笞三十。

凡失增笞从徒，如犯笞一十，失增作杖一百、徒三年；失入减三等，杖七十、徒一年半，折杖一百四十；除犯该笞一十，吏典为首，合坐剩杖一百三十。未决者，又减一等，杖六十、徒一年，折杖一百二十；除犯该笞一十，合坐吏典首罪杖一百一十。增杖从徒，仿此。

凡失增杖从流，如犯杖一百，失增作杖一百、流三千里；失入减三等，杖八十、徒二年，折杖一百六十；除犯该杖一百，吏典为首，合坐剩杖六十。未决者，又减一等，杖七十、徒一年半，折杖一百四十；除犯该杖一百，合坐吏典首罪笞四十。

凡失增轻徒从重徒，如犯杖六十、徒一年，折杖二十，失增作杖一百、徒三年；失入减三等，杖七十、徒一年半，徒二等折杖四十；除犯该杖二十，吏典为首，合坐剩

笞二十；首领官减一等，笞一十；佐贰官，减尽无科。未决
者，又减一等，杖六十、徒一年，则与本该罪名同矣。虽
吏典亦减尽无科，以徒从徒，及以徒从流，具不包杖一百
之数。

凡失增徒从流，如犯杖六十、徒一年，折杖二十，失
增作杖一百、流三千里；失入减三等，杖八十、徒二年，
折杖六十；除犯该杖二十，吏典为首，合坐剩笞四十。未
决者，又减一等，杖七十，徒一年半，折杖四十；除犯该
杖二十，合坐吏典首罪笞二十。

凡失增笞杖徒流入死，如死囚已决者，亦减三等。若
未决及囚自死，又减一等。吏典为首。其减至徒罪，亦折
杖除之。

凡失减杖从笞，如犯杖一百，失减作笞三十；失出减
五等，笞五十；除已得笞三十，吏典为首，合坐剩笞二十；
未放者，又减一等，笞四十；除已得笞三十，合坐吏典首
罪笞一十。

凡失减徒从笞，如犯杖七十、徒一年半，失减作笞
二十；失出减五等，杖七十；除已得笞二十，吏典为首，合
坐剩笞五十。未放者，又减一等，杖六十；除已得笞二十，
合坐吏典首罪笞四十。减徒从杖，仿此。

凡失减流从笞，如犯杖一百，流三千里，失减作笞
一十；失出减五等，杖六十、徒一年，折杖一百二十；除已
得笞一十，吏典为首，合坐剩杖一百一十。未放者，又减
一等，杖一百；除已得笞一十，合坐吏典首罪杖九十。

凡失减流从徒，如犯杖一百、流三千里，失减作杖
六十、徒一年，失出减五等，杖六十、徒一年，吏典为首，
减尽无科。

凡失减死罪从流徒杖笞，如死囚已放者，亦减五等。

若未放及放而还获，或囚自死者，又减一等，其徒亦折杖除之。

条例1：

承审官改造口供，故行出入者，革职；故入死罪已决者，抵以死罪。其草率定案，证据无凭，枉坐人罪者，亦革职。

条例2：

凡初次供招，不许擅自删改，具应详载揭帖。若呈问官增减原供，希图结案，按察使依样转详，该督抚严察题参；不行察参，将该督抚交部一并议处。按察使亦不得借简招之名，故为删改。倘遇有意义不明，序次不顺，与情罪并无干碍，即就近核正申转，将改本备案，不得发换销毁。违者，依改造口供，故行出入例议处。

条例3：

凡谋反、谋叛之罪，照律连坐籍没，其余情罪详载律内，具应照律拟议，不得存心陷害，借言情罪重大，诬指朋党，妄议株连父母、兄弟、妻子，籍没家产。若承审官于本罪外，捏造此等言语，株连父母、兄弟、妻子，籍没家产者，即照故入人死罪律治罪。

条例4：

凡督抚具题事件内，有情罪不协、律例不符之处，部驳再审，该督抚虚心按律例改正具题，将从前承审舛错之处，免其议处。若驳至三次，督抚不酌量情罪改正，仍执原议具题，部院覆核其应改正者，即行改正，将承审各官、该督抚，一并交与该部议处。

（18）检验尸伤不以实（卷三十七刑律·断狱下）

　　〔律〕凡检验尸伤，若牒到，托故不即检验，致令尸变；及不亲临监视，转委吏卒；若初复检官吏相见，扶同尸状，及不为用心检验，移易。轻重增减尸伤不实；定执致死根因不明者，正官杖六十，首领官杖七十，吏典杖八十。仵作行人，检验不实，扶同尸状者，罪亦如之。因而罪有增减者，以失出入人罪论。

　　若受财，故检验不以实者，以故出入人罪论。赃重于者，计赃，以枉法各从重论。

　　条例 1：

　　遇告讼人命，有自缢、自残及病死，而妄称身死不明，意在图赖诈财者，究问明确，不得一概发检，以启弊窦。其果系斗杀、故杀、谋杀等项，当检验者，在京委刑部司官，及五城兵马司、京县知县，在外委州县正印官，务须于未检验之先，即详鞫尸亲、证佐、凶犯人等，令其实招以何物伤何致命之处，立为一案。随即亲诣尸所，督令仵作如法检报，定执要害致命去处，细验其圆长、斜正、青赤、分寸，果否系某物所伤，公同一干人众，质对明白，各情输服，然后成招。或尸久发变青赤颜色，亦须详辩，不许听凭仵作混报拟抵。其仵作受财，增减伤痕，扶同尸状，以成冤狱，审实赃至满数者，依律从重科断。

　　条例 2：

　　诸人自缢、溺水身死，别无他故，亲属情愿安葬，官司详审明白，准告免检。若事主被强盗杀死，苦主自告免检者，官与相视伤损，将尸给亲埋葬。其狱囚患病，责保看治而死者，情无可疑，亦许亲属告免覆检。若据杀伤而死者，亲属虽告，不听免检。

条例3：

凡人命重案，必检验尸伤，注明致命伤痕，一经检明，即应定拟。若尸亲控告伤痕互异者，许再行覆检，勿得违例三检，致滋拖累。如有疑似之处，委别官审理者，所委之官带同件作亲诣尸所，不得吊尸检验。

条例4：

凡外省驻防旗人遇有命案，该管旗员，即会同理事同知、通判，带领领催、尸亲人等，公同检验。一面详报上司，一面会同审拟。如无理事同知、通判之处，即会同有司官，公同检验，详报审拟。

条例5：

凡人命呈报到官，该地方印官立即亲往相验，止许随带件作一名、刑书一名、皂隶二名，一切夫马饭食，具自行备用，并严禁书役人等，不许需索分文。其果系轻生自尽，殴非重伤者，即于尸场审明定案，将原、被、邻、证人等释放。如该地方印官不行自备夫马，取之地方者，照因公科敛律议处。书役需索者，照例计赃，分别治罪。如故意迟延拖累者，照易结、不结例处分。若系自尽，并无他故，尸亲捏词控告，按诬告律科断。如刁悍之徒，借命打抢者，照白昼抢夺例拟罪，仍追抢毁物件，给还原主。其勒索私和者，照私和律科断，勒索财物入官。至该管上司于州、县所报自尽命案，果属明确无疑者，不得苛驳，准予立案，若情事未明，仍即秉公指驳，俟其详覆核夺。

条例 6：

大县额设仵作三名，中县额设二名，小县额设一名；仍于额设之外，再募一、二人，令其跟随学习，预备顶补，每名给发洗冤录一部，选委明白刑书一人，与仵作逐细讲解。每人拨给皂隶工食一名，学习者两人共拨给皂隶工食一名。若有暧昧难明之事，果能检验得法，洗雪沉冤，该管上司，赏给银十两。其有检验故行出入，审有受贿情弊者，照例治罪，不许充役。

条例 7：

地方呈报人命到官，正印官公出，壤地相接不过五、六十里之邻邑印官，未经公出，即移请代往相验。或地处遥远，不能朝发夕至，又经他往，方许派委同知、通判、州同、州判、县丞等官，毋得滥派杂职。其同知等官相验，填具结格通报，仍听正印官承审，如有相验不实，照例参处。

5. 工　律

冒破物料（卷三十八工律·营造）

［律］凡造作局院头目工匠，多破物料入己者，计赃，以监守自盗论。追物还官。

局官并覆实官吏，知情扶同者，与同罪。失觉察者，减三等，罪止杖一百。

条例 1：

直隶各省督抚、将军、提镇所辖各标营等衙门，收贮军器，经上司官查盘，若有侵欺物料，那移掩饰，虚数开报者，具以监守自盗论。赃重者，照侵欺仓库钱粮例治罪。该管官不查报，并失察之上司官，具交该部照例分别议处。

条例 2：

河工估计工程，总河及该督抚分司委员确查，工段丈尺，椿埽料物，如果与所估物料数目相符，核实具题，发帑兴修。如估计过多，物料数目不符，查出即行指参。承查之员扶同徇隐，交部议处。至完工之日，再行确查，如工程单薄，物料克减，钱粮不归实用，以致修筑不坚固，将承修之员，立即参究，分别入己、不入己定罪。侵冒银两，勒限追赔。

条例 3：

直属抢修等工，每年应需物料，务于八月内预动银两，给发购办。按照漕规价值，据实秤收，毋许重收累民。十月照额办足交工，取具并无短少印甘各结存案。倘承办之员，限内不能如数办足，将料物秤收短少，希冀掩饰，并将旧烂物料换入。或经厅汛印官于互相秤收之时，查出揭报，或经该督访闻，立即严参议处。如过期发银，购办迟滞，分别查参。其上年余剩物料，该管河道查盘实数，出具并无亏空印结呈报。倘盘查缺少，扶同徇隐，及有霉烂侵亏等弊，即将文武汛员，与盘查不实之上司，一并参处，照数分赔补项。

条例 4：

各省修造标营船只，着道员、副将会同领价，道员遴

委同知、通判，副将遴委都司、守备，协同办料修造。如
系将军标下般只，即遴委参领以下等官，同领同办。倘承
修之员，修不如式，贻误军工；以及监验查收之员，需索
掯勒；并船上什物不即交代清楚，兵丁私行盗卖，以致短
少残缺者，该督抚等即将该管将弁指名题参；其头舵人等，
照例治罪，分别着追。如该管上司不行查察，故为徇隐，
一经发觉，照例议处。

条例 5：

浙省修筑塘工，估需银两，饬令承修之员，专案请领，
不得牵混并领，亦不得通融那用。领银之后，将办过物料
数目申报上司，委员查验。如堆贮物料与所报相符，承查
之员加具保结，申详贮用。倘有亏缺及那移掩饰情弊，即
行揭参。查验官扶同徇隐，一并参处。至各塘保固限内，
如有坍塌，即着落承修之员赔修。若遇有异常潮汐，委非
人力可施，查明工程坚固，钱粮具归实用者，准取结保题，
免其赔修。如物料苟简，工程草率，钱粮不归实用，致有
冲塌，照例题参，着落赔修。

条例 6：

[豫省]应修水利地方，有动用帑项者，承修各员果能
实力办理，俟保固三年之后，该督抚核题并交部分别议叙。
倘有不预行修筑，以致田亩被淹，即将各员交部分别议处。
若侵蚀钱粮，工程不能坚固，承修之员，照侵欺河工钱粮
例，参革治罪。该管各官徇隐不报，具照例处分。

条例 7：

凡各省修建工程，所需物料，该督抚等转饬承办各员，

不必拘泥各省从前造报物料定价，悉照时价确估造报。工竣之日，另行委员查勘，并取具并无捏饰印结详报。该督抚等确访时价，详细核明，据实题咨，工部再行核销。倘承办各员浮开捏报，即照冒销钱粮例指参；所委各员查验不实，照扶同徇隐例参处。

第三章

古代案例中的法与信

　　与律典规定的"白纸黑字"的律条可能被束之高阁不同，案例
能够体现审判之时"活的法律"，能够更真实地反映人们在日常生活
中如何透过法律规则处理有关个人诚信的问题并维护社会中的信任
关系。幸运的是，古代中国留下了一些判例资料，其中具有代表性
的有《名公书判清明集》和《刑案汇览》，除此之外，更多的更系统
的判例见于杨一凡先生和徐立志先生主编的《历代判例判牍》。限于
篇幅，本章仅摘选了《名公书判清明集》和《刑案汇览》中的法与
信相关案例。此外，本章还选取了散布于其他书籍中的一些历史上
有名的事件，这些事件也能在一定程度上体现司法官员断案时对诚
信、忠信等事项的把握。

一、《名公书判清明集》

　　《名公书判清明集》是南宋判牍的集论，是研究南宋法律制度的
重要史料。它涵盖了南宋包含朱熹、真德秀、吴潜、徐清叟、王伯
大、蔡抗、赵汝腾在内的二十八位地方官处理诉讼的部分判词，体
裁为散文，案例涉及事项非常广泛。

　　判牍，以律典为基础，其所表达的思想亦是律典的反映。故
《名公书判清明集》中部分案例涉及社会信用和个人信任等问题。本
章摘取顶冒、妄诉、背信、伪冒交易等相关判牍说明当时社会是如
何通过司法来维护"信"的。

（一）顶　冒

1. 冒立官户以他人之祖为祖

　　　古之为宫室者，不斩丘木，所以广庆也。李克义欲修
　岳庙，而乃毁伤李克义祖墓之松柏，宜平其起争也。李克
　义本令勘杖一百，且念其为名家之后，特存善善及子孙之

意，罚赎。蒋才进、刘文通轻信李克义之言，辄操斧斤，肆行剪伐，虽曰有以使之，然松柏从而为灾，乌得无罪，各寄决小杖十二。李克义以少卿疏远之族，而诈称位下子孙，创立户名，以欺罔官司，凭依声势，以武断乡曲，揆之于法，其罪已不可逃矣，而其得罪于祖先，则又有大焉！不爱其亲而爱他人者，谓之悖德；不敬其亲而敬他人者，谓之悖礼。郭崇韬哭子仪之墓，贻笑万世。狄武襄不肯冒认梁公为祖，民到于今称之。盖祖先者，吾身之所自出也，定于有生之初而不易者也。其为人虽有穷达、贤不肖之异，而子孙之所以爱之敬之，则一而已矣。象之后不得舍象而祖舜，管、蔡之后不得舍管、蔡而祖周公，宋祖帝乙，郑祖厉王，亦各言其祖也。今李克义舍自己之祖，而以他人为祖，岂不以吾祖为穷，而慕他人之显欤！如此则是以子孙而鄙薄其祖先矣，悖德悖礼，罪孰甚焉。本合重行科断，以正风俗而厚人伦，且近以因斗殴遭杖责，特免收坐。所有索到官告，非系大卿位者，并给付李克刚收管，金厅点对发还。帖押李克义下县，将所立少卿户名目下改正。[1]

2. 冒解官户索真本诰以凭结断

李克义之非少卿嫡派，其大略已可概见。今以真本诰命与真本墓志未到，不欲遽然结断。但李克义、李克刚有事在官，是非曲直，只当听候官司剖决。而李克义乃敢聚凶徒鼓噪街市，捕逐克刚，直至县庭而后止。狼暴之气既不得逞于克刚，遂肆于刘七，伤至流血，痕迹俱存。及至

〔1〕 中国社会科学院历史研究所宋辽金元史研究室点校：《名公书判清明集》，中华书局1987年版，第44—45页。

下厢体究，复于厢官之前，又与其徒再将刘七殴打。夫禁城之内，太守在焉。县庭之内，令尹在焉。此皆吏民之所俯伏而敬畏者也。而李克义独无忌惮如此，则是不复知守、令矣。为部民而不知守、令者，则将何事不可为哉！本合便行断遣，又恐其于李少卿万一少有瓜葛，亦不能无投鼠忌器之疑，且从轻勘下杖一百，长枷监同时下手打刘七，仍市曹令众五日，并索李少卿真本诰命与真本墓志，以凭参对结断。[1]

3. 顶冒可见者三

余执中事，乃前政所断。兹因浙西宪司索案，试将原案阅看，则余执中之罪，未论他事，只是顶冒一节，黥配有余。今索上狱库所收余执中二诰、一绫纸，其初补进义校尉绫纸，乃淳祐七年空月给，其以进义转承信诰，乃淳祐六年给。天下岂有转官岁月在前，初补岁月在后之理，其顶冒可见一也。又以承信转保义诰，亦是淳祐七年给，乃与初补进义绫纸同一年，参错颠倒，其顶冒可见二也。又绫纸小字内，余执中年五十岁饶州凡九字，大字内余执中凡三字，皆是楷洗改填，印章淡落，绫色纰动，其顶冒可见三也。今详西宪备到本人状内不明言乞改正，此顶冒官职而从言改正，又不知顶冒被配人尚可改正作士人否也？事不在本司，但西宪未知因依，有索人案之牒，案合即时发去，人岂可轻易泛追。若欲追词人余执中，则彼方避本司如仇，必自己在司伺候矣。告仍寄狱库，候仍录原案存

〔1〕 中国社会科学院历史研究所宋辽金元史研究室点校：《名公书判清明集》，中华书局1987年版，第45页。

照，牒报浙西提刑司。[1]

4.冒官借补权摄不法

宾之上林关今差叶承信权摄，在官不法。李孝忠等令词以讼于州，太守差都吏卢余下县追请，孝忠等乘机抵巇，操执县权，务求快意。遂与卢余同谋，自擅开狱，放去重囚一十二人，推司陈俊、狱级徐席又因而从臾，至今六名未获，数项大辟无从圆结。近到叶承信、李孝忠、卢馀、陈俊、徐席送狱限勘，各已供招。然所谓叶承信者，以诈伪得官，初冒邕州招马赏，补守阙进勇副尉，而实未尝到横山。次冒郑文代押马赏，转进勇副尉，而实未尝到临安。朱提刑丧，凭藉乡人给帖借补，遂称承信，假此权摄，专务诛求。民户梁梦龙等陈诉，勘对据供招凡三十八项，计三百五十二贯，又冒请俸给计七百二十六贯，总一千七十八贯。韦熙载丧妇，被访闻追上送狱，韦纳钱银七十贯，难得免罪，而竟系狱，以丧其身。杀越人于货，凡民罔不懲，况为百里之长乎？准法：诸诈冒荫补者徒三年，伪妄出官减二等。又法：诸因进纳及阵亡换纳补受，不理选限，将仕郎差权摄职事及被差者各以违制论。又法：诸诈欺官司，以取财物，赃五十匹，命官将校奏裁，余配本城。又法：诸县令阙，辄差寄居、待阙官权摄并授差者，并以违制论，而因收受供给坐。又法：诸添差官违令兼权职事，计所请俸给坐赃论。又法：诸摄州助教犯公罪流，私罪徒，追毁补授文书，敕授者批毁申纳。卢馀、陈俊、徐席各决脊杖十五，配一千里。李孝忠决脊杖十二，编管五百里。叶嗣昌合徒三年，编管贺州。监

---

[1] 中国社会科学院历史研究所宋辽金元史研究室点校：《名公书判清明集》，中华书局1987年版，第45—46页。

赃候足日具申。借补文书毁抹入案，部帖三纸照条批毁，申纳本部，仍申尚书省照会。[1]

5. 虚卖钞

程全、王选以县吏同谋擅创方印，印卖虚钞，作弊入己。勘鞫情犯昭然。其事虽起于前任张知县，而李县丞权县日，用程全之计，辄于一日之内印几二百石，所卖之钱辄以拨充丞厅起造为名，节次支拨六百贯入宅库，监临主守而自为盗焉。无怪二吏之公然均分，无复忌惮也。县丞身为命官，昧于法守，殊可惊叹。以本邑贤厚贵寓曾谓其明敏可任，人材难得，不欲玷其素履，姑免申奏。帖本官今后严冰蘖之戒，一新仕宦途辙，以期远大。程全计赃六十八匹，决脊杖十五，配一千里。王选计赃三十三匹，决脊杖十二，编管一千里，仍监赃。[2]

（二）妄　诉

1. 漕司送下互争田产

尝谓乡民持讼，或至更历年深，屡断不从，固多顽嚚，意图终讼，亦有失在官府，适以起争。如事涉户昏，不照田令，不合人情，遍经诸司，乃情不获已，未可以一概论。宝庆元年，余焱有状经县，讼黄子真盗买叔余德庆户土名东陂、小陂田产，合用亲邻收赎。黄子真执状出头，谓余德庆元买黄文万土名东陂、小陂田产，今复卖与本家，自

---

〔1〕中国社会科学院历史研究所宋辽金元史研究室点校：《名公书判清明集》，中华书局1987年版，第50—51页。

〔2〕中国社会科学院历史研究所宋辽金元史研究室点校：《名公书判清明集》，中华书局1987年版，第52页。

是祖产，不应更问亲邻。由县及州，下佥厅，入州院，送法官，并作违法交易，不经批退，监勒受钱退业，其说一同。见今行下属邑桩管，田禾未曾交业，而责领价钱，毁抹元契已讫，若无词讼，合系余焱主之。窃详黄文万虽是子真之祖，立契出卖，已在乾道九年，中间得产，又有张福间之，厘革已久，不应照应。余焱与余德庆系缌麻以上亲，三年之内，自曾陈诉，且据画图，亦有邻至，所合退赎，又复何说。然律之以法，诸典卖田宅，具帐开析四邻所至，有本宗缌麻以上亲，及墓田相去百步内者，以帐取问。立法之初，盖自有意，父祖田业，子孙分析，人受其一，势不能全，若有典卖，他姓得之，或水利之相关，或界至之互见，不无捍格。曰亲曰邻，止有其一者，俱不在批退之数，此盖可见。墓田所在，凡有锄凿，必至兴犯，得产之人傥非其所自出，无所顾藉，故有同宗，亦当先问。两姓有墓，防其互争，则以东西南北为次，尤为周密。二者各有所主，非泛然也。今置黄文万之田者余俊明，俊明之子曰德庆，复卖与元业之孙黄子真。今赎德庆之田者余德广，德广之父曰俊民，与俊明之后略不相干。别位田产，典卖入户，本非一家之业，既无交互，辄以亲邻收赎，殊失立法之本意。且黄氏自有祖坟在侧，据所画图，高、曾以下凡十一所，纵未必皆实，只照余德庆元所立契，明言东至黄子真墓为界，即合墓田相去百步之法。德庆所卖，若非黄之祖业，亦合先行取问，况是元来祖户坟山。子孙得之，反以年限隔远，不许为主，乌有此理？墓田之与亲邻两项，俱为当问，然以亲邻者，其意在产业，以墓田者，其意在祖宗。今舍墓田，而主亲邻，是重其所轻，而轻其所重，殊乖法意。余焱平白争占，固为强横，而使累年交讼，紊烦上司，失在州县，民户所不足责。且如田讼，自有专条，引条定断，二窑可决，辄送狱司，勒取供状，讫威讫富，夫岂可凭？黄子真赍出赤契，计价钱二千贯，续据狱司鞫勘，乃谓实只一千六百贯，内二百贯系是增添，二百贯系是准折，一皆违法，不当行使。卒以增添之数给还余焱，以准折之数拘没官府。夫增添之真伪，固未可知，法云不许准折，只为有利债负，今以谷与绵帛准还价钱，岂得谓之违法？准绍兴十一年正月敕：人户典买田宅，每百收勘合钱十文，如愿以金银绢帛准折者，听从便，依在市实直定价。勘合钱且许以实直准折，田价可知。今遂以没官，果为何意？黄子真者，既不得田业，又亏折价钱，乌得无词？拖照案卷，如杨权县之说则曰：堂兄余德广以亲邻收赎，委有接连，合应退业。却不知余德广虽曰有亲有邻，而此田系是余俊明续买入，与堂侄德广素无干涉，不在亲邻收赎之限。历史君之说则曰：断卖产业，经涉五十余年，乃欲认为己物，是朝廷之法可废。却不知黄文万卖产虽经历年深，而其地系有黄氏祖坟在上，只以墓田相抵，自当取问，此非邻赎之比，岂得更以典卖经年为辞？狱官赵知录之说则曰：准折价钱，虚抬价贯，件件违法。却不知余焱元入钱二千贯寄库，初无异词，狱吏曲法承勘契内价贯，招认虚抬，未必是实。谷绢行用，谓是准折，与有利债负不同，即非违法。送本州岛追上两争人，照元契各交钱业，先申。[1]

2. 妄诉田业

词讼之兴，初非美事，荒废本业，破坏家财，胥吏诛

〔1〕 中国社会科学院历史研究所宋辽金元史研究室点校：《名公书判清明集》，中华书局1987年版，第120—122页。

求，卒徒斥辱，道涂奔走，犴狱拘囚。与宗族讼，则伤宗族之恩；与乡党讼，则损乡党之谊。幸而获胜，所损已多；不幸而输，虽悔何及。故必须果抱冤抑，或贫而为富所兼，或弱而为强所害，或愚而为智所败，横逆之来，逼人已甚，不容不一鸣其不平，如此而后与之为讼，则曲不在我矣。今刘纬自是姓刘，乃出而为龚家论诉田地，可谓事不干己。想其平日在乡，专以健讼为能事。今事在赦前，固难追断，然若不少加惩治，将无以为奸狡者之戒。从轻决竹篦十下。刘良臣押下金厅，唤龚孝恭供对。金厅所拟，反复曲折，凡千百言，龚孝恭之虚妄，已灼然可见，纵是有理，亦不应隔百余年而始有词，况理曲乎！户婚之法，不断则词不绝，龚孝恭杖八十，刘良臣照契管业。[1]

（三）背　信

1.受人隐寄财产自辄出卖

江山县詹德兴以土名坑南、牛车头、长町丘等田，卖与毛监丞宅。有本县临江乡吕千五者入状，陈称上件田系其家物，詹德兴盗卖。今据毛监丞宅执出缴捧干照，有淳熙十六年及绍熙五年契两纸，各系詹德兴买来，又有嘉熙四年产簿一扇，具载上件田段，亦作詹德兴置立，不可谓非詹德兴之业矣。又据吕千五执出嘉定十二年分关一纸，系詹德兴立契，将上件田段典与吕德显家，观此则又不可谓非吕千五之家物也。推原其故，皆是乡下奸民逃避赋役，作一伪而费百辞，故为此之纷纷也。吕千五所供，已

明言乃父因乡司差役，将产作江山县重亲詹德兴立户，即
此见其本情矣。在法：诸诈匿减免等第或科配者，以违
制论。注谓以财产隐寄，或假借户名，及立诡名挟户之
类。如吕千五所为，正谓之隐寄、假借，既立产簿，作外
县户，却又兜收詹德兴典契在手。赋役及己，则有产簿之
可推，户名借人，又有典契之可据，其欺公罔私，罪莫大
焉。今智术既穷，乃被詹德兴执契簿为凭而出卖，官司既
知其诈，而索以还之，是赏奸也，此吕千五之必不可复业
也。詹德兴元系吕千五之的亲，故受其寄，及亲谊一伤，
则视他人之物为己有，不能经官陈首，而遽自卖之。在
法：即知情受寄，诈匿财产者，杖一百。詹德兴受吕千五
户之寄产，自应科罪，官司既知其伪，而遂以与之，是诲
盗也，此詹德兴之必不可以得业也。西安税赋陷失，科配
不行，邑号难为者，皆因乡民变寄田产所致。当职或因索
干照而见，或阅版籍而知，未能一一裁之以法，亦未见有
寄主与受寄人如是之纷争也。上件田酌以人情，参以法意，
吕、詹二家俱不当有。毛监丞宅承买，本不知情，今既管
佃，合从本县给据，与之理正。两家虚伪契簿，并与毁抹
附案。詹德兴卖过钱，追充本县及丞厅起造，牒县丞拘监。
詹德兴已死，吕千五经赦，各免科罪，詹元三留监，余
人放。[1]

2. 任假立叔契昏赖田业

事有似是而实非，词有似弱而实强，察词于事，始见
情伪，善听讼者不可有所偏也。今观贾性甫、贾文虎、贾

---

[1] 中国社会科学院历史研究所宋辽金元史研究室点校：《名公书判清明集》，中华书局
1987年版，第136—137页。

宣之讼，昨来佥厅所拟，谁曰不然，及反复案杳，则有大不然者。贾文虎，勉仲之庶子，过房宁老者。贾性甫，勉仲之亲弟，过房与县尉者。贾宣，游氏之子。性甫所抱养者。过房者从本房，抱养者从所养。性甫唤文虎为侄，文虎合唤性甫为叔；贾宣唤文虎为兄，贾文虎合唤贾宣为弟。观文虎之词，以叔父见呼性甫，以游宪见呼贾宣，岂伦法之不明耶，抑意向之有在耶？善听讼者，要当深察乎此。此事昨来佥厅所拟，间得其情，至于剖决之际，未免真伪混淆，是非易位，佥厅盍申言之。勉仲之妾严氏归于性甫者，绍定之己丑也。彼时勉仲无恙，是雇非雇，有物无物，既由所生，子复何说。佥厅所谓兄既殁，遽置严氏于其家，毋乃未之考耶？性甫之田典与文虎者，宝庆之乙酉也，彼时文虎尚幼，勉仲犹存，不印契，不割税，不收租，不管业，果何所利而交易，又何所见而不管业？佥厅所谓文虎先将钱典叔性甫田，毋乃失之偏听耶？今据赍到典契，乃绍定六年四月初三日印押分晓，然宝庆之元至是且九年矣，能印性甫之契，而不能收租、割税、管业，其意安在，岂富而能逊耶？若谓之富，则文虎承分之业已破荡无余，亡兄之业复盗卖殆尽，何独不卖二十二年无租无税之田，岂独为伯留耶？纵使果尔，亦自厘革，况不尔乎！况因性甫有词，尝两责罪状于县，以为委的无上件遗嘱摽拨等文字乎？今而有之，则性甫所论，信不诬也。县司昨来辨验，已见差异，佥厅今来再行考究，不能无疑。及据文虎赍出勉仲拨田与严氏遗嘱，则其字同，其印同，印之年月并同。佥厅思之，严氏既归性甫，则自随之业合归性甫，严氏既立通判户下，夫何遗嘱印于文虎之手，收租于文虎之手，然则文虎假立二契者何意？亦曰勉仲之业，非我得有，严氏，吾母也，得以与我，性甫之子抱养异姓，盗印此契。异时藉以为骗胁之资，性甫觉知，安得不诉？
前此金厅所拟云：失今不理，后世必为子孙忧。此诚得其
真情也。贾氏之族，枝多叶少，抱养异姓，性甫岂得已哉！
前此金厅不知此情，便追游宪，既为性甫所养，即从贾姓，
立名贾宣，除附给据，件件分晓，在性甫则为父子，在文
虎则为兄弟，子无唆父之条，父罪亦不及子，奈何偏听，
便行追逮？官司若不为予决，复与拖延，则七十五岁之翁
不保其往，而文虎得行其志矣。欲将贾宣先放，却将伪契
毁抹附案，仍将寄库官会，责还性甫交领，庶使知台府清
明，不至为欺伪蒙蔽所惑，文虎元冒领去性甫苗利钱旧会
三百贯道，合与不合追理，呈奉知府杨侍郎台判。拟判甚
当，并从行。贾文虎领过性甫苗利钱，令责限还性甫，取
领状申。[1]

3. 典卖园屋既无契据难以取赎

曾氏兄弟，先正之孙，名宦之子也，他族之所观法，
当使孝友著闻，乃为不坠先训。今乃不然，始因争奏荐恩
泽不和，弟先兄而得官，此固为父之命，为兄者何得有词？
然弟既得官，当以远大自将，凡百少逊其兄以补之，则怨
自平矣。今又不然，不惟不逊，又或从而掩其有，则其兄
之愤憾何从而释哉？自此遂致互起争端，阴结党类，兄或
资人以窘其弟，弟或使人以害其兄，无非以横逆相加，以
阴诡相陷，以天伦之厚，而疾视如仇雠，以骨肉之亲，而
相戕几豺虎，纷纷诉牒，曾无虚月。官司非不知之，如前
政赵知县所判，已得其大概，然竟无如之何。良以县道权

---

[1] 中国社会科学院历史研究所宋辽金元史研究室点校：《名公书判清明集》，中华书局
1987年版，第146—148页。

轻，彼挟官势，劝之以理，则彼有所不从，绳之以法，则
此有所不敢，是以其讼方兴而未艾。譬如纵火燎薪，薪若
不尽，火无灭期，当职到任之初，首蒙县判，送下胡应卯、
曾燨互论赎园及争采桑叶等事，考阅案牍，披详款状，详
加体问，因知曾氏兄弟起讼之由，而前所谓阴结党类，兄
弟资人互相窘害者，胡应卯之徒即其人也。请试援胡应卯
赎园之事而论之。在法：典田宅者，皆为合同契，钱、业
主各取其一。此天下所通行，常人所共晓。胡应卯父子生
居县市，岂不晓此，自称典萧屯园屋与曾知府，而乃无一
字干照。今人持衣物就质库，解百十钱，犹凭帖子收赎，
设若去失，衣物尚无可赎之理，岂有田宅交易，而可以无
据收赎也哉？先来县司不知凭何干照，与之交钱寄库，与
之出据管业。虽有转运司台判，寄钱给据，然据胡应卯偏
词，自合备前后词情具申，听候行下。以此推之，案吏情
弊显然，不过以为有曾县尉先交钱五贯，且不知曾县尉凭
何文据，见得是典，率先交钱。今人有产业，孰不爱惜，
必不得已而后退赎。曾县尉父所置田园屋，必欲使胡应卯
得之，不知果有何意？曾燨称萧屯园屋为其父买业，难无
正契，而有交钱手领，赵判县已谓可以傍照。又索到丁子
昭摊产，县案两处皆说，已转卖与曾知府，如此则曾燨有
三项傍照，萧屯园屋是卖。官司岂应舍三项之卖，而从无
一字可据之典哉？今为胡应卯之词者，不过曰曾燨无正契，
而曾燨又自执出其弟曾县尉批，称契书候寻，一并交纳之
文。前政陈主簿已见得契书在其弟处矣。如此则曾燨何从
而得正契也哉？又详所争萧屯园屋，其地利甚微，而胡应
卯之所以必欲得之，曾县尉之所以必欲归之胡应卯者，盖
曾县尉为其兄曾燨逐出外爨，而不支公堂钱米，其萧屯园
屋下却系置顿公堂米谷之所，曾县尉无以发其□愤，故必

欲夺之，以归胡应卯，而资给胡应卯，为无已之讼也。今来事到本厅，以其各是名宦士类，无不再三劝谕，使之从和，庶可以全其恩义，而皆难以告语，故不敢复以官卑位下为惧，只得从公尽情言之，虽招仇怨，有不暇恤。所有胡应卯所论曾熻赎萧屯园屋，既无契据，难以收赎。县司先来所给无凭公据，合缴回县案收毁。所有寄库钱，合申县给还胡应卯。候分析之日，若曾县尉得之，却赎与胡应卯未晚也。所争桑叶，据供系胡应卯父子带领裴丙子等采去，今园既还曾知府，则地利合入有理之家，案后追裴丙子供对，理还曾知府宅。又照得当职下僚小官，尽言无隐，其曾氏兄弟之讼，方胶轕而不可解，此必不足以弭其争。然窃谓官司既不能弭曾氏之争，如胡应卯之徒朋而翼之，独可纵而不治乎？合备申县衙，乞备榜晓示，应今后词诉，有与曾氏兄弟干涉者，非弟使人诉其兄，即兄使人讼其弟，并与根究来历，将套合教唆之徒，痛与惩治，则曾氏之讼庶乎其少息矣！干照除胡应卯公据外，并当厅给还，徐八五留供对采桑叶事，余放。[1]

4. 揩改文字

照得龚敷与游伯熙互争第四十八都第一保承字二百八十七、二百八十八号、二百八十九共三号地，两下各持其说，官司初亦未知其谁是谁非。及将本厅出产图簿与两家所执干照参对，得见二百八十七号及二百八十八号地见系龚敷管佃，二百八十九号地见系游伯熙管佃。其二百八十七号地计五亩四十五步，其二百八十八号地

───────

〔1〕中国社会科学院历史研究所宋辽金元史研究室点校：《名公书判清明集》，中华书局1987年版，第148—150页。

计四亩一角三十二步，参之官簿，并无毫发差舛。其二百八十九号地，据游伯熙干照内具载，计一十亩五十五步，参之官簿，却只计五亩一十五步。及与之研穷契勘，乃是续于干照内增益亩数，更改字画，浓淡疏密，班班可考。况各人管业年深，前此即无词诉，是则游伯熙用意包占龚敷地段分明。合押两争人到地头，集邻保从公照古来堑界摽迁，付两家管业。今据龚敷所陈，乃称古来活树篱堑，已被游伯熙锄斫，然亦须有锄斫踪迹可考，并仰从公指定摽迁，不得观望。如再惹词诉，定追邻保勘断。[1]

5. 争山妄指界至

俞行父、傅三七争山之讼，昨已定夺，而行父使弟定国妄以摽拨界至为词，套合保司，意欲妄乱是非。当职欲将俞行父重断，有祖主簿者来相见，自称是俞行父、定国表亲，以行父兄弟为直，以傅三七为曲。当职寻常听讼，未尝辄徇己见，惟是之从，尚恐祖主簿所言有理，遂委县尉定验。及县尉亲至地头，祖主簿欲以私干县尉，县尉不敢纳谒，祖主簿不胜其忿，将紧切邻人藏匿，公然用祖主簿条印封闭邻人门户，不容官司追唤。既而县尉见得俞行父所买山，去傅三七所买田，凡隔一堑，二山二处，判然不相干涉，祖主簿、俞行父、定国自知理曲，不伏官司定夺，辄用不洁，将傅三七新坟浇泼作践。小民买地葬亲，与行父、定国兄弟无相侵犯，始则假作保司朱记，假作究实，变白为黑，改东为西，中则买觅保司，共为欺罔，终

〔1〕 中国社会科学院历史研究所宋辽金元史研究室点校：《名公书判清明集》，中华书局1987年版，第154页。

则挟寄居以求必胜。且祖主簿姓祖，而干预姓俞、姓傅人之讼，无乃不干己乎？至于封闭邻人门户，将不洁泼人坟墓，此岂贤大夫之所宜为？建阳乃名教礼义之邦，诸老先生远矣，不可见矣，游郎中家居县后，无一事到县，无一事嘱时官；朱侍郎贵为从橐，每书常切切然恐乾仆骗扰村民。祖主簿辈行不高于朱、游，名位不贵于郎从，遽有使豪恃气，武断乡曲之意，良由县令人微望轻，不能主张百姓，使村民被寄居屈压，空自愧颜而已。俞行父祖父将仕用钱三百贯，买刘德成田三丘、山十二段，委属可疑。大凡置田，必凭上手干照，刘德成形状有如乞丐，所卖田三丘、山十二段，乃是凭大保长凭由作上手干照，不足凭据，今亦未暇论此。但傅三七所买刘八四山，与俞行父山全无干涉，先给还傅三七管业安葬。行父、定国恃豪富压小民，挟寄居抗官府，各勘杖一百，拘契入案，追刘德成对上手来历，干人责戒厉状。[1]

（四）伪冒交易

莫君实之子梦回，同其所生母周八娘，诉论林榕假契盗卖其烝尝田。追到林榕，初执出所卖青梅园契以为证，继而知其田已转与赵孟鍱，又据孟鍱赍去莫君实卖契及林榕转卖与孟鍱契。周八娘又执出君实临死遗嘱之文，乞与辨验君实押字笔迹。寻与点对，则契上君实押字，与遗嘱笔迹不同，可疑一也。唤到君实母亲赵氏，不特不认佥契，而赵氏当厅亦自能书写，笔迹亦自不同，有可疑二也。君实以淳祐十一年死，此契以十年立，契立于君实未死之前，

---

〔1〕 中国社会科学院历史研究所宋辽金元史研究室点校：《名公书判清明集》，中华书局1987年版，第157—159页。

似若可信，而印赤于宝祐元年，乃君实死后之三年也。大
凡人家交易，固有未能授印，然契主一亡，便合投印，岂
有印契于业主已死三年之后，此盖伪立于君实既死之后，
以月日参差，而母亲之盒，亦是假伪而为之也。况交易传
承，必凭上手与砧基簿，今其契乃云，所有砧基簿并上手
契系叔晞孔收，今只凭赤契文关，如将来赍出砧基白契，
更不行用。此说大为可笑，不知上手既为晞孔所收，却又
凭何人赤契交关，若果有上手赤契，则林榕转卖，自当并
缴，今当厅口称为孟铢所匿，而契上即无声载，则是当来
所谓赤契者妄也。至于割税一节，尤可笑之甚者。君实之
契则曰，从莫通判户割入赵知县户，若其税林榕已曾收入
林司法户，则后来卖与孟铢，自当从林司户割出，今从莫
通判户割出，则是莫通判之田，不曾变卖与林司法，林司
法户亦未尝收莫通判税色。验之契字，纸迹不同，实赵氏
不曾盒，委既无上手，又不割税，则是林榕虚立死人契字，
盗卖莫通判产税与赵知县，为富不仁，一至此。林榕勘
杖一百，监钱还赵孟铢，田还莫梦回管佃。追到三契，毁
抹付案。[1]

二、《刑案汇览》

《刑案汇览》为清人祝庆祺编辑，共 88 卷，辑录了乾隆元年
（1736 年）至道光十四年（1834 年）近百年间由中央司法机关审理
的刑案 5640 余件，按《大清律例》的门类编排，书后附有刑部事宜
及拾遗备考二节，道光十四年刊行。后又补辑了《续增刑案汇览》
16 卷，主要收录 1821—1850 年中央司法机关审理的刑事案件 1670

---

〔1〕 中国社会科学院历史研究所宋辽金元史研究室点校：《名公书判清明集》，中华书局
1987 年版，第 172—173 页。

余件。此外，还有吴潮等编纂的《刑案汇览续编》32 卷，收录了1828—1871 年中央司法机关审理的案件 1696 件；潘文舫等编辑的《新增刑案汇览》16 卷，辑录 1842—1885 年中央司法机关处理的案件 291 件。

鉴于刑案汇览卷帙浩繁，且案件多以《大清律例》为判决依据，具体案件往往是《大清律例》有关规定的具象化，因此，下文仅摘冒、诬、诈、伪等涉及法与信的代表性案例。

（一）冒

1. 诈冒袭荫甫经具禀即行破案

南抚咨：外结徒犯赵子厚与阵亡外委赵奇同姓不宗，因闻赵奇有补给恩骑尉世职，无人袭荫，辄为佥赵名教诈冒承袭，即与自行冒袭无异。今甫经具禀，尚未到官承袭，应将赵子厚照世职用财买嘱、已经到官袭过者，照乞养子冒袭发边远充军例，量减一等，杖一百，徒三年。[1]

2. 冒籍入学更名考吏投效得官

河抚咨：刘赠呈控石首县知县王翰顶名投效蒙混得官。查王翰系考授八品吏员，赴军营投效得官，并非顶冒。惟先经改名王彩孙，冒籍入学，旋以投效补授，甫经捏称王彩孙病故，以致滥升知县多年。王翰应照官员为事问革，隐匿过名以图选用，已除授者，发近边充军。惟节经提讯，坚不供吐，殊属刁狡。应请发往伊犁当差。刘赠诬告王翰

---

〔1〕 祝庆祺、鲍书芸、潘文舫、何维楷编:《刑案汇览三编》（一），北京古籍出版社 2004 年版，第 209 页。

死罪未决，罪止拟流加徒。其诬告李花南等雇倩代枪律应
反坐军罪，应发极边充军。[1]

3. 书役冒籍冒名各照定例办理

江西道御史奏称：本非大宛两县籍贯，捏称土著之民，
地方官朦混出结，该吏及承行吏典严加治罪。查此项治罪
并无专条，似应补出等语。查此条系乾隆元年旧例，嗣于
道光十年臣部纂修条例时，因在京各衙门书吏业经大学士
九卿会同奏准，嗣后俱不准籍隶大宛之人充当。将例内本
非大宛两县籍贯，捏称土著之民数语改为本系大宛籍贯，
捏称他省土著之民，该管官滥准充当，地方官朦混出结，
该吏及滥行保结之书吏并承行吏典，分别斥革治罪等因纂
入例册在案。遇有似此案件，自可查照人户以籍为定及书
役冒籍冒名各例律定断。所有该御史奏请补出专条之处，
应毋庸议。[2]

4. 长随捐官并令其侄冒籍考试

陕督奏：长随刘盘改名捐官，尚未除授，应比照隐匿
公私过名以图选用未除授例，发附近充军。惟该犯以微贱
妄希仕进，复主令伊侄冒籍考试，若仅比例拟军，尚属轻
纵。将刘盘发往黑龙江为奴。[3]

---

[1] 祝庆祺、鲍书芸、潘文舫、何维楷编：《刑案汇览三编》（一），北京古籍出版社
2004年版，第216页。

[2] 祝庆祺、鲍书芸、潘文舫、何维楷编：《刑案汇览三编》（一），北京古籍出版社
2004年版，第217—218页。

[3] 祝庆祺、鲍书芸、潘文舫、何维楷编：《刑案汇览三编》（一），北京古籍出版社
2004年版，第231页。

（二）诬

《刑案汇览》中涉"诬"案例较多，这里仅举数例。

1. 旗员行同无赖讹诈诬告拟遣

察哈尔都统咨：已革蒙古捕盗官忠禄身为职官，犯奸宿娼，妄拿良民，复挟嫌诬控，冀图讹诈。将忠禄照棍徒扰害例拟遣。本部以职官而引平人之条殊未允当，改依旗员诬告讹诈，行同无赖，不顾行止例，发黑龙江三姓等处当差。[1]

2. 代作呈词查系诬告向诈自尽

川督咨：彭受先央烦李相权作词呈告王之良为窃，嗣李相权查知系彭受先有心诬窃，即起意藉端讹诈，致彭受先情急自缢。应将李相权依刁徒平空讹诈，致被诈之人自尽拟绞例，量减一等拟流。[2]

3. 故杀子孙诬赖尊卑亲属

四川司查例载：故杀子孙图赖人者发附近充军，又律载诬告人流徒杖罪加所诬罪三等，至死罪未决者杖一百，流三千里，加徒役三年。又干名犯义律载：告小功尊长得实亦杖八十，若诬告罪重于干犯本罪者加所诬罪三等。注云谓止依凡人加所诬罪三等，便不失于轻矣。又集注云加所诬罪三等即于所告罪名加之，不于凡人加诬之上又加，亦不于尊长减罪上加之也各等语。是卑幼诬告尊长之案，

---

〔1〕 祝庆祺、鲍书芸、潘文舫、何维楷编：《刑案汇览三编》（一），北京古籍出版社2004年版，第15页。

〔2〕 祝庆祺、鲍书芸、潘文舫、何维楷编：《刑案汇览三编》（一），北京古籍出版社2004年版，第679页。

除律内载明子孙诬告祖父母等坟坐绞外，其余期亲以下俱
以凡人诬告科罪。今四川省甘奇位因酒醉误碰罗友亮背负
钱文落地，被其村斥，该犯即向揪殴，以致钱被他人携去，
罗友亮向伊小功叔祖甘腾海告知，甘腾海令该犯赔偿不允，
将其斥骂。嗣罗友亮欲行控告，该犯疑系甘腾海主陵，并
挟斥骂之嫌，起意将幼子长娃抱赴甘腾海堂屋，用刀砍死，
向其图赖。该督将甘奇位依故杀子孙图赖附近充军本罪上
加三等，发极边烟瘴充军咨部。职等查卑幼诬告大功以下
尊长律称依凡人诬罪加三等治罪，即所告系死罪未决亦至
杖流加徒而止。若故杀子孙图赖罪应拟军，因故杀图赖，
其情重于诬告，拟以附近充军，其诬告之罪即已包括在内，
按名例二罪并发从重论，自应将甘奇位照例拟军，其诬告
小功尊长死罪未决，系属轻罪不议。该督将该犯依故杀子
孙图赖附近充军罪上加三等，发极边烟瘴充军，不特于诬
告条内加所诬罪三等之律义未符，且与名例二罪并发从重
论之条自碍，应即照例更正。[1]

4. 捏词诬告平人致令畏罪自尽

川督题：李亭宽殴伤杨正瑞，畏罪诬告，致杨正瑞自
缢身死一案。查例载：诬告人因而致死，被诬之人委系平
人者拟绞监候等语。此案李亭宽因杨正瑞与伊堂兄李亭伸
口角，辱及李姓祖先，该犯与李亭伟等听闻不依，将杨正
瑞共殴致伤，经劝而散。杨正瑞即进李亭伸店内睡卧撒赖，
声言告官究治，李亭宽虑恐到官问罪，将该县查拿匪徒木
牌打毁，捏称杨正瑞打毁，赴县诬控，杨正瑞畏累情急，

---

[1]　祝庆祺、鲍书芸、潘文舫、何维楷编：《刑案汇览三编》（二），北京古籍出版社
2004年版，第1206—1207页。

投缳殒命。查李亭宽将杨正瑞殴伤，因其声称告官，虑恐问罪，将该县查拿匪徒木牌毁坏，诬告杨正瑞打毁，以致杨正瑞畏累自尽，死者既属平人，自应依诬告致死本例科断。该省将李亭宽依诬告人因而致死，被诬之人委系平人例拟绞监候，查核情罪相符，应请照覆。[1]

5. 明知窃情之人被贼诬扳自尽

苏抚题：孙蕙芳京控孙治嘱贼汤馨沅仇扳，将伊子孙步蟾拷打逼毙等情一案。查汤馨沅因与孙步蟾赌博，输欠钱文无措，起意行窃，乘夜窃得孙治典内汗巾等物卖钱偿还，后又将孙步蟾借钱赌输，当将所窃汗巾托其当钱使用，孙步蟾盘知窃情，因其行窃典铺，得赃必多，欠项全欲归结逼向索讨，汤馨沅被逼，复至孙治典后窃得首饰等物，旋被盘获。捕役蒋兴等盘问同伙，汤馨沅因孙步蟾曾知窃情索逼欠项，即指称同秋，蒋兴当将孙步蟾拿获，孙蕙芳疑系孙治嘱贼诬扳，孙步蟾自将铁链解脱，同至孙治家理论，孙蕙芳妻媳亦赶往吵闹，碰毁家伙，孙治赴县喊告，孙步蟾讹闻官兵下乡捉拿，情急自缢。查孙步蟾先与汤馨沅赌博借欠，后又明知窃情，代为典当赃物，事发被扳，与平空诬扳良民有间，例内并无诬扳曾知窃情之人为同伙，致令自尽作何治罪明文。该省所引诬良为窃，吓诈逼认因而致死，照诬告致死律拟绞监候例上减等拟流，查此例已于道光二年及本年节次修改，未便引用，再查本案情节不但系诬轻为重，不得滥引诬告之例，且死者明知窃情索用赃物，该犯即不诬扳亦应饬役缉究，死者因此自尽，未便

---

〔1〕 祝庆祺、鲍书芸、潘文舫、何维楷编：《刑案汇览三编》（三），北京古籍出版社2004年版，第1712页。

递坐该犯以致死之罪，案关罪名出入，应请交司驳令该省另行妥拟，到日再议。[1]

6.教唆诬告首从罪名各按本例

陕督咨：赵灼教唆赵糧诬告李本智等殴溺伊妻徐氏，以致尸遭蒸检一案。此案赵灼因族弟赵糧之妻徐氏与李本智等争灌渠水，被李本智掌批腮颊，徐氏气忿，自投水渠殒命，经赵糧历控检明，拟杖详结，尚未发落，赵灼误闻徐氏身受多伤，恐非自溺，怂恿赵糧捏砌被殴后丢入水沟淹死等情翻控，以致尸遭蒸检。查赵灼系徐氏之夫赵糧族兄，与徐氏并无服制，应同凡论，该犯教唆赵糧翻控，致尸遭蒸检，自应以该犯为首，依凡人诬告人命，致尸遭蒸检，审无挟仇，止以误执伤痕诬告蒸检例拟发近边充军。该省将赵灼依尊长诬告人命，误执伤痕，蒸检卑幼身尸例拟流加徒，是将应以凡论之犯，而牵引有服亲属之例，系属错误，应请交司更正。至赵糧听从族兄赵灼翻控，致蒸检伊妻徐氏尸身，自应照亲属律有应抵之条，误执伤痕告官蒸检例问拟，系与为首之赵灼首从罪名各别，应各依本律首从论。该省将赵糧依为从例拟以总徒四年，系属照例办理，应请照覆。[2]

（三）诈

1. 假充宗室诈称买衣结伙叠窃

提督奏送：尚政春伙同杨马氏并杨桂儿行窃。尚政春

〔1〕 祝庆祺、鲍书芸、潘文舫、何维楷编：《刑案汇览三编》（三），北京古籍出版社2004年版，第1747—1748页。

〔2〕 祝庆祺、鲍书芸、潘文舫、何维楷编：《刑案汇览三编》（三），北京古籍出版社2004年版，第1843—1844页。

假充宗室，杨马氏假充伊母，杨桂儿假充伊弟，藉称买贩布衣等物乘间抽窃至二三百次之多，将尚政春照积匪猾贼拟军例加一等，发新疆充当苦差。杨马氏、杨桂儿照积匪本例拟军，杨马氏仍收赎。[1]

2. 牛牙被革诈充经纪诓取用钱

道光十三年二月十七奉旨：此案米凤山充当接办祭礼牛牙，适值承报牛税之经纪陈玉棕等被两翼衙门禁革，该犯即乘机诈充经纪，拦截商贩诓取用钱，以致牛只偷税，实属搅扰税务。米凤山着枷号两个月，发附近地方充军，该犯收过牛贩银一万四千余两，应行入官，照例监迫完缴。据供母老丁单，着毋庸查办，余依议。钦此。[2]

3. 向误用假银人讹诈致令自尽

陕抚题：张世荣因陶泳祥误收假银，赴伊铺内换钱。该犯起意讹诈，致陶泳祥窘迫自尽。应依刁徒平空讹诈，致被诈之人自尽拟绞例，量减一等拟流。[3]

4. 聚赌被诈将外委割辫诬奸

浙抚咨：金品章开场赌博，送给在村缉匪之外委汪冒麟洋钱。该外委因不遂所欲，前往查拿，借端讹索。金品章不甘，喊同伊妻吴氏等将该外委发辫割下，诬奸挟制。惟该外委并非本管官，且由需索取辱，将金品章比照奸赃

---

〔1〕 祝庆祺、鲍书芸、潘文舫、何维楷编：《刑案汇览三编》（一），北京古籍出版社2004年版，第584页。

〔2〕 祝庆祺、鲍书芸、潘文舫、何维楷编：《刑案汇览三编》（一），北京古籍出版社2004年版，第370页。

〔3〕 祝庆祺、鲍书芸、潘文舫、何维楷编：《刑案汇览三编》（一），北京古籍出版社2004年版，第679页。

污人名节例拟军。[1]

(四) 伪

1. 私雕假印谎骗钱粮

山东司查例载：伪造诸衙门印信，事关军机，冒支钱粮，假冒官职者俱拟斩立决，为从拟绞监候，若非关军机钱粮假官等弊，止图诓骗财物，为数多者拟斩监候，为从杖一百，流三千里等语。今张介平起意商同张思成私刻假印票板戳记，刷成串票，买备油朱调成印色，包揽马廷公钱粮，先后诓骗共九十户，印给假票九十四张，得钱八十二千一百文，该抚将张介平依伪造印信，冒支钱粮例拟斩立决，张思成依为从拟绞监候具题。职等查张介平等私雕假印，揽纳钱粮，虽非在官冒支，但该犯等私造县印，假串包揽花户多名计，钱至八十余千，诓骗入己，以致踊跃，输将之花户转成拖欠之贫民，较之在官冒支者其情原属可恶，且钱粮上关国课，该犯等捏造印串，私自揽纳，核与止图诓骗别项财物，非关钱粮者不同，该省将该犯等分别首从，照例拟以斩决绞候，尚属妥协，似可照覆。奉批：查案比定遵查乾隆五十八年三月内安徽省钱泳等私雕假印串票，诓骗钱粮十四两零，拟斩监候，请旨即行正法一案，又五十二年六月内江苏省李受私雕假印，诓骗钱粮三十余两拟斩监候，赶入本年秋审办理一案，又本年二月内浙江省陆家祥私雕假印，诓骗税银四十余两，拟斩监候援免一案，俱经照拟题覆在案。此案张介平等私雕假印，

〔1〕 祝庆祺、鲍书芸、潘文舫、何维楷编：《刑案汇览三编》（二），北京古籍出版社2004年版，第1392页。

诓骗钱粮，若该省照诓骗数多例拟斩监候，原可随案照覆，今既照冒支钱粮例拟以斩决，似为慎重钱粮整饬地方起见，亦只可照覆。[1]

2. 私雕假印谎骗尚未行用

江西司咨：胡荣私雕假印文质已成，仅止笔画缺少舛错，应以已成论。惟罗元礼将未完地丁银一两自托胡荣代完，胡荣初无诓骗之心，迨后将银挪用，罗元礼索讨串票，胡荣始起意私雕假印，填串搪塞，因恐罗元礼认出，尚未付给，罗元礼并未被骗，是假印虽已雕成，尚未行用，将胡荣依伪造印信，甫经雕刻尚未行用，减得财一等，于伪造诸衙门印信、诓骗财物为数无多拟流例减一等，杖一百，徒三年。[2]

3. 描摹假契谎借钱文

提督咨送：郝文奎租赁托宅房屋开设茶馆亏本，起意指房借钱，因无房契，该犯与马二商允，转央阿九描画假契，串通骁骑校扎拉洪阿出名，民人李幅、岳二作保，向吉宅诓借京钱一千六百吊分用，内给阿九描画假契工钱三十吊，将郝文查照描摹印信行使诓骗财物，犯该徒罪以上例发边远充军，阿九比依伪造假印，仅受些微价值代为私雕例，与分赃无多之马二、扎拉洪阿，及知情作保，得受谢钱之李幅、岳二均照为从例，杖一百，徒三年。扎拉

〔1〕 祝庆祺、鲍书芸、潘文舫、何维楷编：《刑案汇览三编》(三)，北京古籍出版社2004年版，第1899—1900页。

〔2〕 祝庆祺、鲍书芸、潘文舫、何维楷编：《刑案汇览三编》(四)，北京古籍出版社2004年版，第419页。

洪阿革去骁骑校，与阿九一并销除本身旗档。[1]

4. 首伙商同描摹假契谎骗

提督奏送：程文庸开设东天成烟袋铺，欲借铺底，托恩惠等借钱，恩惠以借钱须有房契作押，即转找双保将东天成烟袋铺捏写历次典卖白契三张，恩惠改名富明，写立出典白契一张，并描摹左翼关防及佐领图记，翻首契面造成镶红印契，令程文庸写立取租房折，向英姓诓典京钱二千五百吊，程文庸分用京钱一千零九十吊，恩惠等各分用二百三十吊，双保分用三十吊。将已革佐领恩惠依描摹印信诓骗财物，犯该徒罪以上例，发边远充军，销除旗档，从重发新疆当差。程文庸讯非起意捏造假契，惟究因该犯欲指铺底押钱，以致恩惠等转诓钱文，又分用赃钱一千余吊，未便仅以为从论，双保止得些微酬谢，代为描摹，惟前曾描摹假契销档拟徒，限满释回，兹又描摹假印，实属不知悛改，亦未便仅以为从论，程文庸、双保均于为从满徒上加一等，杖一百，流二千里。[2]

5. 粮差畏比私造假印谎骗花户

直督咨：崔建邦、王进禄均充曾明县粮差，承催钱粮，辄因畏比，先后起意私造假印粮串，诓骗花户银钱，王进禄虽系知情，事后效尤，第行用假串各不相谋，厥虽维均，惟所骗花户钱文皆系民间财物，与冒支在官钱粮不同，计赃亦不及十两。将崔建邦、王进禄均依伪造印信，非关军

---

[1] 祝庆祺、鲍书芸、潘文舫、何维楷编：《刑案汇览三编》（四），北京古籍出版社 2004 年版，第 419 页。

[2] 祝庆祺、鲍书芸、潘文舫、何维楷编：《刑案汇览三编》（四），北京古籍出版社 2004 年版，第 420 页。

机钱粮，止图诓骗财物，银不及十两拟以满流例，系知法犯法加一等，俱发附近充军。[1]

6. 伪造兵部印信委札谎骗胞兄

直隶司查例载：伪造诸衙门印信，非关军机钱粮假官等弊，止图诓骗财物，为数多者照律拟斩监候，为从杖一百，流三千里。若诓骗财物为数无多，银不及十两，钱不及十千，为首雕刻者杖一百，流三千里，为从及知情行用者各减一等。又律载：用计诈欺官私取财，计赃准窃盗论。若期亲以下自相诈欺者，依亲属相盗律递减科断。又亲属相盗财物者，期亲减凡人五等各等语。此案王懋修起意伪造兵部印信委札，向伊胞兄王聿修捏称谋办王府校尉庄头，诓骗银钱，经王聿修赴营呈首，查验假印篆文系信手刻画，不成文字，所称校尉庄头亦无似此名目，实止意图诈财，确非假诈官职。第业经行用，诓银已在十两以上，按凡人应照已成拟斩，今被骗者系其胞兄，服属期亲是否与凡人一律同科，抑亲属应区别酌减，咨请部示。本部查伪造印信诓骗财物，例内虽无亲属凡人分别治罪明文，惟期亲以下自相诈欺，应依凡人递减科断，则伪造印信诓骗亲属财物，即不能与凡人一例同科，且例内既以骗财之多寡为罪名之等差，可见例系计赃定罪，亲属之人凡人自应稍有区别。今王懋修伪造兵部印信委札，捏称谋办王府校尉庄头，诓骗胞兄王聿修银钱，查验假印篆文系信手刻画，不成文字，所称校尉庄头亦无似此名目，其为意图诓骗，并无重大别情，实属可信。计赃虽在十两以上，惟所骗究

---

[1] 祝庆祺、鲍书芸、潘文舫、何维楷编：《刑案汇览三编》（四），北京古籍出版社2004年版，第420页。

系胞兄之财，自不能照凡人一例拟斩，衡情酌断，应于伪
造印信，止图诓骗，为数多者斩监候例上酌减一等，拟以
杖一百，流三千里。[1]

三、其　他

（一）孔子诛少正卯

孔子诛杀少正卯也被认为是通过刑法维护诚信的一个案例。在
孔子指出的五项罪行中，"言伪而辩"便是其中一项，不诚实的言论
不可取，为不诚实的言论辩护更不可取。

> 孔子为鲁摄相，朝七日而诛少正卯。门人进问曰："夫
> 少正卯鲁之闻人也，夫子为政而始诛之，得无失乎？"孔
> 子曰："居，吾语女其故。人有恶者五，而盗窃不与焉。一
> 曰，心达而险；二曰，行辟而坚；三曰，言伪而辩；四曰，
> 记丑而博；五曰，顺非而泽。此五者有一于人，则不得免
> 于君子之诛，而少正卯兼有之。故居处足以聚徒成群，言
> 谈足以饰邪营众，强足以反是独立，此小人之桀雄也，不
> 可不诛也。是以汤诛尹谐，文王诛潘止，周公诛管叔，太
> 公诛华仕，管仲诛付里乙，子产诛邓析史付，此七子者，
> 皆异世同心，不可不诛也。诗曰：'忧心悄悄，愠于群
> 小。'小人成群，斯足忧矣。"[2]

---

[1] 祝庆祺、鲍书芸、潘文舫、何维楷编：《刑案汇览三编》（四），北京古籍出版社
2004 年版，第 421—422 页。

[2] 《荀子·宥坐》，见《荀子》，方勇、李波译注，中华书局 2015 年版，第 473 页。

（二）张释之忠断惊驾案

张释之，生卒年月不详，西汉堵阳（今河南南阳方城）人。汉文帝时，张释之捐官出仕。后升任廷尉，严于执法，以执法公正不阿闻名。时人称赞"张释之为廷尉，天下无冤民"。

> 顷之，上行出中渭桥，有一人从桥下走出，乘舆马惊。于是使骑捕，属之廷尉。释之治问。曰："县人来，闻跸，匿桥下。久之，以为行已过，即出，见乘舆车骑，即走耳。"廷尉奏当，一人犯跸，当罚金。文帝怒曰："此人亲惊吾马，吾马赖柔和，令他马，固不败伤我乎？而廷尉乃当之罚金！"释之曰："法者天子所与天下公共也。今法如此而更重之，是法不信于民也。且方其时，上使立诛之则已。今既下廷尉，廷尉，天下之平也，一倾而天下用法皆为轻重，民安所措其手足？唯陛下察之。"良久，上曰："廷尉当是也。"[1]

（三）戴胄力断伪造资质案

戴胄（573—633年），字玄胤，唐太宗时期曾任大理寺少卿。在审理官员伪造资历案件时，与唐太宗发生冲突，留下了一段论证法与信关系的精辟言论。

> 戴胄字玄胤，相州安阳人。性坚正，干局明强，善簿最……大理少卿缺，太宗曰："大理人命所系，胄清直，其人哉。"即日命胄。……时选者盛集，有诡资荫冒牒取调者，诏许自首；不首，罪当死。俄有诈得者，狱具，胄以法当流。帝曰："朕诏不首者死，而今当流，是示天下不

〔1〕《史记·张释之冯唐列传》，见《史记》，中华书局1982年版，第2754—2755页。

以信。卿卖狱邪？"胄曰："陛下登杀之，非臣所及，既
属臣，敢亏法乎？"帝曰："卿自守法，而使我失信，奈
何？"胄曰："法者，布大信于人，言乃一时喜怒所发。陛
下以一朝忿将杀之，既知不可，而置于法，此忍小忿，存
大信也。若阿忿违信，臣为陛下惜之。"帝大感寤，从其
言。胄犯颜据正数矣，参处法意，至析秋豪，随类指擿，
言若泉涌。帝益重之，迁尚书左丞，矜其贫，特诏赐钱
十万。[1]

（四）孙伏伽诚谏三案

孙伏伽，相传为中国历史上第一位状元，贝州武城（今河北故
城县）人。

孙伏伽，贝州武城人。仕隋，以小史累劳补万年县法
曹。高祖武德初，上言三事。

其一：臣闻"天子有争臣，虽无道不失其天下"。隋失
天下者何？不闻其过也。方自谓功德盛五帝、迈三王，穷
侈极欲，使天下士肝脑涂地，户口殚耗、盗贼日滋。当时
非无直言之臣，卒不闻悟者，君不受谏，而臣不敢告之也。
向使开不讳之路，官贤授能，赏罚时当，人人乐业，谁能
摇乱者乎？陛下举晋阳，天下回应，计不旋踵，大业以成。
勿以得天下之易，而忘隋失之不难。天子动则左史书之，
言则右史书之。凡搜狩当顺四时，不可妄动。且陛下即位
之明日，有献鹞者，不却而受，此前世弊事，奈何行之？
相国参军事卢牟子献琵琶，长安丞张安道献弓矢，并被赍
赏。以率土之富，何索不致，岂少此物哉？

---

[1]《新唐书·列传第二十四》，见《新唐书》，中华书局 1975 年版，第 3914—3915 页。

其二：百戏散乐，本非正声，隋末始见崇用，此谓淫风，不得不变。近太常假民裙襦五百称，以衣妓工，待玄武门游戏。臣以为非诒子孙之谋。传曰："放郑声，远佞人。"今散妓者，匪《韶》匪《夏》，请并废之，以复雅正。

其三：臣闻"性相近，习相远"。今皇太子诸王左右执事，不可不择。大抵不义无赖及驰骋射猎歌舞声色慢游之人，止可悦耳目，备驱驰，至拾遗补阙，决不能也。泛观前世，子姓不克孝，兄弟不克友，莫不由左右乱之。愿选贤才，澄僚友之选。

帝大悦，即诏："周、隋之晚，忠臣结舌，是谓一言丧邦者。朕惟寡德，不能性与天道，然冀弼谐以辅不逮，而群公卿士罕进直言。伏伽至诚慷慨，据义恳切，指朕失无所讳。其以伏伽为治书侍御史，赐帛三百匹。"初，帝受禅，伏伽最先谏，帝欲尽下情，故不次见拔，以示群臣。

是时，军兴赋敛重，伏伽数请厘损。帝语裴寂曰："隋为无道，主骄于上，臣谄于下，下上蔽蒙，至身死匹夫手，宁不痛哉！我今不然，平乱责武臣，守成责儒臣，程能付事，以佐不逮；虚心尽下，冀闻嘉言。若李纲、孙伏伽，可谓谊臣矣。俯首嗫默，岂朕所望哉？"

东都平，大赦天下，又欲责贼支党，悉流徙恶地。伏伽谏曰："臣闻王者无戏言，《书》称'尔无不信，朕不食言'，言之不可不慎也。陛下制诏曰：'常赦不免，皆原之。'此非直赦有罪，是亦与天下更新辞也。世充、建德所部，赦后乃欲流徙。《书》曰：'歼厥渠魁，胁从罔治。'渠魁尚免，胁从何辜？且跖狗吠尧，吠非其主。今与陛下结发雅故，往为贼臣，彼岂忘陛下哉，壅隔故也。至疏者安得而罪之？由古以来，何始无君，然止称尧、舜者，何也？直由善名难得也。昔天下未平，容应机制变。今四方已定，设法须与人共之。法者陛下自作，须自守之，使天下百姓信而畏也。自为无信，欲人之信，岂可得哉？赏罚之行，无贵贱亲疏，惟义所在。臣愚以为贼党于赦当免者，虽甚无状，宜一切加原，则天下幸甚。"又表置谏官。帝皆钦纳。

太宗即位，封乐安县男，迁大理少卿。帝数出驰射，伏伽谏曰："臣闻天子之居，禁卫九重，出也警，入也跸，非直尊其居处，为社稷生人计也。比闻陛下走马射帖，娱悦群臣，殆非所以导养圣躬、垂宪后代，此直少年诸王务耳，安得既为天子，尚行之乎？窃为陛下不取。"帝悦曰："卿能言朕失，朕能改之，天下庶有瘳乎！"后坐奏囚失，免官。起为刑部郎中。累迁大理卿。时司农市木橦，倍直与民，右丞韦悰劾吏隐没，事下大理讯鞫。伏伽曰："缘官市贵，故民直贱。臣见司农识大体，不见其罪。"帝悟，顾悰曰："卿不逮伏伽远矣。"久之，出为陕州刺史，致仕。显庆三年卒。

始，伏伽拜御史时，先被内旨，而制未出，归卧于家，无喜色。顷之，御史造门，子弟惊白，伏伽徐起见之。时人称其有量，以比顾雍云。[1]

（五）唐太宗纵囚约期

太宗以英武定天下，然其天姿仁恕。初即位，有劝以威刑肃天下者，魏徵以为不可，因为上言王政本于仁恩，

---

[1]《新唐书·列传第二十八》，见《新唐书》，中华书局 1975 年版，第 3995—3998 页。

所以爱民厚俗之意，太宗欣然纳之，遂以宽仁治天下，而于刑法尤慎。四年，天下断死罪二十九人。六年，亲录囚徒，闵死罪者三百九十人，纵之还家，期以明年秋即刑；及期，囚皆诣朝堂，无后者，太宗嘉其诚信，悉原之。然尝谓群臣曰："吾闻语曰：一岁再赦，好人喑哑。吾有天下未尝数赦者，不欲诱民于幸免也。"自房玄龄等更定律、令、格、式，讫太宗世，用之无所变改。[1]

---

〔1〕《新唐书·刑法志》，见《新唐书》，中华书局 1975 年版，第 1412—1413 页。

第四章

古典文学作品中的法与信

　　法与信的关系是一个有序社会不可避免的话题，因为任何一个社会都致力于构筑和维护信用、信任等与信有关的机制，这样可以节省交易成本，促进社会的沟通和交流。我们能在传统典籍、律典和案例中看到了这一点，文学作品亦如此。文学作品虽然有艺术加工的成分，但在某种程度上却是对法与信关系极为精练而突出的表现。本章以中国历史上流传范围比较广的《诗经》、《楚辞》、汉赋、骈文、唐诗、杂剧、传奇和小说为例来说明。

一、先秦文学

　　《诗经》和《楚辞》是先秦文学中的杰出代表。这两部作品在相当程度上反映了当时人们的日常意识。其中就有关于信的一些看法。

(一)《诗经》

　　《诗经》作为中国最早的诗歌总集，收录了305篇反映15个地区人民生活的诗歌。其中有若干篇感叹信守誓言的重要性，以及因种种原因无法践行誓言让人们感到哀伤。

> 死生契阔，与子成说。执子之手，与子偕老。
> 于嗟阔兮，不我活兮。于嗟洵兮，不我信兮。[1]
>
> 及尔偕老，老使我怨。淇则有岸，隰则有泮。
> 总角之宴，言笑晏晏。信誓旦旦，不思其反。
>
> 反是不思，亦已焉哉！[2]

---

[1]《国风·邶风·击鼓》，见周振甫：《诗经译注》(修订本)，中华书局2010年版，第41页。

[2]《国风·卫风·氓》，见周振甫：《诗经译注》(修订本)，中华书局2010年版，第77页。

大车槛槛，毳衣如菼。岂不尔思？畏子不敢。

大车啍啍，毳衣如璊。岂不尔思？畏子不奔。

穀则异室，死则同穴。谓予不信，有如皦日。[1]

扬之水，不流束楚。终鲜兄弟，维予与女。无信人之
言，人实迋女。

扬之水，不流束薪。终鲜兄弟，维予二人。无信人之
言，人实不信。[2]

（二）《楚辞》

"楚辞"相传是屈原创作的一种诗歌形式。《楚辞》则被认为是
中国文学史上第一部浪漫主义诗歌总集，据传是屈原创作的。屈原
曾经在《楚辞·九章·惜往日》中从个人经历出发慨叹诚实守信对
一个国家法度的重要性。

惜往日之曾信兮，受命诏以昭时。

奉先功以照下兮，明法度之嫌疑。

国富强而法立兮，属贞臣而日娭。

秘密事之载心兮，虽过失犹弗治。

心纯庞而不泄兮，遭谗人而嫉之。

君含怒而待臣兮，不清澄其然否。

蔽晦君之聪明兮，虚惑误又以欺。

弗参验以考实兮，远迁臣而弗思。

信谗谀之溷浊兮，盛气志而过之。

---

[1] 《国风·王风·大车》，见周振甫：《诗经译注》（修订本），中华书局 2010 年版，第
97 页。

[2] 《国风·郑风·扬之水》，见周振甫：《诗经译注》（修订本），中华书局 2010 年版，
第 118 页。

何贞臣之无罪兮，被离谤而见尤？

惭光景之诚信兮，身幽隐而备之。

临沅湘之玄渊兮，遂自忍而沉流。

卒没身而绝名兮，惜壅君之不昭。

君无度而弗察兮，使芳草为薮幽。

焉舒情而抽信兮，恬死亡而不聊。

独鄣壅而蔽隐兮，使贞臣为无由。

闻百里之为虏兮，伊尹烹于庖厨。

吕望屠于朝歌兮，宁戚歌而饭牛。

不逢汤武与桓缪兮，世孰云而知之？

吴信谗而弗味兮，子胥死而后忧。

介子忠而立枯兮，文君寤而追求。

封介山而为之禁兮，报大德之优游。

思久故之亲身兮，因缟素而哭之。

或忠信而死节兮，或訑谩而不疑。

弗省察而按实兮，听谗人之虚辞。

芳与泽其杂糅兮，孰申旦而别之？

何芳草之早殀兮，微霜降而下戒。

谅聪不明而蔽壅兮，使谗谀而日得。

自前世之嫉贤兮，谓蕙若其不可佩。

妒佳冶之芬芳兮，嫫母姣而自好。

虽有西施之美容兮，谗妒入以自代。

愿陈情以白行兮，得罪过之不意。

情冤见之日明兮，如列宿之错置。

乘骐骥而驰骋兮，无辔衔而自载。

乘氾泭以下流兮，无舟楫而自备。

背法度而心治兮，辟与此其无异。

宁溘死而流亡兮，恐祸殃之有再。

不毕辞而赴渊兮，惜壅君之不识。[1]

二、汉唐文学

由汉至唐，赋和骈文得到了长足的发展，涌现出许多名篇。其中，《刺世疾邪赋》和《龙筋凤髓判》可以说是代表之作。

（一）《刺世疾邪赋》

《刺世疾邪赋》是汉代文学家赵壹的代表赋作。顾名思义，该赋以讽刺的手法鞭挞当时的不良社会风气。赵壹最不能容忍的就是欺瞒、虚伪与佞谄。

> 伊五帝之不同礼，三王亦又不同乐。数极自然变化，非是故相反。德政不能救世溷乱，赏罚岂足惩时清浊？春秋时祸败之始，战国愈复其荼毒。秦汉无以相逾越，乃更加其怨酷。宁计生民之命？为利己而自足。
>
> 于兹迄今，情伪万方。佞谄日炽，刚克消亡。舐痔结驷，正色徒行。妪煦名势，抚拍豪强。偃蹇反俗，立致咎殃。捷慑逐物，日富月昌。浑然同惑，孰温孰凉？邪夫显进，直士幽藏。
>
> 原斯瘼之攸兴，实执政之匪贤。女谒掩其视听兮，近习秉其威权。所好则钻皮出其毛羽，所恶则洗垢求其瘢痕。虽欲竭诚而尽忠，路绝险而靡缘。九重既不可启，又群吠之猜猜。安危亡于旦夕，肆嗜欲于目前。奚异涉海之失柂，积薪而待然？荣纳由于闪榆，孰知辨其蚩妍？故法禁屈挠于势族，恩泽不逮于单门。宁饥寒于尧舜之荒岁兮，不饱

---

[1]《惜往日》，见金开诚、董洪利、高路明校注：《屈原集校注》，中华书局 1996 年版，第 582—606 页。

暖于当今之丰年。乘理虽死而非亡，违义虽生而匪存。

有秦客者，乃为诗曰："河清不可俟，人命不可延。顺风激靡草，富贵者称贤。文籍虽满腹，不如一囊钱。伊优北堂上，抗脏依门边。"鲁生闻此辞，紧而作歌曰："势家多所宜，咳唾自成珠；被褐怀金玉，兰蕙化为刍。贤者虽独悟，所困在群愚。且各守尔分，勿复空驰驱。哀哉复哀哉，此是命矣夫！"[1]

（二）乐府诗

1. 庾信：《周五声调曲 角调曲 一》

止戈见于绝辔之野，称伐闻于丹水之征。信义俱存，乃先忘食；五材并用，谁能去兵。虽圣人之大宝曰位，实天地之大德曰生。泾渭同流，清浊异能；琴瑟并御，雅郑殊声。扰扰烝人，声教不一；茫茫禹迹，车轨未并。志在四海而尚恭俭，心包宇宙而无骄盈。言而无文，行之不远；义而无立，勤则无成。恻隐其心，训以慈惠；流宥其过，哀矜典刑。[2]

2. 傅玄：《晋鼓吹曲二十二首 其十五 仲春振振》

仲春振旅，大致民，武教于时日新。师执提，工执鼓。坐作从，节有序。盛矣允文允武。搜田表祸，申法誓。遂围禁，献社祭。允以时，明国制。文武并用，礼之

---

〔1〕《后汉书·文苑列传》，见《后汉书》（卷八十），中华书局 2011 年版，第 2630—2631 页。

〔2〕郭茂倩：《乐府诗集》（卷一十五），中华书局 1979 年版，第 213—214 页。

经。列车如战，大教明，古今谁能去兵。大晋继天，济
群生。[1]

3. 曹植:《精微篇》

　　精微烂金石，至心动神明。杞妻哭死夫，梁山为之倾。
子丹西质秦，乌白马角生。邹衍囚燕市，繁霜为夏零。关
东有贤女，自字苏来卿。壮年报父仇，身没垂功名。女休
逢赦书，白刃几在颈。俱上列仙籍，去死独就生。太仓令
有罪，远征当就拘。自悲居无男，祸至无与俱。缇萦痛父
言，荷担西上书。盘桓北阙下，泣泪何涟如。乞得并姊弟，
没身赎父躯。汉文感其义，肉刑法用除。其父得以免，辩
义在列图。多男亦何为，一女足成居。简子南渡河，津吏
废舟船。执法将加刑，女娟拥棹前。妾父闻君来，将涉不
测渊。畏惧风波起，祷祝祭名川。备礼飨神祇，为君求福
先。不胜釂祀诚，至令犯罚艰。君必欲加诛，乞使知罪愆。
妾原以身代，至诚感苍天。国君高其义，其父用赦原。河
激奏中流，简子知其贤。归娉为夫人，荣宠超后先。辩女
解父命，何况健少年。黄初发和气，明堂德施敷。治道致
太平，礼乐风俗移。刑错民无枉，怨女复何为。圣皇长寿
考，景福常来仪。[2]

(三)《龙筋凤髓判》

　　《龙筋凤髓判》为唐朝张鷟所编撰的一部以骈文形式写就的判词
汇编，对后世影响极大。其中部分判词体现了唐代司法官对诚实信

---

[1] 郭茂倩:《乐府诗集》(卷一十九)，中华书局1979年版，第281页。
[2] 郭茂倩:《乐府诗集》(卷五十三)，中华书局1979年版，第774—775页。

用等基本伦理原则的捍卫。

> 羽林将军王畅薨，无嫡子，取侄男袭爵，庶子告不合承。

> 父昭子穆，千龄不易之仪，继祖承祧，万代相仍之道。若骨肉无爽，鸤鸠之美克昌，血属不同，螟蛉之子何寄？王畅名参骁尉，职绾羽林，俄缠风烛之灾，近绝烝尝之嗣。弃其庶子，收彼侄男，意既不保其家，神必不歆其祀。故荀颙令君之子，珠玉相辉，韦元成丞相之苗，芝兰递茂。枚皋孽子，不废光门。裴秀旁生，无妨贵族。三鳣之室，银黄所以挺生；七貂之门，金紫于焉间出。侧男自须绍允，犹子不合承宗。诈袭者处以徒刑，应续者宜从改正。[1]

（四）唐 诗

1. 魏徵：《述怀》

> 中原初逐鹿，投笔事戎轩。纵横计不就，慷慨志犹存。

> 杖策谒天子，驱马出关门。请缨系南越，凭轼下东藩。

> 郁纡陟高岫，出没望平原。古木鸣寒鸟，空山啼夜猿。

> 既伤千里目，还惊九逝魂。岂不惮艰险？深怀国士恩。

---

[1] 杨一凡、徐立志主编：《历代判例判牍》（第1册），中国社会科学出版社2005年版，第187页。

季布无二诺，侯嬴重一言。人生感意气，功名谁
复论。[1]

2. 李白：《侠客行》

赵客缦胡缨，吴钩霜雪明；
银鞍照白马，飒沓如流星。
十步杀一人，千里不留行；
事了拂衣去，深藏身与名。
闲过信陵饮，脱剑膝前横；
将炙啖朱亥，持觞劝侯嬴。
三杯吐然诺，五岳倒为轻；
眼花耳热后，意气素霓生。
救赵挥金槌，邯郸先震惊；
千秋二壮士，烜赫大梁城。
纵死侠骨香，不惭世上英；
谁能书阁下，白首太玄经。[2]

3. 李白：《赠从兄襄阳少府皓》

结发未识事，所交尽豪雄。
却秦不受赏，击晋宁为功。
托身白刃里，杀人红尘中。
当朝揖高义，举世称英雄。
小节岂足言，退耕春陵东。
归来无产业，生事如转蓬。

---

〔1〕 中国社会科学院文学研究所编：《唐诗选》，人民文学出版社 2003 年版，第 2 页。
〔2〕《李太白全集》，王琦注，中华书局 1977 年版，第 216 页。

一朝乌裘敝，百镒黄金空。

弹剑徒激昂，出门悲路穷。

吾兄青云士，然诺闻诸公。

所以陈片言，片言贵情通。

棣华倘不接，甘与秋草同。[1]

（五）《信及豚鱼赋》

信及豚鱼，意思是信用及于小猪和鱼那样微贱的东西，比喻信用非常好，语出《周易·中孚》。唐朝封孟申用赋的形式阐发了这一主题。

> 皇帝奉天心，执人柄。自毛群之贱品，及水族之微命，咸安其生，各遂其性。小既化矣，谅庶物以知归；大亦宜然，由一人之有庆。允所谓法中孚以立极，体涣汗而施令。其信也符天之不言，其德也与道际其圣。徒观其行藏出处，安逸逍遥。时乃上冰，且不爽于春候；时乃登俎，幸见录于清朝。何政令之不诚？何性命而不保？清澜自适，则乐我深泉；行苇不伤，则乐我丰草。趋时者保去留之性，默处者契雍熙之道。懿夫尧之为理，行路皆如。此《易》之取象，叶义必同涂。物苟在微，则岂唯豚尔；类苟在隐，则何必鱼乎？可谓德侔造化，道泯虚无。无远不均，将由夫大而不约；何幽未及，讵同彼小且未孚？穆穆巍巍，我后垂衣，域已臻于仁寿，信乃及于贱微。恣彼喥喎，在安流而长逸；睹其肤革，与至道而俱肥。斯可以见圣皇轨物，诚理是非，奚独龟龙假而表瑞，麟凤降而增辉而已哉！士有象既得而言欲忘，信已诚而行庸谨，安贞誓于耄期，慎

---

[1]《李太白全集》，王琦注，中华书局1977年版，第462页。

独禀乎超扰？观光上国，感豚鱼之以孚；愿仕清朝，匪岩
穴之可隐。[1]

（六）《霍小玉传》

《霍小玉传》是唐朝蒋防创作的传奇文学，讲述了不诚信者没有
好下场的故事。

> 大历中，陇西李生名益，年二十，以进士擢第。其明
年，拔萃，俟试于天官。夏六月，至长安，舍于新昌里。
生门族清华，少有才思，丽词嘉句，时谓无双；先达丈人，
翕然推伏。每自矜风调，思得佳偶，博求名妓，久而未谐。
长安有媒鲍十一娘者，故薛驸马家青衣也；折券从良，十
余年矣。性便辟，巧言语，豪家戚里，无不经过，追风挟
策，推为渠帅。常受生诚托厚赂，意颇德之。经数月，李
方闲居舍之南亭。申未间，忽闻扣门甚急，云是鲍十一娘
至。摄衣从之，迎问曰："鲍卿今日何故忽然而来？"鲍笑
曰："苏姑子作好梦未？"有一仙人，谪在下界，不邀财
货，但慕风流。如此色目，共十郎相当矣。生闻之惊跃，
神飞体轻，引鲍手且拜且谢曰："一生作奴，死亦不悍。"
因问其名居。鲍具说曰："故霍王小女，字小玉，王甚爱
之。母曰净持。即王之宠婢也。王之初薨，诸弟兄以其出
自贱庶，不甚收录。因分与资财，遣居于外，易姓为郑氏，
人亦不知其王女。资质浓艳，一生未见，高情逸态，事事
过人，音乐诗书，无不通解。昨遣某求一好儿郎格调相称
者。某具说十郎。他亦知有李十郎名字，非常欢惬。住在
胜业坊古寺曲，甫上车门宅是也。已与他作期约。明日午

---

[1]〔清〕董诰、戴衢亨编校：《钦定全唐文》，武英殿版，第946卷。

时，但至曲头觅桂子，即得矣。"鲍既去，生便备行计。遂
令家僮秋鸿，于纵兄京兆参军尚公处假青骊驹，黄金勒。
其夕，生浣衣沐浴，修饰容仪，喜跃交并，通夕不寐。迟
明，巾帻，引镜自照，惟惧不谐也。徘徊之间，至于亭
午。遂命驾疾驱，直抵胜业。至约之所，果见青衣立候，
迎问曰："莫是李十郎否？"即下马，令牵入屋底，急急锁
门。见鲍果从内出来，遥笑曰："何等儿郎，造次入此？"
生调诮未毕，引入中门。庭间有四樱桃树；西北悬一鹦鹉
笼，见生入来，即语曰："有人入来，急下帘者！"生本性
雅淡，心犹疑惧，忽见鸟语，愕然不敢进。逡巡，鲍引净
持下阶相迎，延入对坐。年可四十余，绰约多姿，谈笑甚
媚。因谓生曰："素闻十郎才调风流，今又见仪容雅秀，名
下固无虚士。某有一女子，虽拙教训，颜色不至丑陋，得
配君子，颇为相宜。频见鲍十一娘说意旨，今亦便令永奉
箕帚。"生谢曰："鄙拙庸愚，不意故盼，倘垂采录，生死
为荣。"遂命酒馔，即命小玉自堂东阁子中而出。生即拜
迎。但觉一室之中，若琼林玉树，互相照曜，转盼精彩射
人。既而遂坐母侧。母谓曰："汝尝爱念'开帘风动竹，疑
是故人来。'即此十郎诗也。尔终日念想，何如一见。"玉
乃低鬟微笑，细语曰："见面不如闻名。才子岂能无貌？"
生遂连起拜曰："小娘子爱才，鄙夫种色。两好相映，才貌
相兼。"母女相顾而笑，遂举酒数巡。生起，请玉唱歌。初
不肯，母固强之。发声清亮，曲度精奇。酒阑，及暝，鲍
引生就西院憩息。闲庭邃宇，帘幕甚华。鲍令侍儿桂子、
浣沙与生脱靴解带。须臾，玉至，言叙温和，辞气宛媚。
解罗衣之际，态有余妍，低帏昵枕，极其欢爱。生自以为
巫山、洛浦不过也。中宵之夜，玉忽流涕观生曰："妾本倡
家，自知非匹。今以色爱，托其仁贤。但虑一旦色衰，恩

移情替，使女萝无托，秋扇见捐。极欢之际，不觉悲至。"
生闻之，不胜感叹。乃引臂替枕，徐谓玉曰："平生志愿，
今日获从，粉骨碎身，誓不相舍。夫人何发此言。请以素
缣，着之盟约。"玉因收泪，命侍儿樱桃褰幄执烛，受生
笔研，玉管弦之暇，雅好诗书，筐箱笔研，皆王家之旧
物。遂取秀囊，出越姬乌丝栏素缣三尺以授生。生素多才
思，援笔成章，引谕山河，指诚日月，句句恳切，闻之动
人。染毕，命藏于宝箧之内。自尔婉娈相得，若翡翠之在
云路也。如此二岁，日夜相从。其后年春，生以书判拔萃
登科，授郑县主簿。至四月，将之官，便拜庆于东洛。长
安亲戚，多就筵饯。时春物尚余，夏景初丽，酒阑宾散，
离思萦怀。玉谓生曰："以君才地名声，人多景慕，愿结婚
媾，固亦众矣。况堂有严亲，室无冢妇，君之此去，必就
佳姻。盟约之言，徒虚语耳。然妾有短愿，欲辄指陈。永
委君心，复能听否？"生惊怪曰："有何罪过，忽发此辞？
试说所言，必当敬奉。"玉曰："妾年始十八，君才二十有
二，迫君壮士之秋，犹有八岁。一生欢爱，愿毕此期。然
后妙选高门，以谐秦晋，亦未为晚。妾便舍弃人事，剪发
披缁，夙昔之愿，于此足矣。"生且愧且感，不觉涕流。因
谓玉曰："皎日之誓，死生以之。与卿偕老，犹恐未惬素
志，岂敢辄有二三。固请不疑，但端居相待。至八月，必
当却到华州，寻使奉迎，相见非远。"更数日，生遂诀别东
去。到任旬日，求假往东都觐亲。未至家日，太夫人以与
商量表妹卢氏，言约已定。太夫人素严毅，生逡巡不敢辞
让，遂就礼谢，便有近期。卢亦甲族也，嫁女于他门，聘
财必以百万为约，不满此数，义在不行。生家素贫，事须
求贷，便托假故，远投亲知，涉历江淮，自秋及夏。生自
以辜负盟约，大愆回期，寂不知闻，欲断期望，遥托亲故，

不遗漏言。玉自生逾期，数访音信。虚词诡说，日日不同。
博求师巫，便询卜筮，怀忧抱恨，周岁有余。赢卧空闺，
遂成沉疾。虽生之书题竟绝，而玉之想望不移，赂遗亲知，
使通消息。寻求既切，资用屡空，往往私令侍婢潜卖箧中
服玩之物，多托于西市寄附铺侯景先家货卖。曾令侍婢浣
沙将紫玉钗一只，诣景先家货之。路逢内作老玉工，见浣
沙所执，前来认之曰："此钗，吾所作也。昔岁霍王小女将
欲上鬟，令我作此，酬我万钱。我尝不忘。汝是何人，从
何而得？"浣沙曰："我小娘子，即霍王女也。家事破散，
失身于人。夫婿昨向东都，更无消息。悒怏成疾，今欲二
年。令我卖此，赂遗于人，使求音信。"玉工凄然下泣曰：
"贵人男女，失机落节，一至于此！我残年向尽，见此盛
衰，不胜伤感。"遂引至延先公主宅，具言前事，公主亦为
之悲叹良久，给钱十二万焉。时生所定卢氏女在长安，生
即毕于聘财，还归郑县。其年腊月，又请假入城就亲。潜
卜静居，不令人知。有明经崔允明者，生之中表弟也。性
甚长厚，昔岁常与生童欢于郑氏之室，杯盘笑语，曾不相
间。每得生信，必诚告于玉。玉常以薪刍衣服，资给于崔。
崔颇感之。生既至，崔具以诚告玉。玉恨叹曰："天下岂有
是事乎！"遍请亲朋，多方召致。生字以愆期负约，又知
玉疾候沉绵，惭耻忍割，终不肯往。晨出暮归，欲以回避。
玉日夜涕泣，都忘寝食，期一相见，竟无因由。冤愤益深，
委顿床枕。自是长安中稍有知者。风流之士，共感玉之多
情；豪侠之伦，皆怒生之薄行。时已三月，人多春游。生
与同辈五六人诣崇敬寺玩牡丹花，步于西廊，递吟诗句。
有京兆韦夏卿者，生之密友，时亦同行。谓生曰："风光甚
丽，草木荣华。伤哉郑卿，衔冤空室！足下终能弃置，实
是忍人。丈夫之心，不宜如此。足下宜为思之！"叹让之

际，忽有一豪士，衣轻黄纻衫，挟弓弹，风神俊美，衣服
卿华，唯有一剪头胡雏从后，潜行而听之。俄而前揖生曰：
"公非李十郎者乎？某族本山东，姻连外戚。虽乏文藻，
心实乐贤。仰公声华，常思覿止。今日幸会，得睹清扬。
某之敝居，去此不远，亦有声乐，足以娱情。妖姬八九人，
骏马十数匹，唯公所欲。但愿一过。"生之侪辈，共聆斯
语，更相叹美。因与豪士策马同行，疾转数坊，遂至胜业。
生以进郑之所止，意不欲过，便托事故，欲回马首。豪士
曰："敝居咫尺，忍相弃乎？"乃挽挟其马，牵引而行。迁
延之间，已及郑曲。生神情恍惚，鞭马欲回。豪士遽命奴
仆数人，抱持而进。疾走推入车门，便令锁却，报云："李
十郎至也！"一家惊喜，声闻于外。先此一夕，玉梦黄衫
丈夫抱生来，至席，使玉脱鞋。惊寤而告母。因自解曰：
"鞋者，谐也。夫妇再合。脱者，解也。既合而解，亦当
永诀。由此征之，必遂相见，相见之后，当死矣。"凌晨，
请母梳妆。母以其久病，心意惑乱，不甚信之。俛勉之间，
强为妆梳。妆梳才必，而生果至。玉沉绵日久，转侧须人。
忽闻生来，欻然自起，更衣而出，恍若有神。遂与生相见，
含怒凝视，不复有言。羸质娇姿，如不胜致，时负掩袂，
返顾李生。感物伤人，坐皆欷歔。顷之，有酒肴数十盘，
自外而来。一坐惊视，遽问其故，悉是豪士之所致也。因
遂陈设，相就而坐。玉乃侧身转面，斜视生良久遂举杯酒
酬地曰："我为女子，薄命如斯！君是丈夫负心若此！韶颜
稚齿，饮恨而终。慈母在堂，不能供养。绮罗弦管，从此
永休。征痛黄泉，皆君所致。李君李君，今当永诀！我死
之后，必为厉鬼，使君妻妾，终日不安！"乃引左手握生
臂，掷杯于地，长恸号哭数声而绝。母乃举尸，置于生怀，
令唤之，遂不复苏矣。生为之缟素，旦夕哭泣甚哀。将葬

之夕，生忽见玉穗帷之中，容貌妍丽，宛若平生。着石榴裙，紫褵裆，红绿帔子。斜身倚帷，手引绣带，顾谓生曰："愧君相送，尚有余情。幽冥之中，能不感叹。"言毕，遂不复见。明日，葬于长安御宿原。生至墓所，尽哀而返。后月余，就礼于卢氏。伤情感物，郁郁不乐。夏五月，与卢氏偕行，归于郑县。至县旬日，生方与卢氏寝，忽帐外叱叱作声。生惊视之，则见一男子，年可二十余，姿状温美，藏身映幔，连招卢氏。生惶遽走起，绕幔数匝，倏然不见。生自此心怀疑恶，猜忌万端，夫妻之间，无聊生矣。或有亲情，曲相劝喻。生意稍解。后旬日，生复自外归，卢氏方鼓琴于床，忽见自门抛一斑犀钿花合子，方圆一寸余，中有轻绢，作同心结，坠于卢氏怀中。生开而视之，见相思子二，叩头虫一，发杀觜一，驴驹媚少许。生当时愤怒叫吼，声如豺虎，引琴撞击其妻，诘令实告。卢氏亦终不自明。尔后往往暴加捶楚，备诸毒虐，竟讼于公庭而遣之。卢氏既出，生或侍婢媵妾之属，暂同枕席，便加妒忌。或有因而杀之者。生尝游广陵，得名姬曰莺十一娘者，容态润媚，生甚悦之。每相对坐，尝谓莺曰："我尝于某处得某姬，犯某事，我以某法杀之。"日日陈说，欲令惧己，以肃清闺门。出则以浴斛复莺于床，周回封署，归必详视，然后乃开。又畜一短剑，甚利，顾谓侍婢曰："此信州葛溪铁，唯断作罪过头！"大凡生所见妇人，辄加猜忌，至于三娶，率皆如初焉。[1]

---

〔1〕 鲁迅：《鲁迅全集》（第 10 卷），人民文学出版社 1973 年版，第 245—254 页。

三、宋元文学

（一）宋　诗

1. 王安石：《商鞅》

> 自古驱民在信诚，一言为重百金轻。
> 今人未可非商鞅，商鞅能令政必行。[1]

2. 王安石：《读汉功臣表》

> 汉家封土建忠良，铁券丹书信誓长。
> 本待山河如带砺，缘何菹醢赐侯王。[2]

（二）《包待制智勘灰阑记》[3]

《包待制智勘灰阑记》是由元代李行道创作的杂剧。故事讲述的是：富翁马均卿娶妾张海棠，生有一子。马的正妻与奸夫赵令史合谋，毒杀亲夫，反诬海棠；为谋夺家产，又强称海棠之子为己生。屈打成招，海棠被判死罪。后包拯推详案情，知有冤弊，便用"灰阑计"，判明海棠为孩子的生身母亲，昭雪了她的冤枉；并审出马妻与奸夫合谋的杀人罪，对该二人给予严惩。

> （包待制云：）律意虽远，人情可推。古人有言："视其所以，观其所由，察其所安，人焉瘦哉！人焉瘦哉！"
> 你看这一个灰阑，倒也包藏着十分利害。那妇人本意要图

---

[1] 王水照主编：《王安石全集》（第5册），复旦大学出版社2016年版，第645页。

[2] 王水照主编：《王安石全集》（第5册），复旦大学出版社2016年版，第680页。

[3] 本部分内容参见王学奇主编：《元曲选校注》（第三册·下卷），河北教育出版社1994年版，第2797—2851页。

占马均卿的家私，所以要强夺这孩儿，岂知其中真假，早已不辨自明之也。（诗云：）本为家私赖子孙，灰阑辨出假和真。外相温柔心毒狠，亲者原来则是亲。我已着张林拘那奸夫去了，怎生这早晚还不到来。（张林拿赵令史上，跪科，云：）喏，禀爷，赵令史拿到了也。（包待制云：）兀那赵令史，取得这等好公案！你把这因奸药杀马均卿，强夺孩儿，混赖家私并买嘱街坊老娘，扶同硬证，一桩桩与我从实招来！（赵令史云：）哎哟！小的做个典吏，是衙门里人，岂不知法度。都是州官，原叫做苏模棱，他手里问成的。小的无过是大拇指头挠痒，随上随下，取的一纸供状。便有些什么违错，也不干典吏之事。（包待制云：）我不问你供状违错，只要问你那因奸药杀马均卿，可是你来？（赵令史云：）难道老爷不看见的，那个妇人满面都是抹粉的，若洗下了这粉，成个什么嘴脸？丢在路上，也没人要。小的怎肯去与他通奸，做这等勾当。（搽旦云：）你背后常说我似观音一般，今日却打落的我成不得个人，这样欺心的！（张林云：）昨日大雪里，赵令史和大浑家，赶到路上来，与两个解子打话，岂不是奸夫。只审这两个解子，便见分晓。（董净云：）早连我两个都攀下来了也。（包待制云：）张千，采赵令史下去，选大棒子打着者。（张千云：）理会的。（做打赵令史科。）（正旦唱：）

【庆宣和】你只想马大浑家做永远妻，送的我有去无归。既不吵，你两个赶到中途有何意？咱与你对嘴，对嘴。

（赵令史做死科。）（包待制云：）他敢诈死？张千，采起来，喷些水者。（张千喷水，赵令史醒科）（包待制云）快招上来。（赵令史云：）小的与那妇人往来，已非

一日，依条例也只问的个和奸，不至死罪。这毒药的事，
虽是小的去买的药，实不出小的本意。都是那妇人自把
毒药放在汤里，药死了丈夫。这强夺孩儿的事，当初小
的就道：别人养的不要他罢。也是那妇人说：夺过孩儿
来，好图他家缘家计。小的是个穷吏，没银子使的，买
转街坊老娘，也是那妇人来。嘱解子要路上谋死海棠，
也是那妇人来。（搽旦云：）呸！你这活教化头，早招
了也，教我说个甚的？都是我来，都是我来。除死无大
灾，拼的杀了我两个，在黄泉下做永远夫妻，可不好那！
（包待制云：）一行人听我下断：郑州太守苏顺，刑名违
错，革去冠带为民，永不叙用。街坊老娘人等，不合接
受买告财物，当厅硬证，各杖八十，流三百里，董超、
薛霸，依在官人役，不合有事受财，比常人加一等，杖
一百，发远恶地面充军。奸夫奸妇，不合用毒药谋死马
均卿，强夺孩儿，混赖家计，拟凌迟。押付市曹，各剐
一百二十刀处死。所有家财，都付张海棠执业。孩儿寿
郎，携归抚养。张林着与妹同居，免其差役。（词云：）
只为赵令史卖俏行奸，张海棠负屈衔冤。是老夫灰阑为
记，判断出情理昭然。受财人各加流窜，其首恶斩首阶
前。赖张林拔刀相助，才得他子母团圆。（正旦同张林叩
头科，唱）

【水仙子】街坊也却不道您吐胆，倾心说真实，老娘也
却不道您久年深记不得，孔目也却不道您官清法正依条例，
姐姐也却不道您是第一个贤慧的，今日就开封府审问出因
依。这几个流窜在边荒地，这两个受刑在闹市里，爷爷也
这灰阑记传扬得四海皆知。

（三）《赵氏孤儿大报仇》[1]

《赵氏孤儿大报仇》（又名《冤报冤赵氏孤儿》《赵氏孤儿冤报冤》，简称《赵氏孤儿》）是元代纪君祥创作的杂剧，全剧五折一楔子。

该剧讲述春秋时晋国上卿赵盾遭到大将军屠岸贾的诬陷，全家三百余口被杀的故事。为斩草除根，屠岸贾下令在全国范围内搜捕赵氏孤儿赵武。赵家门客程婴与老臣公孙杵臼定计，救出赵武。为救护赵武，先后有晋公主、韩厥、公孙杵臼献出生命。二十年后，赵武由程婴抚养长大，尽知冤情，禀明国君，亲自拿住屠岸贾，使其被处以极刑，终于为全家报仇。

尽管《赵氏孤儿》的主题是关于复仇的，但故事也蕴含诚信和信任。屠岸贾的诬陷是不诚实的行为，而赵武之所以能够很好地长大，很大程度上是因为依赖那些值得信赖的人。最后，国君允许赵武亲自拿住屠岸贾并处以极刑。这样一种结果与其说是支持复仇，不如说是惩罚不诚之人，奖励可信之人。

> （外扮魏绛领张千上，云：）小官乃晋国上卿魏绛是也。方今悼公在位，有屠岸贾专权，将赵盾满门良贱尽皆杀绝。谁想赵朔门下有个程婴，掩藏了赵氏孤儿。今经二十年光景，改名程勃。今早奏知主公，要擒拿屠岸贾，雪父之仇。奉主公的命，道屠岸贾兵权太重，诚恐一时激变，着程勃暗暗的自行捉获。仍将他阖门良贱，韶龀不留。成功之后，另加封赏。小官不敢轻泄，须亲对程勃传命去来。（诗云：）忠臣受屠戮，沉冤二十年。今朝取奸贼，方知冤报冤。（下。）（正末蹯马仗剑上，云：）某程勃，今早

---

〔1〕 本部分内容参见王学奇主编：《元曲选校注》（第四册·上卷），河北教育出版社1994年版，第3713—3761页。

奏知主公，擒拿屠岸贾，报父祖之仇。这老贼是好无礼也
呵。（唱：）

【正宫端正好】也不索列兵卒，排军将，动着些阔剑长
枪。我今日报仇舍命诛奸党，总是他命尽也合身丧。

【滚绣球】只在这闹街坊，弄一场。我和他决无轻放，
恰便似虎扑绵羊。我可也不索慌，不索忙，早把手脚儿
十分打当，看那厮怎做提防。我将这二十年积下冤仇报，
三百口亡来性命偿，我便死也何妨。

（云：）我只在这闹市中等候着，那老贼敢待来也。
（屠岸贾领卒子上，云：）今日在元帅府回还私宅中去。令
人，摆开头踏，慢慢的行者。（正末云：）兀的不是那老贼
来了也？（唱：）

【倘秀才】你看那雄赳赳头踏数行，闹攘攘跟随的在
两厢。你看他腆着胸脯，妆些儿势况。我这里骤马如流水，
掣剑似秋霜，向前来赌当。

（屠岸贾云：）屠成，你来做甚么？（正末云：）兀
那老贼，我不是屠成，则我是赵氏孤儿。二十年前你将俺
三百口满门良贱，诛尽杀绝。我今日擒拿你个老匹夫，报
俺家的冤仇也。（屠岸贾云：）谁这般道来？（正末云：）
是程婴道来。（屠岸贾云：）这孩子手脚来的，不中，我只
是走的干净。（正末云：）你这贼，走那里去？（唱：）

【笑和尚】我、我、我尽威风八面扬，你、你、你怎
挣坐怎拦挡？早、早、早吓的他魂魄荡，休、休、休再口
强。是、是、是不商量，来、来、来可匹塔的提离了鞍
鞒上。

（正末做拿住科。程婴慌上，云：）则怕小主人有失，我随后接应去。谢天地，小主人拿住屠岸贾了也。（正末云：）令人，将这匹夫执缚定了，见主公去来。（同下。）

（魏绛同张千上，云：）小官魏绛的便是。今有程勃擒拿屠岸贾去了。令人，门首觑者，若来时，报复某知道。（正末同程婴拿屠岸贾上，正末云：）父亲，俺和你同见主公去来。（见科，云：）老宰辅，可怜俺家三百口沉冤，今日拿住了屠岸贾也。（魏绛云：）拿将过来。兀那屠岸贾，你这损害忠良的奸贼，今被程勃拿来，有何理说。（屠岸贾云：）我成则为王，败则为虏。事已至此，惟求早死而已。（正末云：）老宰辅与程勃做主咱！（魏绛云：）屠岸贾，你今日要早死，我偏要你慢死。令人，与我将这贼钉上木驴，细细的剐上三千刀，皮肉都尽，方才断首开膛，休着他死的早了。（正末唱：）

【脱布衫】将那厮钉上木驴推上云阳，休便要断首开膛；直剁的他做一堝儿肉酱，也消不得俺满怀惆怅。

（程婴云：）小主人，你今日报了冤仇，复了本性，则可怜老汉一家儿皆无所靠也。（正末唱：）

【小梁州】谁肯舍了亲儿把别姓藏？似你这恩德难忘。我待请个丹青妙手不寻常，传着你真容相，侍奉在俺家堂。

（程婴云：）我有甚么恩德在那里，劳小主人这等费心？（正末唱）

【幺篇】你则那三年乳哺曾无旷，可不胜怀担十月时光? 幸今朝出万死身无恙, 便日夕里焚香供养, 也报不的你养爷娘。

（魏绛云：）程婴、程勃, 你两上望阙跪者, 听主公的命。（词云：）则为屠岸贾损害忠良, 百般地挠乱朝纲; 将赵盾满门良贱, 都一朝无罪遭殃。那其间颇多仗义, 岂真谓天道微茫; 幸孤儿能偿积怨, 把奸臣身首分张。可复姓赐名赵武, 袭父祖列爵卿行。韩厥后仍为上将, 给程婴十顷田庄。老公孙立碑造墓, 弥明辈概与褒扬。普国内从今更始, 同瞻仰主德无疆。（程婴、正末谢恩科, 正末唱：）

【黄钟尾】谢君恩普国多沾降, 把奸贼全家尽灭亡。赐孤儿改名望, 袭父祖拜卿相; 忠义士各褒奖, 是军官还职掌, 是穷民与收养; 已死丧给封葬, 现生存受爵赏。这恩临似天广, 端为谁敢虚让。誓捐生在战场, 着邻邦并归向。落的个史册上标名, 留与后人讲。

四、明清文学

（一）"三言二拍"

"三言二拍"指的是明朝末年出版的五本古典白话小说集, 书中每篇独立, 故虽出于明末但属话本小说, 并非章回小说。其中, "三言"指的是冯梦龙写的《喻世明言》《警世通言》《醒世恒言》, "二拍"指的是凌濛初写的《初刻拍案惊奇》和《二刻拍案惊奇》。"三言二拍"每部书都有 40 卷, 每卷为一个短篇小说, 收录的是宋元话本和明代拟话本。这些作品题材广泛, 内容复杂, 从各个角度不同程度地反映了当时市民阶层的生活面貌和思想感情。因此, 我们可以从中看出当时社会背景下人们对法和信的较为真实的看法。总体上看，人们是比较尊崇信的，守信的人往往会有好的结果，同时，人们也希望背信弃义的人不但要遭受到良心上的谴责，还应该受到法律惩罚。

1.《醒世恒言》

《醒世恒言》第三卷"卖油郎独占花魁"[1]讲的是，莘善带领妻女逃难途中与女儿瑶琴失散。瑶琴遇到近邻卜乔。卜乔是个游手游食、不守本分，惯吃白食、用白钱的主儿，人都称他是"卜大郎"。卜大郎设下骗局将瑶琴卖与风月场。瑶琴后来改名王美，金二员外和老鸨又用计让王美失了身。后王美遇到忠厚老实的卖油郎秦重，因缘际会，历经波折喜结良缘。这则故事一如既往地宣扬忠厚、诚信之人终究会得到奖赏。

卖油郎秦重因过继给开油坊的朱十老而改名朱重，但最后与父重逢，改回本姓。秦重为人诚信厚道，邻居便热心扶持，助其事业起步。

> 朱重出了朱十老之门，在众安桥下赁了一间小小房儿，放下被窝等件，买巨镇儿镇了门，便往长街短巷，访求父亲。连走几日，全没消息。没奈何，只得放下。在朱十老家四年，赤心忠良，并无一毫私蓄，只有临行时打发这三两银子，不够本钱，做什么生意好？左思右量，只有油行买卖是热闹。这些油坊多曾与他识熟，还去挑个卖油担子，是个稳足的道路。当下置办了油担家伙，剩下的银两，都交付与油坊取油。那油坊里认得朱小官是个老实好人，况且小小年纪，当初坐店，今朝挑担上街，都因邢伙计挑拨他出来，心中甚是不平。有心扶持他，只拣窨清的上好净

---

〔1〕 本部分内容参见〔明〕冯梦龙编：《醒世恒言》（第3卷），顾学颉校注，人民文学出版社1956年版，第35—80页。

油与他，签子上又明让他些。朱重得了这些便宜，自己转卖与人，也放些宽，所以他的油比别人分外容易出脱。每日所赚的利息，又且俭吃俭用，积下东西来，置办些日用家业，及身上衣服之类，并无妄废。

后依约送油到王九妈家，王九妈家上上下下都欣赏秦重，为最终的姻缘创造了条件。

　　那妈妈一眼瞧著油担，便道："阿呀，方才要去买油，正好有油担子在这里，何不与他买些？"那丫鬟取了油瓶也来，走到油担子边，叫声："卖油的！"秦重方才知觉，回言道："没有油了！妈妈要用油时，明日送来。"那丫鬟也认得几个字，看见油桶上写个"秦"字，就对妈妈道："那卖油的姓秦。"妈妈也听得人闲讲，有个秦卖油，做生意甚是忠厚，遂吩咐秦重道："我家每日要油用，你肯挑来时，与你个主顾。"秦重道："承妈妈作成，不敢有误。"

　　　　…………

　　捱到天明，爬起来，就装了油担，煮早饭吃了，匆匆挑了王妈妈家去。进了门却不敢直入，舒著头，往里面张望，王妈妈恰才买菜。秦重识得声音，叫声："王妈妈。"九妈往外一张，见是秦卖油，笑道："好忠厚人，困然不失信。"便叫他挑担进，来称了一瓶，约有五斤多重。公道还钱，秦重并不争论。王九妈甚是欢喜，道："这瓶油只勾我家两日用；但隔一日，你便送来，我不往别处去买了。"秦重应诺，挑担而出，只恨不曾遇见花魁娘子："且喜扳下主顾，少不得一次不见，二次见，二次不见，三次见。只是一件，特为王九妈一家挑这许多路来，不是做生意的勾当。

这昭庆寺是顺路，今日寺中虽然不做功德，难道寻常不用油的？我且挑担去问他。若扳得各房头做个主顾，只消走钱塘门这一路，那一担油尽勾出脱了。"

秦重的行为打动了王九妈，王九妈也不想做一个失信之人。这才有了秦重和王美的相聚。

只听外面热闹闹的，却是花魁娘子回家，丫鬟先来报了。九妈连忙起身出迎，秦重也离坐而立。只见美娘吃得大醉，侍女扶将进来，到于门首，醉眼蒙眬。看见房中灯烛辉煌，杯盘狼藉，立住脚问道："谁在这里吃酒？"九娘道："我儿，便是我向日与你说的那秦小官人。他心中慕你，多时的送过礼来。因你不得工夫，担搁他一月有余了。你今日幸而得空，做娘的留他在此伴你。"美娘道："临安郡中，并不闻说起有甚么秦小官人，我不去接他。"转身便走。九妈双手托开，即忙拦住道："他是个至诚好人，娘不误你。"美娘只得转身，才跨进房门，抬头一看那人，有些面善，一时醉了，急切叫不出来，便道："娘，这个人我认得他的，不是有名称的子弟，接了他，被人笑话。"九妈道："我儿，这是涌金门内开缎铺的秦小官人。当初我们住在涌金门时，想你也曾会过，故此面善。你莫识认错了。做娘的见他来意志诚，一时许了他，不好失信。你看做娘的面上，胡乱留他一晚。做娘的晓得不是了，明日却与你陪礼。"一头说，一头推著美娘的肩头向前。美娘拗妈妈不过，只得进房相见。

王美这边为了从良，也是言出必行，恪守信用。

刘四妈回到家中，与美娘说道："我对你妈妈如此说，这般讲，你妈妈已自肯了。只要银子见面，这事立地便成。"美娘道："银子已曾办下，明日姨娘千万到我家来，玉成其事，不要冷了场，改日又费讲。"四妈道："既然约定，老身自然到宅。"美娘别了刘四妈，回家一子不题。

次日，午牌时分，刘四妈果然来了。王九妈问道："所事口何！"四妈道："十有八九，只不曾与侄女说过。"四妈来到美娘房中，两下相叫了，讲了一回说话。四妈道："你的主儿到了不曾？那话儿在哪里？"美娘指著床头道："在这几只皮箱里。"美娘把五六只皮箱一时都开了，五十两一封，搬出十三四封来，又把些金珠宝玉算价，足勾千金之数。把个刘四妈惊得眼中出火，口内流涎，想道："小小年纪，这等有肚肠！不知如何设处，积下许多东西？我家这几个粉头，一般接客，赶得著他哪里！不要说不会生发，就是有几文钱在荷包里，闲时买瓜子磕，买糖儿吃，两条脚布破了，还要做妈的与他买布哩。偏生九阿姐造化，讨得著，年时赚了若干钱钞，临出门还有这一主大财，又是取诸宫中，不劳余力。"这是心中暗想之语，却不曾说出来。美娘见刘四妈沉吟，只道作难索谢，慌忙又取出四匹潞绸，两股宝钗，一对凤头玉簪，放在桌上，道："这几件东西，奉与姨娘为伐柯之敬。"利四妈欢天喜地对王九妈说道："侄女情愿自家赎身，一般身价，并不短少分毫。比著孤老卖身更好。省得闲汉们从中说合，费酒费浆，还要加一加二的谢他。"

后来卖油郎娶妻，王美家庭团聚，皆大欢喜。

刘四妈得了美娘许多谢礼，生怕九妈翻悔，巴不得美娘出他门，完成一事，说道："正该如此。"当下美娘收拾了房中自己的梳台拜匣，皮箱铺盖之类。但是鸨儿家中之物，一毫不动。收拾已完，随着四妈出房，拜别了假爹假妈，和那姨娘行中，都相叫了。王九妈一般哭了几声。美娘唤人挑了行李，欣然上轿，同刘四妈到刘家去。四妈出一间幽静的好房，顿下美娘行李。众小娘都来与美娘叫喜。是晚，朱重差莘善到刘四妈家讨信，已知美娘赎身出来。择了吉日，笙箫鼓乐娶亲。刘四妈就做大媒送亲，朱重与花魁娘子花烛洞房，欢喜无限。

…………

次日，莘善老夫妇请新人相见，各各相认，吃了一惊。问起根由，至亲三口，抱头而哭。朱重方才认得是丈人丈母。请他上坐，夫妻二人，重新拜见。亲邻闻知，无不骇然。是日，整备筵席，庆贺两重之喜，饮酒尽欢而散。三朝之后，美娘教丈夫备下几副厚礼，分送旧相知各宅，以酬其寄顿箱笼之恩，并报他从良信息。此是美娘有始有终处。王九妈、刘四妈家，各有礼物相送，无不感激。满月之后，美娘将箱笼打开，内中都有黄白之资，吴绫蜀锦，何止百计，共有三千余金，都将匙钥交付丈夫，慢慢的买房置产，整顿家当。油铺生理，都是丈人莘公管理。不上一年，把家业挣得花锦般相似，驱奴使婢，甚有气象。

故事的最后还有喜上加喜的一段，卖油郎最终找到了父亲，父子相认，其父得以颐养天年。在作者的眼里，因为诚信之人做了诚信之事，所以美好的结局都是顺理成章的。

朱重感谢天地神明保佑之德，发心于各寺庙喜舍合殿油烛一套，供琉璃灯油三个月；斋戒沐浴，亲往拈香礼拜。先从昭庆寺起，其他灵隐、法相、净慈、天竺等寺，以次而行。就中单说天竺寺，是观音大士的香火，有上天竺、中天竺、下天竺，三处香火俱盛，却是山路，不通舟楫。朱重叫从人挑了一担香烛，三担清油，自己乘轿而往。先到上天竺来。寺僧迎接上殿，老香火秦公点烛添香。此时朱重居移气，养移体，仪容魁岸，非复幼时面目，秦公哪里认得他是儿子。只因油桶上有个大大的秦字，又有汴梁二字，心中甚以为奇。也是天然凑巧。刚刚到上天竺，偏用著这两只油桶。朱重拈香已毕，秦公托出茶盘，主僧奉茶。秦公问道："不敢动问施主，这油桶上为何有此三字？"朱重听得问声，带著汴梁人的土音，忙问道："老香火，你问他怎么？莫非也是汴梁人么？"秦公道："正是。"朱重道："你姓甚名谁？为何在此出家？共有几年了？"秦公把自己乡里，细细告诉："某年上避兵来此，因无活计，将十三岁的儿秦重，过继与朱家。如今有八年之远。一向为年老多病，不曾下山问得信息。"朱重一把抱住，放声大哭道："孩儿便是秦重。向在朱家挑油买卖。正为要访求父亲下落，故此于油桶上，写汴梁秦三字，做个标识。谁知此地相逢！真乃天与其便！"众僧见他父子别了八年，今朝重会，各各称奇。朱重这一日，就歇在上天竺，与父亲同宿，各叙情节。次日，取出中天竺、下天竺两个疏头换过。内中朱重，仍改做秦重，复了本姓。两处烧香礼拜已毕，转到上天竺，要请父亲回家，安乐供养。秦公出家已久，吃素持斋，不愿随儿子回家。秦重道路："父亲别了八年，孩儿缺侍奉。况孩儿新娶媳妇，也得他拜见公公方是。"秦公只得依允。秦重将轿子让与父亲乘坐，自己步行，直到家中。秦重取出一套新衣，与父亲换了，中堂设坐，同安莘氏双双参拜。亲家莘公、亲母阮氏，齐来见礼。此日大排筵席。秦公不肯开荤，素酒素食。次日，邻里敛财称贺。一则新婚，二则新娘子家眷团圆，三则父子重逢，四则秦小官归宗复姓，共是四重大喜。一连又吃了几日喜酒。秦公不愿家居，思想上天竺故处清净出家。秦重不敢违亲之志，将银二百两，于上天竺另造净室一所，送父亲到彼居住。其日用供给，按月送去。每十日亲往候问一次。每一季同莘氏往候一次。那秦公活到八十余，端坐而化。遗命葬于本山。此是后话。

2.《喻世明言》

《喻世明言》第十六卷"范巨卿鸡黍死生交"[1]讲的是张劭（字元伯）与范式（字巨卿）守约的故事。范巨卿为了守约不惜一死。

张元伯家境贫寒，端赖年近六旬的母亲和弟弟耕种稼穑才得以读书赶考。在赶往东都洛阳的途中，遇到一个将死之人，张元伯不顾店小二阻拦，执意前往探视，后皆因重情守义而结拜为兄弟，并在分别时约定一年后相见，希望彼此能够守信。

> 劭曰："既是斯文，当以看视之。"小二曰："瘟病过人，我们尚自不去看他：秀才，你休去！"劭曰："死生有命，安有病能过人之理？吾须视之。"小二劝不住。劭乃推门而入，见一人仰面卧于土榻之上，面黄肌瘦，口内只："救人！"劭见房中书囊、衣冠，都是应举的行动，遂扣头边而言曰："君子勿忧，张劭亦是赴选之人。今见汝病至笃，吾竭力救之。药饵粥食，吾自供奉，且自宽心。"其人曰："若君子救得我病，容当厚报。"劭随即挽人请医用药调治。早晚汤水粥食，劭自供给。
>
> 数日之后，汗出病减，渐渐将息，能起行立。劭问之，乃是楚州山阳人氏，姓范，名式，字巨卿，年四十

---

[1] 本部分内容参见〔明〕冯梦龙编：《喻世明言》（第16卷），许政扬校注，人民文学出版社1958年版，第271—278页。

岁。世本商贾，幼亡父母，有妻小。近弃商贾，来洛阳应
举。比及范巨卿将息得无事了，误了试期。范曰："今因式
病，有误足下功名，甚不自安。"劭曰："大丈夫以义气为
重，功名富贾，乃微末耳，已有分定。何误之有？"范式
自此与张劭情如骨肉，结为兄弟。式年长五岁，张劭拜范
式为兄。

结义后，朝暮相随，不觉半年。范式思归，张劭与计
算房钱，还了店家。二人同行。数日，到分路之处，张劭
欲送范式。范式曰："若如此，某又送回。不如就此一别，
约再相会。"二人酒肆共饮，见黄花红叶，妆点秋光，以劭
别离之兴。酒座司杯泛荣英，问酒家，方知是重阳佳节。
范式曰："吾幼亡父母，屈在商贾。经书虽则留心，亲为妻
子所累。幸贤弟有老母在堂，汝母即吾母也。来年今日，
必到贤弟家中，登堂拜母，以表通家之谊。"张劭曰："但
村落无可为款，倘蒙兄长不弃，当设鸡黍以待，幸勿失
信。"范式曰："焉肯失信于贤弟耶？"二人饮了数杯，不
忍相舍。张劭拜别范式。范式去后，劭凝望堕泪；式亦回
顾泪下，两各怏怏而去。

一年后，范巨卿俗务缠身，误了行程，为了及时赴约，不失信
于兄弟，想到魂魄可以日行千里，便不惜自杀以获得魂魄，日行千
里及时赴约。

且说张元伯到家，参见老母。母曰："吾儿一去，音
信不闻，令我悬望，如饥似渴。"张劭曰："不孝男于途中
遇山阳范巨卿，结为兄弟，以此逗留多时。"母曰："巨卿
何人也？"张劭备述详细。母曰："功名事，皆分定。既逢
信义之人结交，甚快我心。"少刻，弟归，亦以此事从头说
知，各各欢喜。

　　自此张劭在家，再攻书史，以度岁月。光阴迅速，渐近重阳。劭乃预先畜养肥鸡一只，杜酝浊酒。是日早起，洒扫草堂；中设母座，旁列范巨卿位；遍插菊花于瓶中，焚信香于座上。呼弟宰鸡炊饭，以持巨卿。母曰："山阳至此，迢递千里，恐巨卿未必应期而至。持其来，杀鸡未迟。"劭曰："巨卿，信士也，必然今日至矣，安肯误鸡黍之约？入门便见所许之物，足见我之持久。如候巨卿来，而后宰之，不见我倦倦之意。"母曰："吾儿之友，必是端士。"遂烹炰以持。

　　是日天晴日朗，万里无云。劭整其衣冠，独立庄门而望。看看近午，不见到来。母恐误了农桑，令张勤自去田头收割。张劭听得前村犬吠，又往望之，如此六七遭。因看红日西沉，观出半轮新月，母出户令弟唤劭曰："儿久立倦矣！今日莫非巨卿不来？且自晚膳。"劭谓弟曰："汝岂知巨卿不至耶？若范兄不至，吾誓不归。汝农劳矣，可自歇息。"母弟再三劝归，劭终不许。

　　候至更深，各自歇息，劭倚门如醉如痴，风吹草木之声，莫是范来，皆自惊讶。看见银河耿耿，玉宇澄澄，渐至三更时分，月光都没了。隐隐见黑影中，一人随风而至。劭视之，乃巨卿也。再拜踊跃而大喜曰："小弟自早直候至今，知兄非爽信也，兄果至矣。旧岁所约鸡黍之物，备之已久。路远风尘，别不曾有人同来？"便请至草堂，与老母相见。范式并不答话，径入草堂。张劭指座榻曰："特设此位，专持兄来，兄当高座。"张劭笑容满面，再拜于地曰："兄既远来，路途劳困，且未可与老母相见，杜酿鸡黍，聊且充饥。"言讫又拜。范式僵立不语，但以衫袖反掩其面。劭乃自奔入厨下，取鸡黍并酒，列于面前，再拜以进。曰："酒肴虽微，劭之心也，幸兄勿责。"但见范于影

中，以手绰其气而不食。劭曰："兄意莫不怪老母并弟不曾
远接，不肯食之？容请母出与同伏罪。"范摇手止之。劭
曰："唤舍弟拜兄，若何？"范亦摇手而止之。劭曰："兄
食鸡黍后进酒，若何？"范矍其眉，似教张退后之意。劭
曰："鸡黍不足以奉长者，乃劭当日之约，幸勿见嫌。"范
曰："弟稍退后，吾当尽情诉之。吾非阳世之人，乃阴魂
也。"劭大惊曰："兄何放出此言？"范曰："自与兄弟相别
之后，回家为妻子口腹之累，溺身商贾中，尘世滚滚，岁
月匆匆，不觉又是一年。向日鸡黍之约，非不挂心；近被
蝇利所牵，忘其日期。今早邻右送荣英酒至，方知是重阳。
忽记贤弟之约，此心口醉。山阳至此，千里之隔，非一日
可到。若不如期，贤弟以我为何物？鸡黍之约，尚自爽信，
何况大事乎？寻思无计。常闻古人有云：人不能行千里，
魂能日行千里。遂嘱咐妻子曰：'吾死之后，且勿下葬，持
吾弟张元伯至，方可入土。'嘱罢，自刎而死。魂驾阴风，
特来赴鸡黍之约。万望贤弟怜悯愚兄，恕其轻忽之过，鉴
其凶暴之诚，不以千里之程，肯为辞亲，到山阳一见吾尸，
死亦瞑目无憾矣。"言讫，泪如迸泉，急离坐榻，下阶砌。
劭乃趋步逐之，不觉忽踏了苍苔，颠倒于地。阴风拂面，
不知巨卿所在。

之后，张元伯为了不负范巨卿魂魄所托，也为了兄弟之间的
"大信"，在嘱托弟弟要孝敬母亲，向母亲申明大义之后，远赴范巨
卿家乡。

张劭如梦如醉，放声大哭。那哭声，惊动母亲并弟，
急起视之，见堂上陈列鸡黍酒果，张元伯昏倒于地。用水
救醒，扶到堂上，半晌不能言，又哭至死。母问曰："汝
兄巨卿不来，有甚利害？何苦自哭如此！"劭曰："巨卿以

鸡黍之约，已死于非命矣。"母曰："何以知之？"劭曰：
"适司亲见巨卿到来，邀迎入坐，具鸡黍以迎。但见其不
食，再三恳之。巨卿曰：为商贾用心，失忘了日期。今早
方醒，恐负所约，遂自刎而死。阴魂千里，特来一见。母
可容儿亲到山阳葬兄之尸，儿明早收拾行李便行。"母哭
曰："古人有云：囚人梦赦，渴人梦浆。此是吾儿念念在
心，故有此梦警耳。"劭曰："非梦也，儿亲见来，酒食见
在；逐之不得，忽然颠倒，岂是梦乎？巨卿乃诚信之士，
岂妄报耶！"弟曰："此未可信。如有人到山阳去，当问其
虚实。"劭曰："人禀天地而生，天地有五行，金、木、水、
火、土，人则有五常，仁、义、礼、智、信以配之，惟信
非同小可。仁所以配木，取其生意也。义所以配金，取其
刚断也。礼所以配水，取其谦下也。智所以配火，取其明达
也。信所以配土，取其重厚也。圣人云：'大车无輗，小车无
軏，其何以行之哉？'又云：'自古皆有死，民无信不立。'
巨卿既已为信而死，吾安可不信而不去哉？弟专务农业，
足可以奉老母。吾去之后，倍加恭敬；晨昏甘旨，勿使有
失。"遂拜辞其母曰："不孝男张劭，今为义兄范巨卿为信
义而亡，须当往吊。已再三叮咛张勤，令侍养老母。母须
早晚勉强饮食，勿以忧愁，自当善保尊体。劭于国不能尽
忠，于家不能尽孝，徒生于天地之间耳。今当辞去，以全
大信。"母曰："吾儿去山阳，千里之遥，月余便回，何放
出不利之语？"劭曰："生如浮沤，死生之事，旦夕难保。"
恸哭而拜。弟曰："勤与兄同去，若何？"元伯曰："母亲
无人侍奉，汝当尽力事母，勿令吾忧。"洒泪别弟，背一个
小书囊，来早便行。有诗为证：

　　辞亲别弟到山阳，千里迢迢客梦长。

岂为友朋轻骨肉？只因信义迫中肠。

沿路上饥不择食，寒不思衣。夜宿店舍，虽梦中亦哭。每日早起赶程，恨不得身生两翼。行了数日，到了山阳。问巨卿何处住，径奔至其家门首。见门户锁着，问及邻人。邻人曰："巨卿死日过二七，其妻扶灵柩，往郭外去下葬。送葬之人，尚自未回。"劭问了去处，奔至郭外，望见山林前新筑一所土墙，墙外有数十人，面面相觑，各有惊异之状。劭汗流如雨，走往观之。见一妇人，身披重孝。一子约有十七八岁，伏棺而哭。元伯大叫曰："此处莫非范巨卿灵柩乎？"其妇曰："来者莫非张元伯乎？"张曰："张劭自来不曾到此，何以知名姓耶？"妇泣曰："此夫主再一之遗言也。夫主范巨卿，自洛阳回，常谈贤叔盛德。前者重阳日，夫主忽举止失措。对妻曰：'我失却元伯之大信，徒生何益！常闻人不能行千里，吾宁死，不敢有误鸡黍之约。死后且不可葬，持元伯来见我尸，方可入土。今日已及二七，人劝云："元伯不知何日得来，先葬讫，后报知未晚。'因此扶柩到此。众人拽植入金井，并不能动，因此停住坟前，众都惊怪。见叔叔远来如此慌速，必然是也。"元怕乃哭倒于地。妇亦大恸，送殡之人，无不下泪。

最后，张元伯在范巨卿的灵柩前也自刎而死，理由是兄为弟亡，弟不可独生。

元伯于囊中取钱，令买祭物，香烛纸帛，陈列于前。取出祭文，酹酒再拜，号泣而读。文曰：

"维某年月日，契弟张劭，谨以炙鸡絮酒，致祭于仁兄巨卿范君之灵曰：于维巨卿，气贯虹霓，义高云汉。幸倾盖于穷途，缔盏簪于荒店。黄花九日，肝膈相盟；青剑三秋，头颅可断。堪怜月下凄凉，恍似日间眷恋。弟今辞母，来寻碧水青松；兄亦嘱妻，仁望素车白练。故友那堪死别，谁将金石盟寒？大夫自是生轻，欲把昆吾锷按。历千百而不磨，期一言之必践。倘灵爽之犹存，料冥途之长伴。呜呼哀哉！尚飨。"

元伯发棺视之，哭声恸地。回顾嫂曰："兄为弟亡，岂能独生耶？囊中已具棺椁之费，愿嫂垂怜，不弃鄙贱，将劭葬于兄侧，平生之大幸也。"嫂曰："叔何故出此言也？"劭曰："吾志已决，请勿惊疑。"言讫，掣佩刀自刎而死。众皆惊愕，为之设祭，具衣棺营葬于巨卿墓中。

张元伯和范巨卿以性命践行信义的事迹感动了很多人，以致官方予以表扬。

本州太守闻知，将此事表奏。明帝怜其信义深重，两生虽不登第，亦可褒赠，以励后人。范巨卿赠山阳伯，张元伯赠汝南伯。墓前建庙，号"信义之祠"，墓号"信义之墓。"旌表门闾。官给衣粮，以赡其子。巨卿子范纯绥，及第进士，官鸿胪寺卿。至今山阳古迹犹存，题咏极多。

3.《初刻拍案惊奇》

《初刻拍案惊奇》第二卷"姚滴珠避羞惹羞 郑月娥将错就错"[1]讲述了两个弄虚作假，最后作假之人得到惩罚的故事。

第一个故事是《西湖志余》里面讲的。说宋时有一人因为与他

---

〔1〕 本部分内容参见〔明〕凌濛初：《拍案惊奇》(卷二)，陈迩冬、郭隽杰校注，人民文学出版社1991年版，第28—53页。

人面貌相像，骗了一时富贵，过了十余年富足的生活，最后事情败露。事实上，历朝历代均在法律层面对假冒事件规定了惩罚措施。这个故事中的行骗之人自然不能免于惩罚。

此人一开始假冒柔福公主，并骗过了高宗。

> 却是靖康年间，金人围困汴梁，徽、钦二帝蒙尘北狩，一时后妃公主被掳去的甚多。内中有一公主，名曰柔福，乃是钦宗之女，当时也被掳去。后来高宗南渡称帝，改号建炎。四年，忽有一女子诣阙自陈，称是柔福公主，自虏中逃归，特来见驾。高宗心疑道："许多随驾去的臣宰，尚不能逃，公主鞋弓袜小，如何脱离得归来？"颁诏令旧时宫人看验，个个说道"是真的，一些不差"。及问他宫中旧事，对答来皆合。几个旧时的人，他都叫得姓名出来。只是众人看见一双足，却大得不象样，都道："公主当时何等小足，今却这等，止有此不同处。"以此回复圣旨。高宗临轩亲认，却也认得。诘问他道："你为何恁般一双脚了？"女子听得，啼哭起来，道："这些臊羯奴聚逐便如牛马一般。今乘间脱逃，赤脚奔走，到此将有万里。岂能尚保得一双纤足，如旧时模样耶？"高宗听得，甚是惨然。颁诏特加号福国长公主，下降高世縈，做了驸马都尉。

后来宋金达成和议，太后回銮，真相方显，假柔福公主被押赴市曹处决，抄没家私，得到了应有的惩罚。

> 其时高宗为母韦贤妃在虏中，年年费尽金珠求赎，遥尊为显仁太后。和议既成，直到绍兴十二年自虏中回銮，听见说道："柔福公主进来相见。"太后大惊道："那有此话？柔福在虏中受不得苦楚，死已多年，是我亲看见的。

那得又有一个柔福？是何人假出来的？"发下旨意，着法司严刑究问。

法司奉旨提到人犯，用起刑来。那女子熬不得，只得将真情招出道："小的每本是汴梁一个女巫。靖康之乱，有官中女婢逃出民间，见了小的每，误认做了柔福娘娘，口中厮唤。小的每惊问，他便说小的每实与娘娘面貌一般无二。因此小的每有了心，日逐将宫中旧事问他，他日日衍说得心下习熟了，故大胆冒名自陈，贪享这几时富贵，道是永无对证的了。谁知太后回銮，也是小的每福尽灾生，一死也不在了。"问成罪名。高宗见了招伏，大骂："欺君贼婢！"立时押付市曹处决，抄没家私入官。总计前后锡赏之数，也有四十六万缗钱。虽然没结果，却是十余年间，也受用得勾了。只为一个客颜厮象，一时骨肉旧人都认不出来，若非太后复还，到底被他瞒过，那个再有疑心的？就是死在太后未还之先，也是他便宜多了。天理不容，自然败露！

第二个故事讲的是潘甲的妻子滴珠在出逃娘家的途中误入歧途，潘甲父母对其岳丈姚公发难，姚公只得伙同亲戚寻了样貌相似的郑月娥，唆使她假冒滴珠，后被识破。在这个过程中，作假之人一一被罚。

一个妇人走将出来开了，那应捕一看，着惊道："这是前日衢州解来的妇人！"猛然想道："这个必是真姚滴珠了。"也不说破，吃了茶，凭他送了些酒钱罢了。王婆自道无事，放下心了。

应捕明日竟到县中出首。知县添差应捕十来人，急命拘来。公差如狼似虎，到汪锡家里门口，发声喊打将进去。急得王婆悬梁高了。把滴珠登时捉到公庭。知县看了道："便是前日这一个。"又飞一签令唤潘甲与妻子同来。那假的也来了，同在县堂，真个一般无二。知县莫辨，因令潘甲自认。潘甲自然明白，与真滴珠各说了些私语，知县唤起来研问明白。真滴珠从头供称被汪锡骗哄情由，说了一遍。知县又问："曾引人奸骗你不？"滴珠心上有吴大郎，只不说出，但道："不知姓名。"又叫那假滴珠上来，供称道："身名郑月娥，自身要报私仇，姚乙要完家讼，因言貌象伊妹，商量做此一事。"知县急拿汪锡，已此在逃了。做个照提，叠成文卷，连人犯解府。

却说汪锡自酒店逃去之后，撞着同伙程金，一同作伴，走到歙县地方。正见汪汝鸾家丫头在溪边洗裹脚，一手扯住他道："你是我家使婢，逃了出来，却在此处！"便夺他裹脚，拴了就走。要扯上竹筏，那丫头大喊起来。汪锡将袖子掩住他口，丫头尚自呜哩呜喇的喊。程金便一把又住喉咙，又得手重，口头又不得通气，一霎呜呼哀哉了。地方人走将拢来，两个都擒住了，送到县里。那歙县方知县问了程金绞罪，汪锡充军，解上府来。正值滴珠一起也解到。一同过堂之时，真滴珠大喊道："这个不是汪锡？"那太守姓梁，极是个正气的，见了两宗文卷，都为汪锡，大怒道："汪锡是首恶，如何只问充军？"喝交皂隶，重责六十板，当下绝气。真滴珠给还原夫宁家，假滴珠官卖。姚乙认假作真，倚官拐骗人口，也问了一个"太上老。"只有吴大郎广有世情，闻知事发，上下使用，并无名字干涉，不致惹着，朦胧过了。

潘甲自领了姚滴珠仍旧完聚。那姚乙定了卫所，发去充军。拘妻签解，姚乙未曾娶妻。只见那郑月娥晓得了，大哭道："这是我自要脱身泄气，造成此谋，谁知反害了姚乙？今我生死跟了他去，也不枉了一场话把。"姚公心下不舍得儿子，听得此话，即使买出人来，诡名纳价，赎了月娥，改了姓氏，随了儿子做军妻解去。后来遇赦还乡，遂成夫妇。这也是郑月娥一点良心不泯处。姑嫂两个到底有些厮象，徽州至今传为笑谈。

（二）四大名著

1.《水浒传》

如前所述，宋朝的法律《宋刑统》中有诸多涉及"信"的规定，其中有一条规定便是禁止藏匿罪人。"诸知情藏匿罪人，若过致资给，令得隐避者，各减罪人罪一等，罪人有数罪的，止坐所知。"（《宋刑统·捕亡律》）《水浒传》中有例子为证。《水浒传》第五十二回"李逵打死殷天锡 柴进失陷高唐州"[1] 描述了柴进藏匿"罪人"，并吃官司的情形。

柴进因为叔叔的事情带李逵去了唐州，李逵也知道了柴进叔叔柴皇城的事情。

> 只说李逵在柴进庄上住了一个来月，忽一日见一个人赍一封书火急奔庄上来，柴大官人却好迎着，接书看了，大惊道："既是如此，我只得去走一遭。"李逵便问道："大官人有甚紧事？"柴进道："我有个叔叔柴皇城，现在高唐州居住，今被本州知府高廉的老婆兄弟殷天锡那厮，来要占花园，怄了一口气，卧病在床，早晚性命不保，必有遗嘱的言语分付，特来唤我。想叔叔无儿无女，必须亲身去走一遭。"李逵道："既是大官人去时，我也跟大官人去走

---

[1] 本部分内容参见〔明〕施耐庵、罗贯中：《水浒传》，人民文学出版社 1997 年版，第 689—700 页。

一遭如何？"柴进道："大哥肯去时，就同走一遭。"柴进
即便收拾行李，选了十数匹好马，带了几个庄客。次日五
更起来，柴进、李逵并从人，都上了马，离了庄院，望高
唐州来。在路不免饥餐渴饮，夜宿晓行。来到高唐州，入
城直至柴皇城宅前下马，留李逵和从人在外面厅房内。柴
进自径入卧房里来看视那叔叔柴皇城时，但见：

> 面如金纸，体似枯柴。悠悠无七魄三魂，细细只一丝
> 两气。牙关紧急，连朝水米不沾唇；心膈膨胀，尽日药丸
> 难下腹。隐隐耳闻磬响，昏昏眼暗觉萤飞。元脉微沉，东
> 岳判官催使去；一灵缥缈，西方佛子唤同行。丧门吊客已
> 随身，扁鹊卢医难下手。

柴进看了柴皇城，自坐在叔叔榻前，放声恸哭。皇城
的继室出来劝柴进道："大官人鞍马风尘不易，初到此间，
且休烦恼。"柴进施礼罢，便问事情。继室答道："此间新
任知府高廉，兼管本州兵马，是东京高太尉的叔伯兄弟，
倚仗他哥哥势，要在这里无所不为。带将一个妻舅殷天锡
来，人尽称他做殷直阁。那厮年纪却小，又倚仗他姐夫高
廉的权势，在此间横行害人。有那等献勤的卖科，对他说
我家宅后有个花园水亭，盖造得好。那厮带将许多奸诈不
及的三二十人，径入家里来宅子后看了，便要发遣我们出
去，他要来住。皇城对他说道：'我家是金枝玉叶，有先朝
丹书铁券在门，诸人不许欺侮。你如何敢夺占我的住宅，
赶我老小那里去？'那厮不容所言，定要我们出屋。皇城
去扯他，反被这厮推抢殴打，因此受这口气，一卧不起，
饮食不吃，服药无效，眼见得上天远，入地近。今日得大
官人来家做个主张，便有些山高水低，也更不忧。"柴进答
道："尊婶放心，只顾请好医士调治叔叔，但有门户，小侄

自使人回沧州家里，去取丹书铁券来，和他理会。便告到官府今上御前，也不怕他！"继室道："皇城干事，全不济事，还是大官人理论是得。"

柴进看视了叔叔一回，却出来和李逵并带来人从说知备细。李逵听了，跳将起来说道："这厮好无道理！我有大斧在这里，教他吃我几斧，却再商量。"柴进道："李大哥，你且息怒，没来由，和他粗卤做甚么？他虽是倚势欺人，我家放着有护持圣旨，这里和他理论不得，须是京师也有大似他的，放着明明的条例，和他打官司。"李逵道："条例，条例，若还依得，天下不乱了！我只是前打后商量。那厮若还去告，和那鸟官一发都砍了！"柴进笑道："可知朱仝要和你厮并，见面不得。这里是禁城之内，如何比得你小寨里横行？"李逵道："禁城便怎地？江州无为军偏我不曾杀人？"柴进道："等我看了头势，用着大哥时，那时相央，无事只在房里请坐。"正说之间，里面侍妾慌忙来请大官人看视皇城。

柴皇城不久就去世了，在守孝期间，殷天锡到柴皇城家闹事。李逵按捺不住，失手将殷天锡打死。

柴进入到里面卧榻前，只见皇城阁着两眼泪，对柴进说道："贤侄志气轩昂，不辱祖宗。我今日被殷天锡怄死，你可看骨肉之面，亲赍书往京师拦驾告状，与我报仇，九泉之下，也感贤侄亲意。保重！保重！再不多嘱！"言罢，便放了命。柴进痛哭了一场。继室恐怕昏晕，劝住柴进道："大官人烦恼有日，且请商量后事。"柴进道："誓书在我家里，不曾带得来，星夜教人去取，须用将往东京告状。叔叔尊灵，且安排棺椁盛殓，成了孝服，却再商量。"柴进教依官制，备办内棺外椁，依礼铺设灵位，一门穿了重孝，大小举哀。李逵在外面听得堂里哭泣，自己磨拳擦掌价气，问从人都不肯说。宅里请僧修设好事功果。

至第三日，只见这殷天锡骑着一匹撺行的马，将引闲汉三二十人，手执弹弓、川弩、吹筒、气球、拈竿、乐器，城外游玩了一遭，带五七分酒，佯醉假颠，径来到柴皇城宅前，勒住马，叫里面管家的人出来说话。柴进听得说，挂着一身孝服，慌忙出来答应。那殷天锡在马上问道："你是他家甚么人？"柴进答道："小可是柴皇城亲侄柴进。"殷天锡道："前日我分付道，教他家搬出屋去，如何不依我言语？"柴进道："便是叔叔卧病，不敢移动，夜来已自身故，待断七了搬出去。"殷天锡道："放屁！我只限你三日便要出屋，三日外不搬，先把你这厮枷号起，先吃我一百讯棍！"柴进道："直阁休恁相欺！我家也是龙子龙孙，放着先朝丹书铁券，谁敢不敬？"殷天锡喝道："你将出来我看！"柴进道："现在沧州家里，已使人去取来。"殷天锡大怒道："这厮正是胡说！便有誓书铁券，我也不怕，左右与我打这厮！"

众人却待动手，原来黑旋风李逵在门缝里都看见，听得喝打柴进，便拽开房门，大吼一声，直抢到马边，早把殷天锡揪下马来，一拳打翻。那二三十人却待抢他，被李逵手起，早打倒五六个，一哄都走了。李逵拿殷天锡提起来，拳头脚尖一发上，柴进那里劝得住。看那殷天锡时，呜呼哀哉，伏惟尚飨。

李逵打死殷天锡后投奔梁山泊去了，但柴进却吃了官司，被知府高廉捉拿归案，便以柴进瞒昧官府为由责打柴进。这一细节与当时的实在法是相吻合的，即知情藏匿罪人是要被惩罚的。

李逵将殷天锡打死在地，柴进只叫得苦，便教李逵且去后堂商议。柴进道:"眼见得便有人到这里,你安身不得了。官司我自支吾,你快走回梁山泊去。"李逵道:"我便走了,须连累你。"柴进道:"我自有誓书铁券护身,你便去是,事不宜迟。"李逵取了双斧,带了盘缠,出后门,自投梁山泊去了。

不多时,只见二百余人各执刀杖枪棒,围住柴皇城家。柴进见来捉人,便出来说道:"我同你们府里分诉去。"众人先缚了柴进,便入家里搜捉行凶黑大汉不见,只把柴进绑到州衙内,当厅跪下。知府高廉听得打死了他的舅子殷天锡,正在厅上咬牙切齿忿恨,只待拿人来。早把柴进驱翻在厅前阶下,高廉喝道:"你怎敢打死了我殷天锡?"柴进告道:"小人是柴世宗嫡派子孙,家门有先朝太祖誓书铁券,现在沧州居住。为是叔叔柴皇城病重,特来看视,不幸身故,现今停丧在家。殷直阁将带三二十人到家,定要赶逐出屋,不容柴进分说,喝令众人殴打,被庄客李大救护,一时行凶打死。"高廉喝道:"李大现在那里?"柴进道:"心慌逃走了。"高廉道:"他是个庄客,不得你的言语,如何敢打死人!你又故纵他逃走了,却来瞒昧官府。你这厮,不打如何肯招?牢子下手,加力与我打这厮!"柴进叫道:"庄客李大救主,误打死人,非干我事!放着先朝太祖誓书,如何便下刑法打我?"高廉道:"誓书有在那里?"柴进道:"已使人回沧州去取来也。"高廉大怒,喝道:"这厮正是抗拒官府,左右腕头加力,好生痛打!"众人下手,把柴进打得皮开肉绽,鲜血迸流,只得招做使令庄客李大打死殷天锡,取面二十五斤死囚枷钉了,发下牢里监收。殷天锡尸首检验了,自把棺木殡葬,不在话下。这殷夫人要与兄弟报仇,教丈夫高廉抄扎了柴皇城家私,监禁下人口,占住了房屋围院,柴进自在牢中受苦。

2.《三国演义》

《三国演义》第十七回"袁公路大起七军　曹孟德会合三将"[1]讲了一个军法如山、因信立威的故事。

> 却说曹兵十七万，日费粮食浩大，诸郡又荒旱，接济不及。操催军速战，李丰等闭门不出。操军相拒月余，粮食将尽，致书于孙策，借得粮米十万斛，不敷支散。管粮官任峻部下仓官王垕人禀操曰："兵多粮少，当如之何？"操曰："可将小斛散之，权且救一时之急。"垕曰："兵士倘怨，如何？"操曰："吾自有策。"垕依命，以小斛分散。操暗使人各寨探听，无不嗟怨，皆言丞相欺众。操乃密召王垕入曰："吾欲问汝借一物，以压众心，汝必勿吝。"垕曰："丞相欲用何物？"操曰："欲借汝头以示众耳。"垕大惊曰："某实无罪！"操曰："吾亦知汝无罪，但不杀汝，军必变矣。汝死后，汝妻子吾自养之，汝勿虑也。"垕再欲言时，操早呼刀斧手推出门外，一刀斩讫，悬头高竿，出榜晓示曰："王垕故行小斛，盗窃官粮，谨按军法。"于是众怨始解。
>
> 次日，操传令各营将领："如三日内不并力破城，皆斩！"操亲自至城下，督诸军搬土运石，填壕塞堑。城上矢石如雨，有两员裨将畏避而回，操掣剑亲斩于城下，遂自下马接土填坑。于是大小将士无不向前，军威大振。城上抵敌不住，曹兵争先上城，斩关落锁，大队拥入。李丰、陈纪、乐就、梁刚都被生擒，操令皆斩于市。焚烧伪造宫室殿宇、一应犯禁之物；寿春城中，收掠一空。商议欲进兵渡淮，追赶袁术。荀彧谏曰："年来荒旱，粮食艰

---

[1]　本部分内容参见罗贯中：《三国演义》，人民文学出版社 2006 年版，第 147—153 页。

难，若更进兵，劳军损民，未必有利。不若暂回许都，将来春麦熟，军粮足备，方可图之。"操踌躇未决。忽报马到，报说："张绣依托刘表，复肆猖獗，南阳、江陵诸县复反；曹洪拒敌不住，连输数阵，今特来告急。"操乃驰书与孙策，令其跨江布阵，以为刘表疑兵，使不敢妄动；自己即日班师，别议征张绣之事。临行，令玄德仍屯兵小沛，与吕布结为兄弟，互相救助，再无相侵。吕布领兵自回徐州。操密谓玄德曰："吾令汝屯兵小沛。是掘坑待虎之计也。公但与陈珪父子商议，勿致有失。某当为公外援。"话毕而别。

却说曹操引军回许都，人报段煨杀了李傕，伍习杀了郭汜，将头来献。段煨并将李傕合族老小二百余口活解入许都。操令分于各门处斩，传首号令，人民称快。天子升殿，会集文武，作太平筵宴。封段煨为荡寇将军、伍习为殄虏将军，各引兵镇守长安。二人谢恩而去。操即奏张绣作乱，当兴兵伐之。天子乃亲排銮驾，送操出师。时建安三年夏四月也。

操留荀彧在许都，调遣兵将，自统大军进发。行军之次，见一路麦已熟；民因兵至，逃避在外，不敢刈麦。操使人远近遍谕村人父老，及各处守境官吏曰："吾奉天子明诏，出兵讨逆，与民除害。方今麦熟之时，不得已而起兵，大小将校，凡过麦田，但有践踏者，并皆斩首。军法甚严，尔民勿得惊疑。"百姓闻谕，无不欢喜称颂，望尘遮道而拜。官军经过麦田，皆下马以手扶麦，递相传送而过，并不敢践踏。操乘马正行，忽田中惊起一鸠。那马眼生，窜入麦中，践坏了一大块麦田。操随呼行军主簿，拟议自己践麦之罪。主簿曰："丞相岂可议罪？"操曰："吾自制法，吾自犯之，何以服众？"即掣所佩之剑欲自刎。众急救住。

郭嘉曰：“古者《春秋》之义：法不加于尊。丞相总统大军，岂可自戕？”操沉吟良久，乃曰：“既《春秋》有法不加于尊之义，吾姑免死。”乃以剑割自己之发，掷于地曰：“割发权代首。”使人以发传示三军曰：“丞相践麦，本当斩首号令，今割发以代。”于是三军悚然，无不懔遵军令。后人有诗论之曰：“十万貔貅十万心，一人号令众难禁。拔刀割发权为首，方见曹瞒诈术深。”

3.《西游记》

《西游记》第九十九回“九九数完魔刬尽　三三行满道归根”[1]讲的是，唐僧师徒因未能完成老鼋所嘱托的事项，在回程途中被老鼋甩下水的故事。这个故事也宣扬人要信守诺言，否则将罹遭劫难。

唐僧师徒原本已经在顺利回国的天路上，但菩萨发现师徒四人还少一难，后命金刚把他们放到凡地上再受一难，结果再次碰上满怀期待的大白赖头鼋。老鼋驮着师徒四人、白龙马以及经书从通天河西岸到东岸。

> 三藏脚踏了凡地，自觉心惊。八戒呵呵大笑道：“好！好！好！这正是要快得迟。”沙僧道：“好！好！好！因是我们走快了些儿，教我们在此歇歇哩。”大圣道：“俗语云，十日滩头坐，一日行九滩。”三藏道：“你三个且休斗嘴，认认方向，看这是甚么地方。”沙僧转头四望道：“是这里！是这里！师父，你听听水响。”行者道：“水响想是你的祖家了。”八戒道：“他祖家乃流沙河。”沙僧道：“不是，不是，此通天河也。”三藏道：“徒弟啊，仔细看在那岸。”行者纵身跳起，用手搭凉篷仔细看了，下来道：“师父，此是

〔1〕　本部分内容参见吴承恩：《西游记》，人民文学出版社 2009 年版，第 1180—1187 页。

通天河西岸。"三藏道："我记起来了，东岸边原有个陈家庄。那年到此，亏你救了他儿女，深感我们，要造船相送，幸白鼋伏渡。我记得西岸上，四无人烟，这番如何是好？"八戒道："只说凡人会作弊，原来这佛面前的金刚也会作弊。他奉佛旨，教送我们东回，怎么到此半路上就丢下我们？如今岂不进退两难！怎生过去！"沙僧道："二哥休报怨。我的师父已得了道，前在凌云渡已脱了凡胎，今番断不落水。教师兄同你我都作起摄法，把师父驾过去也。"行者频频的暗笑道："驾不去！驾不去！"你看他怎么就说个驾不去？若肯使出神通，说破飞升之奥妙，师徒们就一千个河也过去了；只因心里明白，知道唐僧九九之数未完，还该有一难，故羁留于此。

师徒们口里纷纷的讲，足下徐徐的行，直至水边，忽听得有人叫道："唐圣僧，唐圣僧！这里来，这里来！"四众皆惊。举头观看，四无人迹，又没舟船，却是一个大白赖头鼋在岸边探着头叫道："老师父，我等了你这几年，却才回也？"行者笑道："老鼋，向年累你，今岁又得相逢。"三藏与八戒、沙僧都欢喜不尽。行者道："老鼋，你果有接待之心，可上岸来。"那鼋即纵身爬上河来。行者叫把马牵上他身，八戒还蹲在马尾之后，唐僧站在马颈左边，沙僧站在右边，行者一脚踏着老鼋的项，一脚踏着老鼋的头叫道："老鼋，好生走稳着。"那老鼋蹬开四足，踏水面如行平地，将他师徒四众，连马五口，驮在身上，径回东岸而来。

在渡河的途中，老鼋问起唐僧之前向他许诺过的事情，即帮忙在如来佛祖那里问问老鼋还有多少年寿。得知唐僧并未在如来佛那里替他问询，未能践行此前诺言，老鼋因此潜水而去，径直制造了唐僧西天取经的最后一难。这一难可以说是诚信之难。

> 老鼋驮着他们，飏波踏浪，行经多半日，将次天晚，好近东岸，忽然问曰："老师父，我向年曾央到西方见我佛如来，与我问声归着之事，还有多少年寿，果曾问否？"原来那长老自到西天玉真观沐浴，凌云渡脱胎，步上灵山，专心拜佛及参诸佛菩萨圣僧等众，意念只在取经，他事一毫不理，所以不曾问得老鼋年寿，无言可答，却又不敢欺，打诳语，沉吟半晌，不曾答应。老鼋即知不曾替问，他就将身一晃，唿喇的淬下水去，把他四众连马并经，通皆落水。噫！还喜得唐僧脱了胎，成了道，若似前番，已经沉底。又幸白马是龙，八戒、沙僧会水，行者笑巍巍显大神通，把唐僧扶驾出水，登彼东岸。只是经包、衣服、鞍辔俱湿了。

4.《红楼梦》

《红楼梦》第一百十三回"忏宿冤凤姐托村妪　释旧憾情婢感痴郎"[1]从两个方面宣扬了一个道理：信任是人与人之间社会活动的必需品，也是家族乃至国家兴盛的前提条件。一方面，贾府中人与人之间信任的缺乏与贾府的衰落相伴而至；另一方面，在贾府大厦将倾之际还需要依靠一些信得过的人比如刘姥姥处理后事。

> 这里凤姐愈加不好，丰儿等便大哭起来。巧姐听见赶来。刘姥姥也急忙走到炕前，嘴里念佛，捣了些鬼，果然凤姐好些。一时王夫人听了丫头的信，也过来了，先见凤姐安静些，心下略放心。见了刘姥姥，便说："刘姥姥，你

---

[1] 本部分内容参见曹雪芹、高鹗：《红楼梦》，人民文学出版社1996年版，第1512—1522页。

好？什么时候来的？"刘姥姥便说"请太太安"，也不及说别的，只言凤姐的病，讲究了半天。彩云进来说："老爷请太太呢。"王夫人叮咛了平儿几句话，便过去了。凤姐闹了一回，此时又觉清楚些，见刘姥姥在这里，心里信他求神祷告，便把丰儿等支开，叫刘姥姥坐在床前，告诉他心神不宁，如见鬼的样子。刘姥姥便说：我们屯里什么菩萨灵，什么庙有感应。凤姐道："求你替我祷告。要用供献的银钱，我有。"便在手腕上退下一只金镯子来交给他。刘姥姥道："姑奶奶，不用那个。我们村庄人家许了愿，好了，花上几百钱就是了，那用这些？就是我替姑奶奶求去，也是许愿，等姑奶奶好了，要花什么，自己去花罢。"凤姐明知刘姥姥一片好心，不好勉强，只得留下，说："姥姥，我的命交给你了。我的巧姐儿也是千灾百病的，也交给你了。"刘姥姥顺口答应，便说："这么着，我看天气尚早，还赶的出城去，我就去了。明儿姑奶奶好了，再请还愿去。"

凤姐因被众冤魂缠绕害怕，巴不得他就去，便说："你若肯替我用心，我能安稳睡一觉，我就感激你了。你外孙女儿，叫他在这里住下罢。"刘姥姥道："庄家孩子没有见过世面，没的在这里打嘴，我带他去的好。"凤姐道："这就是多心了。既是咱们一家人，这怕什么？虽说我们穷了，多一个人吃饭也不算什么。"刘姥姥见凤姐真情，乐得叫青儿住几天，省了家里的嚼吃。只怕青儿不肯，不如叫他来问问，若是他肯就留下。于是和青儿说了几句。青儿因与巧姐儿玩得熟了，巧姐又不愿意他去，青儿又要在这里。刘姥姥便吩咐了几句，辞了平儿，忙忙的赶出城去不题。

在贾家衰败之际，宝玉和紫鹃的对话也展现了信字的本意：从人从言，人的话应该是诚实的。在一个信字难觅的环境里，也就不可能有事业、成功和发展了。

　　宝玉见屋里人少，想起："紫鹃到了这里，我从没和他说句知心的话儿，冷冷清清撂着他，我心里甚不过意。他呢又比不得麝月秋纹，我可以安放得的。想起从前我病的时候，他在我这里伴了好些时，如今他的那一面小镜子还在我这里，他的情意却也不薄了。如今不知为什么，见我就是冷冷的。若说为我们这一个呢，他是合林妹妹最好的，我看他待紫鹃也不错。我不在家的日子，紫鹃原也与他有说有笑的；到我来了，紫鹃便走开了。想来自然是为林妹妹死了，我便成了家的原故。嗳！紫鹃，紫鹃，你这样一个聪明女孩儿，难道连我这点子苦处都看不出来么？"因又一想："今晚他们睡的睡，做活的做活，不如趁着这个空儿，我找他去，看他有什么话？倘或我还有得罪之处，便赔个不是也使得。"想定主意，轻轻的走出了房门，来找紫鹃。

　　那紫鹃的下房也就在西厢里间。宝玉悄悄的走到窗下，只见里面尚有灯光，便用舌头舐破窗纸，往里一瞧，见紫鹃独自挑灯，又不是做什么，呆呆的坐着。宝玉便轻轻的叫道："紫鹃姐姐，还没有睡么？"紫鹃听了，唬了一跳，怔怔的半日，才说："是谁？"宝玉道："是我。"紫鹃听着似乎是宝玉的声音，便问："是宝二爷么？"宝玉在外轻轻的答应了一声。紫鹃问道："你来做什么？"宝玉道："我有一句心里的话要和你说说，你开了门，我到你屋里坐坐。"紫鹃停了一会儿，说道："二爷有什么话，天晚了，请回罢，明日再说罢。"宝玉听了，寒了半截。自己还要进去，恐紫鹃未必开门；欲要回去，这一肚子的隐情，越发被紫鹃这一句话勾起。无奈说道："我也没有多余的话，只问你一句。"紫鹃道："既是一句，就请说。"宝玉半日反不言语。紫鹃在屋里不见宝玉言语，知他素有痴病，恐怕一时实在抢白了他勾起他的旧病，倒也不好了，因站起来，细听了一听，又问道："是走了，还是傻站着呢？有什么又不说，尽着在这里恼人！已经恼死了一个，难道还要恼死一个么？这是何苦来呢。"说着，也从宝玉舐破之处往外一瞧，见宝玉在那里呆听。紫鹃不便再说，回身剪了剪烛花。忽听宝玉叹了一声道："紫鹃姐姐！你从来不是这样铁心石肠，怎么近来连一句好好儿的话都不和我说了？我固然是个浊物，不配你们理我，但只我有什么不是，只望姐姐说明了，那怕姐姐一辈子不理我，我死了倒作个明白鬼呀。"紫鹃听了，冷笑道："二爷就是这个话呀！还有什么？若就是这句话呢，我们姑娘在时，我也跟着听俗了。若是我们有什么不好处呢，我是太太派来的，二爷倒是回太太去。左右我们丫头们更算不得什么了！"说到这里那声儿便哽咽起来，说着又醒鼻涕。宝玉在外知他伤心哭了，便急的跺脚道："这是怎么说！我的事情，你在这里几个月，还有什么不知道的？就便别人不肯替我告诉你，难道你还不叫我说，叫我憋死了不成？"说着，也呜咽起来了。

第五章

学者评论中的法与信

　　囿于社会发展和社会分工的局限性，传统中国并未有边界清晰的"学者"阶层。本章将著书立说且有作品流传于世，又未在本书其他章节出现过的一些人物言论、思想收录在内，希望人们能够通过他们的著作和评论了解他们对法与信相关观念和社会现象的理解。他们对相关问题的认识和评论基本上是对经典人物和典籍的阐发、说明，但也正是经他们的阐发，法与信才得到了更生动、细致的体现。比如，董仲舒将信提高到与孟子的仁、义、礼、智"四端"并列的高度，并进而提出了统治中国两千年的"五常"的概念。

一、董仲舒

　　董仲舒（前 179 年—前 104 年），是西汉著名的经学家、思想家和政治家。

（一）五　常

　　可以说，人们常说的封建时代的三纲五常就是由董仲舒确立的。信在五常之中占据了一席之地。

　　　　春秋曰："晋伐鲜虞。"奚恶乎晋，而同夷狄也？曰：春秋尊礼而重信，信重于地，礼尊于身。何以知其然也？宋伯姬疑礼而死于火，齐桓公疑信而亏其地，春秋贤而举之，以为天下法，曰礼而信。礼无不答，施无不报，天之数也。今我君臣同姓适女，女无良心，礼以不答，有恐畏我，何其不夷狄也。公子庆父之乱，鲁危殆亡，而齐侯安之，于彼无亲，尚来忧我，如何与同姓而残贼遇我。[1]

---

〔1〕《春秋繁露·楚庄王第一》，见苏舆：《春秋繁露义证》，钟哲点校，中华书局 2019 年版，第 4—6 页。

　　春秋曰："郑伐许。"奚恶于郑而夷狄之也？曰：卫侯
遫卒，郑师侵之，是伐丧也。郑与诸侯盟于蜀，以盟而归，
诸侯于是伐许，是叛盟也。伐丧无义，叛盟无信，无信无
义，故大恶之。问者曰：是君死，其子未逾年，有称伯不
子，法辞其罪何？曰：先王之制，有大丧者，三年不呼其
门，顺其志之不在事也。书云："高宗谅闇，三年不言。"
居丧之义也。今纵不能如是，奈何其父卒未逾年即以丧举
兵也。春秋以薄恩，且施失其子心，故不复得称子，谓之
郑伯，以辱之也。且其先君襄公伐丧叛盟，得罪诸侯，诸
侯怒之未解，恶之未已。继其业者，宜务善以覆之，今又
重之，无故居丧以伐人。父伐人丧，子以丧伐人，父加不
义于人，子施失恩于亲，以犯中国，是父负故恶于前，己
起大恶于后。诸侯果怒而憎之，率而俱至，谋共击之，郑
乃恐惧，去楚而成虫牢之盟是也。楚与中国侠而击之，郑
罢疲危亡，终身愁辜。吾本其端，无义而败，由轻心然。
孔子曰："道千乘之国，敬事而信。"知其为得失之大也，
故敬而慎之。今郑伯既无子恩，又不熟计，一举兵不当，
被患不穷，自取之也。是以生不得称子，去其义也；死不
得书葬，见其穷也。曰：有国者视此。行身不放义，兴事
不审时，其何如此尔。[1]

　　命令相曰："大夫蠡、大夫种、大夫庸、大夫睾、大夫
车成、越王与此五大夫谋伐吴，遂灭之，雪会稽之耻，卒
为霸主，范蠡去之，种死之。寡人以此二大夫者为皆贤。
孔子曰：'殷有三仁。'今以越王之贤，与蠡种之能，此三
人者，寡人亦以为越有三仁，其于君何如？桓公决疑于管

〔1〕《春秋繁露·竹林第三》，见苏舆：《春秋繁露义证》，钟哲点校，中华书局2019年
版，第55—58页。

仲，寡人决疑于君。"仲舒伏地再拜，对曰："仲舒智褊而学浅，不足以决之，虽然，王有问于臣，臣不敢不悉以对，礼也。臣仲舒闻：昔者，鲁君问于柳下惠曰：'我欲攻齐，何如？'柳下惠对曰：'不可。'退而有忧色，曰：'吾闻之也：谋伐国者，不问于仁人也，此何为至于我？'但见问而尚羞之，而况乃与为轴以伐吴乎！其不宜明矣。以此观之，越本无一仁，而安得三仁！仁人者，正其道不谋其利，修其理不急其功，致无为而习俗大化，可谓仁圣矣，三王是也；春秋之义，贵信而贱轴，轴人而胜之，虽有功，君子弗为也，是以仲尼之门，五尺童子言羞称五伯，为其轴以成功，苟为而已也，故不足称于大君子之门，五伯者比于他诸侯为贤者，比于仁贤，何贤之有？譬犹玞珷比于美玉也。臣仲舒伏地再拜以闻。"[1]

（二）天 罚

董仲舒还系统性地利用了"天罚"学说来阐释立信。

> 灾常先至而异乃随之。灾者，天之谴也；异者，天之威也。谴之而不知，乃畏之以威。[2]

> 中央者土，君官也，司营尚信，卑身贱体，夙兴夜寐，称述往古，以厉主意，明见成败，微谏纳善，防灭其恶，绝源塞隙，执绳而制四方，至忠厚信，以事其君，据义割恩，太公是也；应天因时之化，威武强御以成。大理者，

---

〔1〕《春秋繁露·对胶西王越大夫不得为仁第三十二》，见苏舆：《春秋繁露义证》，钟哲点校，中华书局 2019 年版，第 235—237 页。

〔2〕《春秋繁露·必仁且知第三十》，见苏舆：《春秋繁露义证》，钟哲点校，中华书局 2019 年版，第 228 页。

司徒也，司徒者，金也，故曰土生金。[1]

二、欧阳修

欧阳修（1007 年—1072 年），字永叔，号醉翁、六一居士，谥号文忠。吉州庐陵（今江西省吉安市）人，北宋时期文学家、史学家、政治家。在《纵囚论》中，欧阳修对唐太宗纵囚约期的做法表达了不同意见，认为信义存在于君子之间，对小人只能用刑戮。

信义行于君子，而刑戮施于小人。刑入于死者，乃罪大恶极，此又小人之尤甚者也。宁以义死，不苟幸生，而视死如归，此又君子之尤难者也。方唐太宗之六年，录大辟囚三百余人，纵使还家，约其自归以就死，是以君子之难能，期小人之尤者以必能也。其囚及期而卒自归无后者。是君子之所难而小人之所易也。此岂近于人情？

或曰：罪大恶极诚小人矣，及施恩德以临之，可使变而为君子。盖恩德入人之深而移人之速，有如是者矣。曰："太宗之为此，所以求此名也。然安知夫纵之去也，不意其必来以冀免，所以纵之乎？又安知夫被纵而去也，不意其自归而必获免，所以复来乎？夫意其必来而纵之，是上贼下之情也；意其必免而复来，是下贼上之心也。吾见上下交相贼以成此名也，乌有所谓施恩德与夫知信义者哉！不然，太宗施德于天下，于兹六年矣，不能使小人不为极恶大罪，而一日之恩，能使视死如归而存信义。此又不通之论也。"

"然则何为而可？"曰："纵而来归，杀之无赦，而又

---

[1]《春秋繁露·五行相生第五十八》，见苏舆：《春秋繁露义证》，钟哲点校，中华书局 2019 年版，第 323 页。

纵之，而又来，则可知为恩德之致尔。然此必无之事也。若夫纵而来归而赦之，可偶一为之耳。若屡为之，则杀人者皆不死，是可为天下之常法乎？不可为常者，其圣人之法乎？是以尧、舜、三王之治，必本于人情，不立异以为高，不逆情以干誉。"[1]

三、司马光

司马光（1019 年—1086 年），陕州夏县涑水乡（今山西省夏县）人，字君实，号迂叟，北宋文学家、史学家。主持编纂了中国历史上第一部编年体通史《资治通鉴》。《资治通鉴》是一部多卷本编年体史书，共 294 卷，历时 19 年完成。主要以时间为纲，事件为目，从周威烈王二十三年（前 403 年）写起，到五代后周世宗显德六年（959 年）征淮南止，涵盖 16 朝 1362 年的历史。在这部书里，编者总结出许多经验教训，供统治者借鉴，宋神宗认为此书"鉴于往事，有资于治道"，即以历史的得失为鉴戒来加强统治，故定名为《资治通鉴》。

臣光曰：夫信者，人君之大宝也。国保于民，民保于信。非信无以使民，非民无以守国。是故古之王者不欺四海，霸者不欺四邻，善为国者不欺其民，善为家者不欺其亲。不善者反之：欺其邻国，欺其百姓，甚者欺其兄弟，欺其父子。上不信下，下不信上，上下离心，以至于败。所利不能药其所伤，所获不能补其所亡，岂不哀哉！昔齐桓公不背曹沫之盟，晋文公不贪伐原之利，魏文侯不弃虞人之期，秦孝公不废徙木之赏。此四君者，道非粹白，而商君尤称刻薄，又处战攻之世，天下趋于诈力，犹且不敢

---

[1]《欧阳修全集》（卷十七），李逸安点校，中华书局 2001 年版，第 287—288 页。

忘信以畜其民，况为四海治平之政者哉！[1]

德虽未至也，义虽未济也，然而天下之理略奏矣，刑赏已诺信乎天下矣，臣下晓然皆知其可要也。政令已陈，虽睹利败，不欺其民；约结已定，虽睹利败，不欺其与。如是，则兵劲城固，敌国畏之；国一綦明，与国信之。虽在僻陋之国，威动天下，五伯是也。是所谓信立而霸也。[2]

赵以廉颇为假相国，伐魏，取繁阳。赵孝成王薨，子悼襄王立，使武襄君乐乘代廉颇。廉颇怒，攻武襄君，武襄君走，廉颇出奔魏。久之，魏不能信用。[3]

释之曰：“法者，天下公共也。今法如是，更重之，是法不信于民也。且方其时，上使使诛之则已。今已下廷尉。廷尉，天下之平也，壹倾，天下用法皆为之轻重，民安所错其手足！唯陛下察之。”[4]

菑川人公孙弘对策曰：“臣闻上古尧、舜之时，不贵爵赏而民劝善，不重刑罚而民不犯，躬率以正则遇民信也；末世贵爵厚赏而民不劝，深刑重罚而奸不止，其上不正，遇民不信也。夫厚赏重刑，未足以劝善而禁非，必信而已矣。”[5]

《传》曰：“赏疑从予”，所以广恩劝功也；“罚疑从

〔1〕《资治通鉴·周纪二》，见《资治通鉴》，中华书局 1956 年版，第 48—49 页。
〔2〕《资治通鉴·周纪四》，见《资治通鉴》，中华书局 1956 年版，第 128 页。
〔3〕《资治通鉴·秦纪一》，见《资治通鉴》，中华书局 1956 年版，第 204—205 页。
〔4〕《资治通鉴·汉纪六》，见《资治通鉴》，中华书局 1956 年版，第 460—461 页。
〔5〕《资治通鉴·汉纪十》，见《资治通鉴》，中华书局 1956 年版，第 594 页。

去"，所以慎刑，阙难知也。今释令与故事而假不敬之法，甚违"阙疑从去"之意。即以二千石守千里之地，任兵马之重，不宜去郡，将以制刑为后法者，则野王之罪在未制令前也。刑赏大信，不可不慎。[1]

四、朱　熹

朱熹（1130 年—1200 年），字元晦，一字仲晦，斋号晦庵、考亭，晚称晦翁，又称紫阳先生、紫阳夫子、沧州病叟、云谷老人，行五十二，小名沈郎，小字季延，谥文，又称朱文公。南宋江南东路徽州婺源（今江西省上饶市婺源县）人，生于福建路南剑州尤溪（今福建省三明市尤溪县）。南宋理学家，程朱理学集大成者，学者尊称朱子。朱熹对信、法、诚、理多有论述。

（一）信与诚

在讨论诚信问题时，朱熹还将诚与信做了区分，将诚置于更高的位置，认为诚属天道，是圣人之信，而信则属于普通人的道德伦理准则的范畴，不可谓诚。

> 诚、忠、孚、信：一心之谓诚，尽己之谓忠，存于中之谓孚，见于事之谓信。[2]

> 问诚、信之别。曰："诚是自然底实，信是人做底实。故曰：'诚者，天之道。'这是圣人之信。若众人之信，只可唤做信，未可唤做诚。诚是自然无妄之谓。如水只是水，

---

[1]《资治通鉴·汉纪二十二》，见《资治通鉴》，中华书局 1956 年版，第 984 页。

[2]《朱子语类·卷第六性理三》，见黎靖德编：《朱子语类》，王星贤点校，中华书局 1994 年版，第 101 页。

火只是火，仁彻底是仁，义彻底是义。"

　　叔器问："诚与信如何分？"曰："诚是个自然之实，信是个人所为之实。中庸说'诚者，天之道也'，便是诚。若'诚之者，人之道也'，便是信。信不足以尽诚，犹爱不足以尽仁。上是，下不是。"

　　诚者实有之理，自然如此。忠信以人言之，须是人体出来方见。[1]

（二）信与理

理是宋代理学的最高范畴。朱熹认为，五常便是理的体现。

　　理，只是一个理。理举著，全无欠阙。且如言著仁，则都在仁上；言著诚，则都在诚上；言著忠恕，则都在忠恕上；言著忠信，则都在忠信上。只为只是这个道理，自然血脉贯通。[2]

　　在天只是阴阳五行，在人得之只是刚柔五常之德。[3]

　　或问："仁义礼智，性之四德，又添'信'字，谓之'五性'，如何？"曰："信是诚实此四者，实有是仁，实有是义，礼智皆然。如五行之有土，非土不足以载四者。又如土于四时各寄王十八日，或谓王于戊己。然季夏乃土

〔1〕《朱子语类·卷第六性理三》，见黎靖德编：《朱子语类》，王星贤点校，中华书局1994年版，第103页。

〔2〕《朱子语类·卷第六性理三》，见黎靖德编：《朱子语类》，王星贤点校，中华书局1994年版，第100页。

〔3〕《朱子语类·卷第六性理三》，见黎靖德编：《朱子语类》，王星贤点校，中华书局1994年版，第104页。

之本宫，故尤王。[1]

当然，朱熹作为入世的儒家学说的代表人物，也表达过信、德、礼与法之间的关系。

> 问："先生所谓'古礼繁文，不可考究，欲取今见行礼仪增损用之，庶其合于人情，方为有益'。如何？"曰："固是。"曰："若是，则礼中所载冠、婚、丧、祭等仪，有可行者否？"曰："如冠、昏礼，岂不可行？但丧、祭有烦杂耳。"问："若是，则非理明，义精者，不足以与此。"曰："固是。"曰："井田封建如何？"曰："亦有可行者。如有功之臣，封之一乡，如汉之乡亭侯。田税亦须要均，则经界不可以不行，大纲在先正沟洫。又如孝弟忠信，人伦日用间事，播为乐章，使人歌之，仿周礼读法，遍示乡村里落，亦可代今粉壁所书条禁。"[2]

> 今人说轻刑者，只见所犯之人为可悯，而不知被伤之人尤可念也。如劫盗杀人者，人多为之求生，殊不念死者之为无辜；是知为盗贼计，而不为良民计也。[3]

五、王夫之

王夫之（1619年—1692年），湖广衡阳县（今湖南衡阳）人，杰出的思想家、哲学家、明末清初大儒。字而农，号姜斋，又号夕

---

[1]《朱子语类·卷第六性理三》，见黎靖德编：《朱子语类》，王星贤点校，中华书局1994年版，第104—105页。

[2]《朱子语类·卷第一百八朱子五》，见黎靖德编：《朱子语类》，王星贤点校，中华书局1994年版，第2683页。

[3]《朱子语类·卷第一百一十朱子七》，见黎靖德编：《朱子语类》，王星贤点校，中华书局1994年版，第2711页。

堂或一瓢道人，自署船山病叟、南岳遗民，晚年隐居于石船山麓，世遂称船山先生，主要著作有《周易外传》《读通鉴论》等，后汇编为《船山遗书》。与顾炎武、黄宗羲并称明清之际三大思想家。

（一）信与礼

王夫之把信提升到一个前所未有的高度，认为信是礼的基干，是礼的根本。

> 信者，礼之干也；礼者，信之资也。有一日之生，立一日之国，唯此大礼之序、大乐之和、不容息而已。[1]

> 人与人相於，信义而已矣；信义之施，人与人之相於而已矣；未闻以信义施之虎狼与蠡蛵也。楚固祝融氏之苗裔，而周先王所封建者也。宋襄公奉信义以与楚盟，秉信义以与楚战，兵败身伤而为中国羞。于楚且然，况其与狄为徒，而螫噬及人者乎！[2]

> 呜呼！布之恶无他，无恒而已。人至于无恒而止矣。不自信而人孰信之？不自度而安能度人？不思自全，则视天下之糜烂皆无足恤也。故君子于无恒之人，远之唯恐不速，绝之唯恐不早，可诛之，则勿恤其小惠、小勇、小信、小忠之区区而必诛之，而后可以名不辱而身不危。与无恒者处，有家而家毁，有身而身危，乃至父子、兄弟、夫妇之不能相保。论交者通此义以知择，三人行，亦必慎

---

[1]《读通鉴论·卷二汉高帝》，见〔清〕王夫之：《读通鉴论》，舒士彦点校，中华书局1975年版，第18页。

[2]《读通鉴论·卷四汉昭帝》，见〔清〕王夫之：《读通鉴论》，舒士彦点校，中华书局1975年版，第79页。

之哉！〔1〕

（二）信与罚

汉有杀人自告而得减免之律，其将导人以无欺也与！所恶于欺者，终不觉而仇其慝也。夫既已杀人矣，则所杀者之父兄子弟能讼之，所司能补获之，其恶必露，势不可得而终匿也，而恶用自告为？小人为恶而掩蔽于君子之前，与昌言于大廷而无怍赧也，孰为犹有耻乎？自度律许减免而觊觎漏网者，从而减之，则明张其杀人之胆，而恶乃滔天。匿而不告者鼠也；告而无讳者虎也。教鼠为虎，欲使天下无欺，而成其无忌惮之心，将何以惩？故许自告者，所以开过误自新之路，而非可以待凶人。凶人而自匿，民彝其犹有未斁，不较瘥乎？〔2〕

徐世勣始终一狡贼而已矣。其自言曰"少为亡赖贼"，习一定而不可移者也。夫为盗贼而能雄长于其类者，抑必有似信似义者焉，又非假冒之而欺人亡实也；相取以气，相感以私，亦将守之生死而不贰。如萤之光，非自外生，而当宵则耀，当昼则隐。故以其似信似义者，予之以义之能执、信之能笃、而重任之，则一无足据，而适以长乱。其习气之所守者在是，适如其量而止，过此则颠越而不可致诘。其似信似义者亦非伪也，愈真而愈不足任也。

世勣受李密之命守黎阳，魏徵安集山东，劝之降唐，

---

〔1〕《读通鉴论·卷九献帝》，见〔清〕王夫之：《读通鉴论》，舒士彦点校，中华书局1975年版，第256页。

〔2〕《读通鉴论·卷二文帝》，见〔清〕王夫之：《读通鉴论》，舒士彦点校，中华书局1975年版，第42页。

而世勣籍户口士马之数，启密使献之，已不特修降表，高
祖称之曰："不背德，不邀功，真纯臣也。"遂宠任之，以
授之于太宗，而终受托孤之命。世勣之于此，亦岂尽出于
伪以欺高祖而邀其宠遇乎？其所见及是，其所守在是，盖
尝闻有信义而服膺焉，以为是可以卓然自命为豪杰也，故
以坦然行之，而果为高祖之所矜奖。若其天性之残忍，仅
与盗贼相孚，而智困于择君，心迷于循理，可以称英君之
任使，不可以折暗主之非僻，则祇以铮铮于群盗之中，而
遽许之以纯臣，高祖、太宗知人之鉴，穷于此矣。夫不见
其降于窦建德，质其父而使为将，遂弃父而欲袭曹旦以归
唐乎？故其为信义也，盗贼之信义也，察于利以动，任于
气以逞，戕性贼恩，亦一往而不恤，遽信其为纯臣而任以
安定国家之大，鲜不覆矣。曾子曰："临大节而不可夺，君
子人也。"惟君子而后可以履信而守义，非小人之所能与，
殆鱼跃之不可出沼，鸟步之不可越域也矣。[1]

六、黄六鸿

黄六鸿（1630 年—1717 年），字思湖，又字正卿，江西宜丰
人。康熙九年（1670 年）以举人为山东郯城县令，后入朝为谏官，
于康熙三十三年（1694 年）撰《福惠全书》，刻于康熙三十八年
（1699 年）。黄六鸿对地方政权运作的方方面面做了详细的考察和记
录，其中也有论及执法活动与信之间关系的内容。

　　夫养鹯所以逐雀，纵獭所以驱鱼，用捕役所以擒盗，
然三者而不知善其驭，虽养鹯而不效其逐，纵獭而不效其

〔1〕《读通鉴论·卷二十唐高祖》，见〔清〕王夫之：《读通鉴论》，舒士彦点校，中华书
　　局 1975 年版，第 590—591 页。

驱，用捕役而不效其擒也。即以捕役言之，夫所谓善驭者，
岂严刑以督之，抑姑息以从事哉？盖必先有以辨其才，平
日有以结其心，临事有以信其赏罚，而后驭之道善焉矣！
何以辨其才？此辈类皆奸诡不法之徒，未可与言德；每多
奔走趁食之役，未必俱可用。若有事而一例遣之，无所分
别，庸劣者不足以有济，卓越者又不肯见其长，是有才与
无才等也。宜于久充多年，积惯老成之中，择其精健有智
识者，另拔为一班，俾有以异于庸众人之列，非大案要贼
不轻遣。凡人之有才，无论大小，皆喜自炫，惟抑而置之，
则奋发无由耳。夫捕役虽小人，岂不知以表见为荣？拔之
侪人之中，岂不以知遇为感？设一旦用之，彼自不肯以庸
众自待，而事不虞其罔济矣。何以结其心？夫人稍有自异，
于金钱多不惜。若时当窘乏，未有不妄求者。况捕役之辈，
皆赖匪流以为衣食。大盗贡其常例，小窃纳其月钱，忽而
使之缉之，彼非甚有可感之恩，难酬之惠，岂能夺其所为
饱暖者而弃之耶？故在上者既辨其才矣，于本身工食之外，
而时为厚犒之，使无所忧其困匮。即偶有小愆，而又破格
优容之，使有以生其愧悔，则彼将奋然感发，以为我之身
乃上之鞠而育之者也，我之过乃上之宽而恕之者也。设一
旦使之，彼自踊跃以身先人，而心亦无不为我效矣。何以
信其赏罚？夫盗与捕，乃踪迹潜通，相为表里者也。凡地
方失事，或于何乡，为首何盗，为窝何家，为线何人，彼固
已烂熟于胸。且外盗之来，必由于内盗勾引。获其内盗，则
外盗可连类而及，宁有漏网者乎？惟上无有以感之，彼自不
肯为用耳。今在上者既能用其才，又能结其心矣，设一旦
有事，则进其众而商之，何人可办，何盗可擒，彼自共相
筹划，未有不视公事为己事者矣，于是又相与谆谆诫之曰：
"我之所倚为心膂者，尔曹也；所不忍负我所委者，亦尔曹

也。慎毋纵真盗，以偷窃充其数；慎毋因疑似，以拷认蒙其冤；慎毋属盗扳，以乘机利其财；慎毋擅私刑，以供党诬其善。有一于此，则必尔罚。若果能擒获本案真盗，绝不株连，则必尔赏。"夫此众人者方且感恩，思为图报而不可得，况又以赏罚临之。彼虽至愚，又岂肯舍赏而受罚哉？虽然，信为政之本，立事之干也。若言而食之，劝惩皆无所恃矣。诚能遵其诚而行之，大案可结，小民无冤，虽倾囊以赏，何惜哉？若其稍有违犯，犹必依轻重而责究之，未可以恩而废法，则恩因法而愈彰，法亦恩因而益畏，则此辈又安有不争效其才而乐为用者哉？夫司牧者欲求缉盗，舍捕役而善驭之，无由矣。[1]

七、汪辉祖

汪辉祖（1731 年—1807 年），字焕曾，号龙庄，浙江萧山人。他是清代乾、嘉时期名闻全国的"绍兴师爷"，被称为"一代名幕"。于乾隆四十年得中进士、五十二年为宁远知县、五十六年为道州牧。他为幕三十四年，以善断疑案著称，足迹遍布江浙两省十八个州县衙门，后来他任州县官五年，勤政爱民，政绩斐然。为官之余，汪辉祖勤于写作，也是一位著述颇丰的学者。

他在《佐治药言》的《须示民以信》一文中强调，在诉讼过程中，官员和幕僚如果能在细节上注意诚信问题，人们自然会尊重、遵守相关结果。

> 官能予人以信，人自帖服。吾辈佐官，须先要之于信。凡批发呈状，示审词讼，其日期早晚，俱有定准，则人可依期伺候，无废时失业之虑。期之速者，必致与人之诵，

---

[1]〔清〕黄六鸿:《福惠全书》(卷十七)，周保明点校，广陵书社 2018 年，第 309—311 页。

即克日稍缓，亦可不生怨言，第欲官能守信，必先幕不失信。盖官苟失信，幕可力尽。幕自失信，官或乐从。官之公事甚繁，偶尔偷安、便逾期刻，全在幕友随时劝勉。至于幕友不能克期，而官且援为口实，则它之不信，咎半在幕也。开赈既示日期，饥人四面将至，万不可改，致误民命。如示期本迟，而欲改早者，愈早愈妙。考试最要酌时昔势，定期出示不可轻改。若不经意恐，小而士论不平，大则藉端罢考，他如出借，点验老民残废及放棉衣口量等事，凡稍涉入来出众者皆可类推。[1]

---

〔1〕〔清〕汪辉祖:《佐治药言　续佐治药言》，商务印书馆1937年版，第12页。

参考文献

《尚书》，王世舜、王翠叶译注，中华书局 2012 年版。

《尔雅》，管锡华译注，中华书局 2014 年版。

《周礼》，徐正英、常佩雨译注，中华书局 2014 年版。

《商君书》，石磊译注，中华书局 2011 年版。

《韩非子》，高华平、王齐洲、张三夕译注，中华书局 2015 年版。

《孙子兵法》，陈曦译注，中华书局 2011 年版。

《荀子》，方勇、李波译注，中华书局 2015 年版。

《史记》，中华书局 1982 年版。

《汉书》，中华书局 1962 年版。

《辽史》，中华书局 2016 年版。

《晋书》，中华书局 1974 年版。

《新唐书》，中华书局 1975 年版。

《资治通鉴》，中华书局 1956 年版。

《唐律疏议》，刘俊文点校，中华书局 1983 年版。

《宋刑统》，薛梅卿点校，法律出版社 1999 年版。

《大明律》，怀效锋点校，法律出版社 1999 年版。

程树德编：《中国法制史》，上海华通书局 1931 年版。

董诰、戴衢亨编校：《钦定全唐文》，武英殿版。

〔汉〕董仲舒：《春秋繁露义证》，钟哲点校，中华书局 2019 年版。

〔汉〕桓宽撰集：《盐铁论校注》，王利器校注，中华书局 1992 年版。

〔汉〕贾谊：《新书校注》，阎振益、钟夏校注，中华书局 2000 年版。

〔汉〕王充：《论衡校释》，中华书局 1990 年版。

〔汉〕许慎：《说文解字》，段玉裁注，上海古籍出版社 1981 年版。

〔明〕冯梦龙编：《醒世恒言》，顾学颉校注，人民文学出版社 1956 年版。

〔明〕冯梦龙编：《喻世明言》，许政扬校注，人民文学出版社 1958 年版。

〔明〕凌濛初：《拍案惊奇》，陈迩冬、郭隽杰校注，人民文学出版社 1991 年版。

〔明〕罗贯中：《三国演义》，人民文学出版社 2006 年版。

〔明〕施耐庵、罗贯中：《水浒传》，人民文学出版社 1997 年版。

〔明〕吴承恩：《西游记》，人民文学出版社 2009 年版。

〔清〕沈家本：《历代刑法考》，群众出版社 1985 年版。

〔清〕沈家本：《寄簃文存》，商务印书馆，2015 年版。

〔清〕曹雪芹、高鹗：《红楼梦》，人民文学出版社 1996 年第 2 版。

〔清〕黄六鸿：《福惠全书》，周保明校，广陵书社 2018 年版。

〔清〕王夫之：《读通鉴论》，舒士彦点校，中华书局 1975 年版。

傅礼白：《信》，中国社会科学出版社 2006 年版。

刘治立评注：《〈傅子〉评注》，天津古籍出版社 2010 年版。

官箴书集成编纂委员会编：《官箴书集成》（第一册），黄山书社 1997 年版。

郭茂倩：《乐府诗集》，中华书局 1979 年版。

胡适：《中国古代哲学史》，江苏文艺出版社，2013 年版。

黄寿祺、张善文译注：《周易译注》（上），上海古籍出版社 2007 年版。

黎靖德编：《朱子语类》，王星贤点校，中华书局 1986 年版。

黎翔凤：《管子校注》，梁运华整理，中华书局 2004 年版。

李贵连、李启成：《中国法律思想史》，北京大学出版社 2010 年版。

李启成：《中国法律史讲义》，北京大学出版社 2018 年版。

李逸安点校：《欧阳修全集》，中华书局 2001 年版。

梁治平：《法辩》，贵州人民出版社 1992 年版。

刘安编，何宁撰：《淮南子集释》，中华书局 1998 年版。

刘海年、杨一凡主编：《中国珍稀法律典籍集成》（丙编第一册），郑秦、田涛点校：《大清律例》，科学出版社 1994 年版。

刘义庆：《世说新语校笺》，徐震堮校笺，中华书局 1984 年版。

刘昼：《刘子集证》，王叔岷集证，中华书局 2007 年版。

鲁迅：《鲁迅全集》，人民文学出版社 1973 年版。

马克思：《资本论》（第 3 卷），人民出版社 2004 年版。

马克思、恩格斯：《马克思恩格斯全集》（第 30 卷），人民出版社 1995 年版。

马小红：《中国古代社会的法律观》，大象出版社 2009 年版。

［英］马歇尔：《货币、信用与商业》，叶元龙、郭家麟译，商务印书馆 1986 年版。

牟宗三：《中国哲学十九讲》，上海古籍出版社 2005 年版。

［德］尼克拉斯·卢曼：《信任：一个社会复杂性的简化机制》，瞿铁鹏、李强译，世纪出版集团上海人民出版社 2005 年版。

聂鑫：《中国法制史讲义》，北京大学 2014 年版。

骈宇骞、李解民、盛冬铃译注：《武经七书》，中华书局 2020 年版。

瞿同祖：《中国法律与中国社会》，中华书局 1981 年版。

金开诚、董洪利、高路明校注：《屈原集校注》，中华书局 1996 年版。

［日］仁井田陞：《中国法制史》，牟发松译，上海古籍出版社 2011 年版。

睡虎地秦墓竹简整理小组编：《睡虎地秦墓竹简》，文物出版社 1990 年版。

王符：《潜夫论笺校正》，彭铎校，中华书局 1985 年版。

王琦注:《李太白全集》,中华书局 1977 年版。

王水照主编:《王安石全集》,复旦大学出版社 2016 年版。

王文锦:《礼记译解》,中华书局 2016 年版。

王学奇主编:《元曲选校注》,河北教育出版社 1994 年版

汪辉祖:《佐治药言 续佐治药言》,商务印书馆 1937 年版。

吴兢:《贞观政要集校》,谢保成集校,中华书局 2009 年版。

吴毓江:《墨子校注》,孙启治点校,中华书局 2006 年版。

〔德〕西美尔:《货币哲学》,陈戎女、耿开君、文聘元译,华夏出版社 2018 年版。

许维遹:《吕氏春秋集释》,梁运华整理,中华书局 2009 年版。

杨伯峻译注:《论语译注》,中华书局 1980 年第 2 版。

杨伯峻译注:《孟子译注》,中华书局 1960 年第 1 版。

杨一凡、徐立志主编:《历代判例判牍》(第一册),中国社会科学出版社 2005 年版。

叶孝信主编:《中国法制史》,复旦大学出版社 2005 年版。

俞荣根:《礼法传统与中华法系》,中国民主与法制出版社 2016 年版。

余英时:《朱熹的历史世界》,生活·读书·新知三联书店 2011 年版。

〔美〕约瑟夫·熊彼特:《经济发展理论》,何畏、易家祥等译,商务印书馆 1990 年版。

中国社会科学院历史研究所宋辽金元史研究室点校:《名公书判清明集》,中华书局 1987 年版。

周振甫:《诗经译注(修订本)》,中华书局 2010 年第 2 版。

祝庆祺、鲍书芸、潘文舫、何维楷编:《刑案汇览三编》(一),北京古籍出版社 2004 年版。

李衡梅:《试论"刑始于兵"》,载《辽宁师范大学学报》1985 年第 1 期。